U0469267

EXCELLENCE IN PEOPLE ANALYTICS

How to Use Workforce Data to Create Business Value

人力资本分析

乔纳森·费拉尔 Jonathan Ferrar　戴维·格林 David Green
——著——
曾巧玲　刘素池　林傲耸
——译——

中国人民大学出版社
·北京·

推荐序

回想一下过去的 24 小时，您为您的个人生活做出了多少个决策：您的时间分配在哪里？与谁共度时光？如何管理自己（例如打扮、饮食、安排等）？研究显示，我们有 60% ～ 75% 的选择都是被惯性驱使，剩下的少部分才是自我有意识地为实现个人目标而做出的选择。

同样，业务和人力资源领导者也会每天做出关于如何提供人力资本服务的决策。虽然这些决策中，有许多是组织惯性的一部分（像个人习惯一样），被嵌入在政策和程序中，但还有其他一些是有意识的选择，旨在实现目标、加速业务发展。

人力资本分析在更加明智地做出人力资本投资选择方面，提供了巨大的价值。我经常问业务和人力资源领导者，为什么选择某项人力资本举措，而不选择其他的。他们的回答通常是“我们一直都这么做”“别人也这么做”“我们希望与其他组织一样好甚至更好”，以及“因为有人说我们应该这么做”。

乔纳森·费拉尔和戴维·格林是两位非常睿智的同事，他们在近年的职业生涯中，致力于帮助业务和人力资源领导者运用人力资本分析创造价值。特别值得一提的是，他们在人力资本分析方面的工作，是利用信息促进决策的研究样板。

本书通过30个杰出的案例研究，深入探讨了一些当今世界上最具创新性的分析工作。这些领先企业的洞察，为如何运用人力资本分析来指导人力资本决策提供了一个又一个示例。同时，它们还提供了探索和分享各种观点的宝贵机会。

另外，乔纳森和戴维运用他们的模型——Insight222 卓越人力资本分析的九大维度，在这些精彩的案例研究之外，为交付人力资本分析工作和开发可持续分析能力提供了一个合乎逻辑且能够测度的框架。

本书把非结构化的案例研究与结构化的九大维度模型相结合，为业务和人力资源领导者提供大量实践工具，促进人力资本分析产生业务影响。

乔纳森和戴维的洞见，将使“人力资本分析”从简单的收集数据转变为利用信息做出明智的选择。他们的工作成果在很多方面给人带来启发，包括：

1. 人力资本分析的最终指向不是人力资源，而是业务发展。人力资本分析并不是只停留在评分卡或仪表盘中的测量活动，也不仅仅是提供酷炫的洞察或碎片化的信息，它的真正价值在于推动业务成果的实现。

2. 人力资本分析从定义利益相关者的预期成果开始。每个组织都有某种版本的平衡计分卡，涵盖员工、战略、客户、财务和社会成果等。明确这些预期成果，能够清楚什么是最重要的事情（在分析术语中称为因变量）。

3. 人力资本分析需要对实现利益相关者预期成果的途径或举措有所理解。在我自己的人力资本工作中，我们确定了设计和开展方案（在分析术语中称为自变量）的四个领域（人才、领导力、组织和人力资源部门)。

4. 人力资本举措可以根据其对五大关键成果的相对影响，来进行优先级排序。RBL 集团的组织指导系统（www.rbl.ai）提供了一种严谨的方法，可以帮助人们挑选出那些投资回报价值最大的人力资本分析举措，从而加速这五大成果的实现。

高效的人力资本分析，不仅仅是将一家企业的水平与其他企业相比较，也不仅仅是照搬别人的最佳实践，而是为业务和人力资源领导者提供个性化的指导，为所有利益相关者持续创造价值。正如读者们将在本书中发现的那样，关于“为什么选择这项举措”的正确答案是：因为它为关键成果带来了价值！

虽然组织惯性就像个人习惯一样持续影响着组织的思维、行动和感受，但本书将引导组织做出正确的选择、做正确的事。本书将促使整个人力资本领域发生转变，促使其与关键的业务成果对齐，甚至加速业务成果的实现。

戴维·尤里奇

密歇根大学罗斯商学院教授

RBL 集团合伙人

译者序

随着人力资源数字化的快速更迭，人力资本分析的发展方兴未艾。若是让业内人士回答“怎么做人力资本分析”，恐怕都会不约而同地感叹一声“难！”从事人力资本分析的这几年，我们也面临着一系列类似的灵魂拷问：人力资本分析是否能帮助业务提升？人力资本分析和传统的人力分析有什么区别？应该怎么在我的企业里落地和推广？

带着这些疑问，我们着手翻译本书。

《人力资本分析》是在大量真实且精彩的案例基础之上撰写而成的，它总结了实现卓越人力资本分析所必需的基础、资源，以及如何成就真正的价值。站在微软、奈飞、博世这些先进企业的“肩膀”上，我们或许能够窥见人力资本分析的成功路径。

业务第一：“主动走出去”而不是“原地等待”

事实上，当我们开始思考“人力资本分析是否能帮助业务提升”这个问题，就已经迈出一大步了。

纵观过去几十年，传统的人力分析往往处于一种被动响应的状态。有些分析师在少数高管的指示下搭建了复杂的报表或看板，提供丰富的人力数据指标，以满足高管看数据的需求，但分析的切入点仍然是人力资源视角，数据源也往往仅限于人力资源模块。

人力资源正在一步步向业务贴近，人力资本分析也需要“主动走出去”，从业务问题出发。人力资源行业从传统的“六大模块”职能型模式，发展到如今的“三支柱”业务战略型模式，HRBP（human resource business partner，人力资源业务合作伙伴）得到广泛认可的一大原因就是更加贴近业务；而人力资本分析，比起传统的人力分析职能，更应该被称为 PABP（people analytic business partner，人力分析业务伙伴），即真正贴近业务的人力资本分析伙伴。

主动走出去！试着在每一次收到数据需求时，主动了解背后的业务问题；试着在搭建每一个数据指标时，主动探索它与业务指标的关系。我们不应止步于回答“离职率是多少”“哪些因素影响了离职率”，还要去探索“员工离职会如何影响我的业务绩效”“哪些人力因素会影响我的业绩产出”。同时，我们也应该主动去了解管理者当前面临的业务问题，持续探索人力数据与业务问题之间的关系。

我们在本书中将反复看到作者对业务价值的强调，学到非常多有效的分析框架与工具，它们帮助我们拆解业务问题、落地分析项目，让我们主动走出去与业务站在一起。

以人为本：从人到技术，再回到人

人力资源工作往往关系到每一个真实的人。在很多人力工作中，我们需要与普通员工、各级管理者、利益相关者打交道，许多沟通、调研、链接都建立在“人”与“人”的关系里。技术的发展将其中的一些“人际互动”转换为“人机互动”，让我们的人力资源系统少了些“人情味”，人力资源似乎也在失去应有的人性关怀。

但我们应该清楚地知道，发展技术并不代表将技术背后的工具理性作为最终的目的地。技术能够提升分析效率和质量，但最终还是为了增强我们对“人”的理解和支持，帮助我们找到兼具规模化和个性化的组织管理方式。

在本书中，我们将看到技术如何帮助分析师更加深入地分析员工行为、调研背后需求、发现潜在问题。例如，通过追踪分析员工的工作行为数据，我们能够理解背后的工作模式与原因，从而设计更适合的工作环境。同时，通过从员工入职到试用、转正、培养、晋升，再到调动、离职全生命周期每个节点的系统触达与数据留存，我们能够深入探查企业选用育留的有效性、晋升政策的公平性、流程交互的便捷性，从而进行最大限度的优化与提升。这不仅仅是对数据和技术的利用，更是对“人”的关注与投资。

同时，技术还能帮助我们以更加个性化的方式与员工互动。例如，荷兰银行通过技术持续不断地收集和倾听员工反馈，为员工提供更加友好的工作体验；巴西银行和微软借助算法为员工提供定制化的职业发展路径和学习资源，建立更加个性化的继任计划。通过这种方式，技术实际上是在帮助我们回归到关注每个真实的人。

从人到技术，再回到人，人力资本分析不仅仅服务于高管团队，服务于业务管理者，更是服务于每个员工个体。

语言转换：对话能力和技术水平同等重要

一个好的数据分析师，在掌握一系列数据处理、统计原理、分析模型之外，更重要的一项技能是：学会用数据讲故事。作为一名需要与业务伙伴深度合作的PABP，我们与业务管理者站在同一视角、用业务语言进行对话的能力，与我们的技术水平同等重要。

在人力资本分析的工作链中，语言转换能力在以下三个关键环节必不可少：

1. 将业务问题转换为数据问题。在与业务管理者的沟通中探询“面临的业务问题是什么”，理解业务方的“期望和目标是什么”；同时调用自己的数据专业知识，清楚地表达自己的想法和技术所需的支持，在双向沟通中达成目标一致。

2. 将分析语言转换为业务语言。技术背景出身的分析师，往往会不自觉地使用技术语言体系。在过去几年的工作中，我们写的分析报告经常会被提醒：结论再清晰一些，语言再简单一些，尤其是不能使用过多的统计学“黑话”。业务管理者并不希望花太多时间来了解数据抽样过程、假设验证和统计模型，他们需要的是直截了当的结论，尤其是与业务价值相关的结论。

3. 将数据与业务的共识转换为实际行动和产品。如果说前两个环节需要的是业务语言和分析语言，这个环节需要的则是产品语言。这一步影响的是人力资本分析价值的分享、推广和规模化应用，是扩大人力资本分析影响力最关键的环节之一。当我们能够从多重语言视角来推销自己的解决方案，并形成真正的行动和促使产品落地时，我们的价值将更容易获得认可。

作为从事人力资本分析仅六年的年轻从业者，我们有很长的路要走。这本及时且实用的操作手册，为我们提供了宝贵的经验指导。我们由衷希望读者也能够从本书中获得启发，找到适合自己的方法和策略，推动人力资本分析在自己组织中的持续发展，在如今复杂多变的商业环境中为企业找到新的增长点和解决方案！

曾巧玲　刘素池

首席人力资源官的观点

在本书讨论的众多公司中，微软[①]无疑是一个杰出的例子。微软是将人力资本分析和洞察浸润到公司运营与战略中的最佳范例之一。通过分析工作，人力资源部门成功为员工和企业释放了价值。本书第二部分的技术维度详细介绍了对微软人力资本分析方法的案例研究。我们对微软的首席人力资源官凯瑟琳·霍根[②]（Kathleen Hogan）表示深深的感谢，她在我们的研究中慷慨地分享了她的见解：

> 作为人力资源部门，我们的使命是赋能那些为全球发展而努力的人们。为了支撑我们的使命，倾听员工的声音至关重要。微软每年都会分析至少 100 万条员工评论。我们使用数据来获取背景信息，推动对组织内部趋势的理解，并最终提供有助于我们做

---

① 微软是一家总部位于美国华盛顿雷德蒙德的跨国企业，涉及开发、制造、授权、支持和销售计算机软件、个人电脑和服务等。

② 凯瑟琳·霍根 2015 年开始担任微软的首席人力资源官和执行副总裁。在此之前，凯瑟琳曾担任微软服务的公司副总裁，并担任过麦肯锡（McKinsey & Co）合伙人和甲骨文（Oracle Corp）开发经理。她拥有哈佛大学应用数学和经济学学士学位，以及斯坦福大学商学研究生院的工商管理硕士学位。此外，凯瑟琳还是阿拉斯加航空集团和国家女性与 IT 中心的董事会成员。

出明智决策的见解。人们常说“人才是企业最重要的资产”，在微软，这一点绝对成立。因此，我们的人才决策对于我们的业务而言，有着非常独特的影响。

人力资本分析在企业的许多领域都能提供深层价值，包括降低员工流失率、改善多样性或优化招聘渠道等显而易见的方面。招聘领域就是其中一个将数据作为撬动点的例子。过去，我们主要关注一些顶尖学校[①]的计算机科学人才。工程部门负责人和招聘经理将这些学校视为我们能否获得最优秀计算机科学人才的指标。然而，通过分析入职后两年的数据，我们发现许多其他学校也能培养出同样成功的员工。我们把这些数据分享给了首席执行官和高管团队，并一致决定扩大我们的招聘学校范围。这不仅为我们提供了更多的人才选择，还使得我们的人才库更加多样化。

在员工体验方面，我们也利用数据来更好地理解对每位员工职业发展至关重要的时刻，并在新员工入职方面进行了具体分析，以识别我们可以着重关注和改进的地方，确保员工从第一天起就能高效工作。此外，我们在员工福利这一重要主题上也看到了许多运用数据和分析的机会。研究可能影响工作与生活平衡满意度的行为只是一个开始。与之相关的是，我们把员工和管理者自己的数据授权给他们。我们把这些洞察放在他们触手可及的地方，让他们了解哪些行为能够创造团队与同事间的积极体验，自我纠正不够有效的行为，并不断强化那些已经被验证效果不错的行为。

在一些看似不太瞩目的领域，人力资本分析实际上正在发挥重要作用，不仅能够提高生产率，还能增强管理效能。在与销售

① 在美国，“学校”（school）主要用于描述高等教育机构。其他国家通常使用“大学”（university）或“学院”（college）一词。

组织的合作中，微软的人力资源业务洞察团队识别出了一些行为能够提高专业销售人员的生产力，从而带来更好的销售成果。

人力资本分析不仅对内部重要，对我们的外部客户同样重要。通过劳动力分析，我们让客户（如领英、Glint、Power BI和微软云）更能够拥抱人力资本分析，并从理解劳动力的价值中获益。在与外部客户交流时，我们发现向他们解释这些技术是如何帮助我们在内部创造价值的会非常有帮助。

与许多公司和内部职能一样，随着数字化转型，人力资源正在经历一场复兴。随着公司采用越来越多的数字系统，我们获得了越来越多的数据。我认为这是一个激动人心的时代的开端，人力资源领导者将扮演更为重要的战略角色，能够利用更多的实证数据来支持绩效、人才管理、敏捷性、员工体验和生产力等方面的决策。

这将改变企业的发展历程，引领其走向卓越。

凯瑟琳·霍根

微软首席人力资源官

前　言

2015 年 2 月，一个清澈而明亮的早晨，有两个人在伦敦塔的光影下相聚，一起讨论人力资本分析的话题。这两个人就是本书的两位作者乔纳森·费拉尔和戴维·格林。

乔纳森·费拉尔在 IBM 担任人力资本管理高管，而戴维·格林在宣若（Cielo）从事招聘流程外包工作。两个人一个身着西装，一个穿着牛仔裤。尽管我们在人力资源截然不同的领域工作，但对分析的共同热情和一次命中注定的社交媒体相遇，让我们走到了一起。

这次相遇最终促成了我们在 IBM 的合作，并与其他人共同创立了 Insight222 ——这是一家致力于将人力资本分析作为核心业务的公司。我们对人力资本分析领域的共同热情在早年间迅速凝聚，而本书的构思则源于 2016 年 5 月在悉尼沃森湾海滩俱乐部的一个温馨愉悦的夜晚。

自那之后，我们便一起工作，并为 100 多个组织做了关于人力资本分析的研究。我们有幸在全球各大国家和行业中，亲眼见证了人力资本分析的实际应用。

在几乎所有这些组织中，我们反复遇到三个话题：关注焦点、影响力和价值。

- 我应该专注于什么？专注于与公司业务战略紧密相关的挑战的从业者，会因为其努力而取得更大的成功。
- 我如何提升自身影响力？那些先巩固坚实基础而非急于应对技术和数据挑战的组织，从长期来看能创造更大的影响力。
- 我如何创造更大的价值？始终牢记最终目标并据此确定工作优先级的领导者，能够为企业和员工带来更多的价值。

2018 年 5 月在汉堡市的一次商务研讨会期间，我们回顾了前几年的所有工作，并结合这三个问题进行了思考。对于像披头士这样的乐队而言，汉堡市在促进其创意思考方面有着关键作用，对我们也是一样：它是一个激发灵感的地方，我们在这里发展出了本书讨论的框架。

对于这三个常见问题——我应该专注于什么？我如何提高自身影响力？我如何创造更大的价值？——其答案可以概括为九个维度，分为三个类别：基础、资源和价值。

我们称其为 Insight222 卓越人力资本分析的九大维度模型（详见图 A.1）。

图 A.1　Insight222 卓越人力资本分析的九大维度

在人力资本分析方面最为成功的组织，都致力于在这九大维度上追求卓越，并以适合自己公司的方式（无论顺序如何）加以实施。我们发现，产生最大影响力的组织会同时关注这三大类别。不过，这九大维度并不是线性排列的。它无须按照某种特定的顺序完成，也不意味着在达到某种“成熟度”之前不能从一个维度转向另一个维度。

当您阅读本书时，请问自己一个问题：我怎样运用人力数据为我的员工和公司带来更多价值？

我们的目标是帮助业务领导者、首席人力资源官和分析从业者将他们的公司和组织打造为员工更好的工作去处，并为所有利益相关者带来更多价值。因此，从 2019 年夏季到 2021 年初，我们遍寻全球最佳的人力资本分析案例，精选出其中 30 个进行了深入研究。

虽然这些模型和框架提供了理论指导，但案例研究使得这些主题更加栩栩如生。我们相信，本书中的实用建议将激励企业领导者和人力资源高管投资于人力资本分析。如果这成为现实，我们相信他们的人力资本分析团队将更加聚焦、产生更大的影响，并为他们的组织带来更多价值。

卓越人力资本分析的九大维度

基础

人力资本分析需要一个在合适的位置有着合适要素的坚实基础，从而使企业将来在工作变得过于复杂之前有机会取得成功。这个基础根植于强大的治理机制、清晰的方法论和有效的利益相关者管理。

维度一：治理

作为九大维度之一，治理涵盖了人力资本分析运行的机制、过程和程序。治理为所有分析工作提供基础支撑，保证由“对”的人来为工作指明方向，保障数据和项目的结构与监督得以实施与执行，并确保风险得到适当的管理。

我们将通过以下案例研究，来凸显强有力的治理和管理的实践与价值：

- 诺华（Novartis），关于让人力资本分析与企业战略保持一致；
- 天宝（Trimble, Inc.），关于打造人力资本分析品牌以增强信赖；

- 劳埃德银行集团（Lloyds Banking Group），关于建立人力资本分析的道德标准。

维度二：方法论

作为九大维度之一，方法论的重点在于为了实现可复用的、灵活动态的人力资本分析，应该建立哪些流程和框架。其中包括：确定工作优先级的方式，使用有效且透明的判断标准，引入发起人参与，以及如何在创造影响力和传递价值的同时让团队得到关注。

我们将通过以下案例研究，来探讨如何在实际应用中实施有效的方法并引入发起人参与：

- 默克（Merck & Co., Inc.），关于如何在大流行病中保持敏捷；
- 美鹰傲飞（American Eagle Outfitters®），关于制定人力资本分析声明；
- 施华洛世奇（Swarovski A.G.），关于与“对”的发起人一起实现高速增长。

维度三：利益相关者管理

作为九大维度之一，利益相关者管理深入探讨了人力资本分析团队为了创造影响力和传递价值，需要与之互动的各类利益相关者。它重点指导如何细致地绘制利益相关者地图，如何有效地组织会议，并阐述了如何与各利益相关者长期建立稳固且持续的关系。

我们将通过以下三家公司高级领导者的案例研究，来学习他们是如何确保利益相关者承诺的：

- 强生（Johnson & Johnson），关于培养高层利益相关者；
- 菲斯曼集团（Viessmann Group），关于成为一名分析型首席人力资源官（CHRO）的价值；

● 先正达（Syngenta A.G.），关于利益相关者参与的重要性。

资源

人力资本分析必须具有影响力才能被信赖。这需要平衡恰当的资源，包括团队本身的专业性、适用的技术，以及可靠而广泛的数据。

维度四：技能

作为九大维度之一，技能侧重于人力资本分析团队本身。它探讨了人力资本分析领导者自身所必须具备的技能和承担的职责、团队的运营模式，以及将业务和人力资源语言与分析语言互相转换的关键技能集。

我们从成功建立人力资本分析团队的公司案例中获得了一些洞察，这些案例研究包括：

● 渣打银行（Standard Chartered Bank），关于人力资本分析的团队领导者；

● 美国第一资本金融（Capital One），关于规模化扩展人力资本分析的团队规模；

● 皇家加勒比游轮（Royal Caribbean Cruises Ltd.），关于优秀语言转换的重要性。

维度五：技术

作为九大维度之一，技术涵盖了成功的人力资本分析所需的各类分析技术。尤其是阐述了关于“自研还是外购”的争论，以及使用新兴技术来规模化扩展分析解决方案，加快数据的收集、分析与洞察，并推动数据民主化。

我们将提供以下通过技术推动人力资本分析的实际案例：

- 福泰制药（Vertex Pharmaceuticals），关于采购外部技术；
- 博世（Bosch GmbH），关于自研一套劳动力规划的技术架构；
- 微软（Microsoft Corporation），关于在整个企业范围内规模化扩展人力资本分析工作。

维度六：数据

作为九大维度之一，数据包括数据监督、数据管理，以及怎样利用数据为企业创造更多价值。其中，数据源的使用非常重要，尤其是大量涌现的新兴数据，它将形成增量的价值，把人力资本分析的关注范围延伸到人力资源政策和流程之外，从而深入到解决那些最为复杂的业务问题之中。

我们精选了一些非常杰出的案例，来阐述数据治理和数据管理是如何产生影响的。这些案例研究包括：

- 汇丰银行（HSBC），关于将人力资源首席数据官的角色与人力资本分析相结合；
- 诺基亚（Nokia Corporation），关于利用“燃烧平台”进行数据管理；
- 利乐（Tetra Pak），关于与财务部门协作以实现关键业务目标的数据标准化。

价值

人力资本分析有责任为组织和员工提供价值。这些价值将通过为员工提供更好的体验、产出业务成果进而产生影响，以及培养数据驱动型分析文化而得以实现。

维度七：员工体验

作为九大维度之一，员工体验阐述了各类组织的受众如何从人力资本分析中受益。它概括了一些关键主题，如员工体验的消费者化和个性化、为所有管理者提供数据民主化、如何通过互动分析激发高管的兴趣，以及如何通过改变组织流程来提升员工体验等。

我们将通过以下案例研究，为大家分享如何通过人力资本分析提供强有力的员工体验：

- 荷兰银行（ABN AMRO Bank N.V.），关于如何衡量员工体验；
- 富达国民信息服务（FIS），关于如何利用数据改变整个公司的绩效管理系统；
- 桑坦德巴西银行（Santander Brasil），关于如何在高管面前让分析焕发生机。

维度八：业务成果

作为九大维度之一，业务成果阐述了引领人力资本分析活动产出成果的理念与方法。这些成果包括可执行的洞见与建议、财务价值以及整个企业切实的业务提升。

我们将通过以下案例研究，来理解人力资本分析如何产出业务成果并将解决方案进行规模化扩展：

- 美国大都会人寿保险（MetLife, Inc.），关于确保投资到位；
- 雀巢（Nestlé S.A.），关于使用业务语言；
- IBM，关于规模化扩展分析，追求更高价值。

维度九：文化

作为九大维度之一，文化的核心是在整个人力资源职能中培养具备分析意愿和能力的人才。这需要深入思考未来人力资源专业人员所需的技能与思维模式，探索如何输入分析知识、培养分析能力，从而为促进创新、激发好奇心并创造组织价值打下基础。

我们将通过以下案例研究，重点介绍能让人力资本分析持续发展的分析型文化具备哪些特征：

- 德国默克（Merck KGaA），关于在整个企业推广人力资本分析文化的实践；
- 荷兰合作银行（Rabobank），关于如何让人力资源参与并促成数据驱动型文化的唤醒；
- 百事（PepsiCo），关于在全球和本地团队之间构建协作关系。

致　谢

本书从构思到出版，历时三年之久。在此期间，我们有幸与全球100多个组织开展了人力资本分析的合作与研究。我们也与全球多个国家和行业的众多高管、领导者和从业者就这一主题进行了深入交流与合作。我们要对所有的同事、朋友、客户和合作伙伴，以及社交媒体上所有关注我们的人表达感谢。这三年来的每一次互动，从最简单的在线评论到与客户的深入交流，都有助于塑造我们的思维，并为本书的创作做出贡献。

我们要感谢所有同意接受访谈的人，特别是那些为本书提供案例研究支持的公司及其员工。这些案例研究提供了人力资本分析卓越实践的实际范例，使得本书更加鲜活。我们对这些公司和领导给予我们和我们工作的信任表示感激。

我们也特别感谢克里斯汀·莱弗莫尔（Kirsten Levermore）。没有她的坚持、投入和灵感，本书将仍然停留在“草稿”阶段。克里斯汀不仅撰写了书中许多章节的初稿，还塑造了我们的观点，并将它们转化成文字。在将30个案例研究从构思转化为书稿的过程中，她提供了极大的帮助，并与每家公司一起孜孜不倦地努力，使得这些故事得以完善。

我们还要感谢 Insight222 的所有同事，他们为我们的研究工作和书稿撰写提供了很多帮助。我们特别感谢安娜斯塔西娅·克特纳（Anastasia Ktena）在图表制作方面的助力，伊恩·贝利（Ian Bailie）在“技术”和“数据”两个维度的审阅工作，以及纳奥米·弗尔盖斯（Naomi Verghese）作为人力资本分析的前从业者为本书术语表撰写做出的贡献。

最后，我们衷心感谢所有客户，无论是现在的还是过去的。他们对人力资本分析领域的热忱为我们带来了无限灵感。

乔纳森·费拉尔和戴维·格林

我要感谢艾琳娜（Elena）对我的爱和鼓励，让我有充分的时间完成本书。感谢我的儿子亚瑟（Arthur），感谢他给予我支持，并在寒冷的冬夜里，在终稿成型的过程中陪我打乒乓球。我一直受到我的叔叔比尔（Bill）的启发，他的许多数学著作激励着我分享自己的想法和经验。我还要特别感谢我的猫克利奥（Cleo）和塞尔达（Zeldaa），它们在我打字时躺在我的桌子上陪伴我。

乔纳森·费拉尔

我要感谢我美丽的妻子莎拉（Sara），以及我的孩子亚历山大（Alexander）和伊莎贝拉（Isabella），感谢他们为我留出写作本书的时间，特别是在英格兰东南部经常下雨的周末。我还要感谢我的母亲安（Ann）和父亲理查德（Richard），他们教给我强烈的职业道德感。最后，我还要感谢广大人力资本分析社群的同人，他们的热情、活力和乐于分享的精神使我们的领域成为一个激动人心、回报丰厚的地方。

戴维·格林

版权说明

本书中的核心模型“ Insight222 卓越人力资本分析的九大维度”是 Insight222 有限公司的注册商标。

本书中以下模型的知识产权和版权归乔纳森·费拉尔、戴维·格林和 Insight222 有限公司所有：

- DRIVE：人力资本分析的五个阶段
- 焦点 – 影响 – 价值模型
- 七类利益相关者
- 人力资本分析的四项职责

以下模型的知识产权和版权归 Insight222 有限公司所有：

- Insight222 人力资本分析运营模型
- 人力资本分析价值链
- 未来人力资源专业人才的九项技能

以下模型已获得授权转载，版权归奈杰尔·古恩诺（Nigel Guenole）、乔纳森·费拉尔和谢丽·芬泽（Sheri Feinzig）所有：

- 针对性分析的八步法模型

- 需求的七大动力
- 复杂度－影响力矩阵
- 成功的六大技能

这些模型首次提出自并来源于《HR的分析力：人力资源数据分析实践指南》(培生，2017)。

目　录

第一部分　为什么要做人力资本分析

引　言　003

人力资本分析的商业价值　004

什么是人力资本分析　005

DRIVE：人力资本分析的五个阶段　007

案例研究　澳大利亚国民银行——实践中的人力资本分析　021

总结：为什么要做人力资本分析　029

第二部分　人力资本分析的九大维度

维度一：治理　033

概　述　033

让人力资本分析与企业战略保持一致　037

案例研究　诺华——从战略出发　038

为人力资本分析打造品牌和使命　043

案例研究　天宝——信誉始于清晰的品牌 044
构建监督、问责与赋能机制 049
案例研究　劳埃德银行集团——伦理之重 053
小　结 057

维度二：方法论 059
概　述 060
有效的优先级排序 061
案例研究　默克——大流行病之下的优先级排序 067
明确的流程 071
案例研究　美鹰傲飞——为卓越工作做好准备 076
全力支持的发起人 081
案例研究　施华洛世奇——寻找“对”的发起人 083
小　结 087

维度三：利益相关者管理 089
概　述 089
利益相关者 1：业务高管 092
案例研究　强生——高层利益相关者管理 092
利益相关者 2：人力资源领导者 098
案例研究　菲斯曼集团——成为一名分析型首席人力资源官的价值 099
利益相关者 3：管理者 104
利益相关者 4：员工 104
利益相关者 5：职能部门利益相关者 105
利益相关方 6：技术和数据所有者 106
利益相关者 7：工会与员工团体 106
制订利益相关者计划 107
案例研究　先正达——业务利益相关者对成功至关重要 109
小　结 113

维度四：技能 114
概 述 115
人力资本分析领导者 117
案例研究 渣打银行——人力资本分析领导者 122
人力资本分析的运营模式 127
案例研究 美国第一资本金融——规模化扩展人力资本分析的团队规模 133
语言转换者 138
案例研究 皇家加勒比游轮——优秀语言转换的重要性 140
小 结 145

维度五：技术 147
概 述 147
人力资本分析技术的三波浪潮 150
外购人力资本分析技术 158
案例研究 福泰制药——采购外部技术 162
自研人力资本分析技术 168
案例研究 博世——技能世界的架构之道 172
利用技术实现分析的规模化扩展和产品化 177
案例研究 微软——规模化扩展人力资本分析 180
小 结 184

维度六：数据 185
概 述 186
作为人力资源首席数据官的人力资本分析领导者 188
案例研究 汇丰银行——管理数据，提升业务价值 193
数据管理 197
案例研究 诺基亚——出色的数据基础设施解锁价值 199
撬动企业各方数据，形成业务成果 205
案例研究 利乐——与财务协作的生产率分析 207

新兴数据源 211
小　结 216

维度七：员工体验 218
概　述 219
人力资源的消费者化 220
人力资本分析对作为“独立个体”的员工的职责 223
案例研究　荷兰银行——如何衡量员工体验 228
人力资本分析对作为“人力流程消费者”的员工群体的职责 234
案例研究　富达国民信息服务——基于数据的绩效管理 235
人力资本分析对作为“人力数据消费者”的管理者的职责 240
人力资本分析对作为“人力洞察消费者”的高管的职责 242
案例研究　桑坦德巴西银行——让分析焕发生机 244
小　结 249

维度八：业务成果 250
概　述 250
采取“业务第一”的方法 252
人力资本分析价值链 254
如何推动业务成果 255
案例研究　美国大都会人寿保险——确保投资到位 258
案例研究　雀巢——使用业务语言 263
案例研究　IBM——规模化扩展分析，追求更高价值 268
小　结 273

维度九：文化 274
概　述 275
案例研究　德国默克——规模化扩展人力资本分析的应用范围 278
提高整个人力资源职能的分析能力 284

案例研究　荷兰合作银行——让人力资源参与并促成数据驱动型文化的唤醒 289
建立结构和树立信心 294
案例研究　百事——全球建设，本地发展 296
小　结 301

第三部分　人力资本分析的下一步

人力资本分析转型 305
下一步我该怎么做？ 305
案例研究　全州——在实践中转型 312
人力资本分析的未来 319
人类的工作体验 320
首席执行官面临的技能难题 320
投资者的要求 322
改善社会 323
职能的未来 324
案例研究　优步——人力资本分析的未来 325
结束语 329
术语表 331

第一部分

为什么要做人力资本分析

引　言

人力资本分析的最终指向不是人力资源，而是业务发展。具体来说，它旨在实现企业的商业价值，为员工和劳动带来价值，并助力管理者和高层以事实为依据，做出与人相关的决策。在理想情况下，人力资本分析能够实现的价值还会延伸到董事会、投资人，乃至更为广泛的社会层面。

要想让人力资本分析得以实现，需要坚实的基础、合理运用资源的智慧和对创造商业价值的热情。逐步递进的成熟度模型已不再适用——因为一旦企业能够同时关注多个维度，那么任何业务都能够立刻使用人力资本分析来创造价值。

作为一个专业领域，人力资本分析在人力资源管理和整个商业环境中的重要性日益提升。领英（2020）的数据显示，如今，掌握分析技能的人力资源专家数量比以往任何时候都多，他们对专业知识的理解也在逐年加深。资深的领导者已经认识到，以数据驱动人力资源在当下比以往任何时候都重要。投资于人力资本分析的人力资源负责人正在探索新的方法，以助力他们的公司在市场竞争中获得优势。

接下来的章节将详细阐述以上观点，并为企业领导者投资人力资本分析提供论据支撑。

人力资本分析的商业价值

人力资本分析已经为组织的营收和利润贡献了数亿美元的价值。

IBM 前首席执行官罗睿兰（Ginni Rometty）指出，公司“在员工离职预测专项中，节省了近 3 亿美元的员工流失成本”（Rosenbaum，2019）。IBM 通过人力资本分析识别出了离职风险最高的员工，并提前制订行动计划，帮助管理者做出正确的决策。

谷歌（Google）将新员工的融入时间从 9 个月缩短到 6 个月，节省了大约 4 亿美元（McAleer，2018）。谷歌还创造了电子邮件提示系统，定期向新员工展示高绩效员工的行为，以启发和帮助他们在各自的职位上取得成功（Bock，2019）。

不仅仅是科技公司，各种类型的组织都可以从人力资本分析中获得经济效益。例如，鞋类零售商其乐（Clarks）发现，员工参与度每提升 1 个百分点，可以带来 0.4 个百分点的业绩提升（Levenson and Pillans，2017）。结合其乐 2019 年的年度报告来看，这意味着每提升 1 个百分点的员工参与度，将带来近 6 000 万英镑的业绩收益。

事实上，真正的商机远不止于此。

埃森哲（Accenture）在 2019 年的一项研究中得出结论：在尚未被发掘的收入增长中，有 3.1 万亿美元潜藏在人力数据中——更确切地说，潜藏在负责任地使用这些数据并将其与员工信任相结合之中——研究样本包括全球最大的 6 000 家上市公司（Shook，Knickrehm and Sage-Gavin，2019）。也就是说，通过人力资本分析，平均每家公司将产生 5 亿美元的收入增长。

其他的一些研究也发现，那些在人力资本分析上能力领先的公司，通常在各种财务指标上表现得更好。与竞争对手相比，它们三年内股价高出 30%（Bersin by Deloitte，2013），净资产收益率高出 79%（Sierra-Cedar，2014），三年内营业收入高出 96%（Chakrabarti，2017），利润率高出 56%（Martin，2018）。

这些都是人们越来越热衷于打造卓越人力资本分析的有力原因。

什么是人力资本分析

很多出版物已经给出过人力资本分析的定义。其核心是：

为了揭示洞察、提供助力业务成果改善的建议，而进行的员工和人力资源数据分析。

正如图 1 所示，本书中使用的人力资本分析定义包括一系列活动：

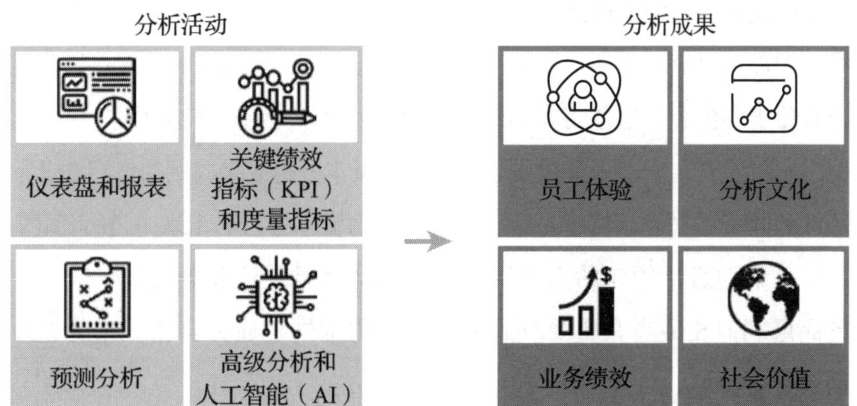

图 1　人力资本分析包括多项活动和成果

● 仪表盘和报表——通过正式的、标准化的且可复用的仪表盘和报表，共享人力数据信息和洞察。

● 关键绩效指标（KPI）和度量指标——测量对于企业和“C 级高管”、董事会、投资者而言最重要的指标。

● 预测分析——运用统计学技术和其他数学分析技术，预测和规划未来。

● 高级分析和人工智能（AI）——运用机器学习、人工智能、深度学习和认知计算等先进技术，提供洞察和建议。

分析成果包括：

● 员工体验——例如员工体验、向管理者提供的数据的民主化、向高管传递的洞察，以及整体人力资源绩效的提升等。同时，员工体验也包括由分析带来的以人为中心的体验优化及其成果。这些内容将在本书第二部分的员工体验维度和第三部分的人力资本分析的未来中进一步讨论。

● 分析文化——包括提升人力资源部门对人力资本分析的认知，发展人力资源专业人员的分析技能，以及将人力资本分析规模化扩展至公司所有管理层。具体内容可参阅本书第二部分的文化维度。

● 业务绩效——包括财务影响、风险与合规管理、市场份额增长，以及为商业战略提供信息并产生影响。这些都将在本书第二部分的业务成果维度中进行讨论。此外，业务价值还包含首席执行官面临的技能难题、投资者要求等内容，这些将在第三部分的人力资本分析的未来中进行描述。

● 社会价值——一些更深层次的人力资本分析成果，例如包容性、平等性和同工同酬等，都将在第三部分的人力资本分析的未来中进行讨论。

一般而言，领先的人力资本分析团队通过关注业务挑战、吸引业务高层利益相关者为重要项目背书、与内部同事通力合作，来为企业创造显著价值。

最先进的人力资本分析团队，往往采取“业务第一”的方法——

与业务高层和人力资源高层合作。他们关注业务中最具战略意义、在运营层面最重要的人力资源议题。他们将自己的工作成果进行量化，并创造投资回报，导致业务高层渴望获得更多的分析。他们提供有关客户关系、员工保留、财务盈利能力、生产力、协作、创新、销售绩效和员工发展等多方面的洞察结论。

这些领先的团队改变了员工的工作体验，在整个企业中建立起人力资本分析文化，甚至关注更为复杂的社会议题。他们将最佳解决方案产品化并规模化扩展至整个公司，嵌入业务的运营流程。这样可以让领导者和管理者获得触手可及的洞察，并据此改进他们的运营和业务绩效。事实上，人力资本分析团队关注图 1 列出的所有成果。

DRIVE：人力资本分析的五个阶段

关于人力资本分析的发展历程，已经有非常多的文章进行了阐述。古恩诺、费拉尔和芬泽（Guenole，Ferrar and Feinzig，2017）以及福布斯 2015 年的文章《当极客降临人力资源部：人力资本分析已经到来》(Bersin，2015)，都对这一主题进行了深入探讨。

经过分析和研究，我们认为可以用五个阶段来描述现代人力资本分析的历史和未来。我们将其命名为“DRIVE：人力资本分析的五个阶段”(见图 2)。

我们将在本章详细讨论前四个阶段。“卓越阶段”将在第三部分的人力资本分析的未来中介绍。

探索阶段：1910 年代至 2010 年

对人力资本分析使用量的增加是循序渐进的。事实上，它的起源可以追溯到 100 多年前弗雷德里克·泰勒（Frederick Taylor）在 1911

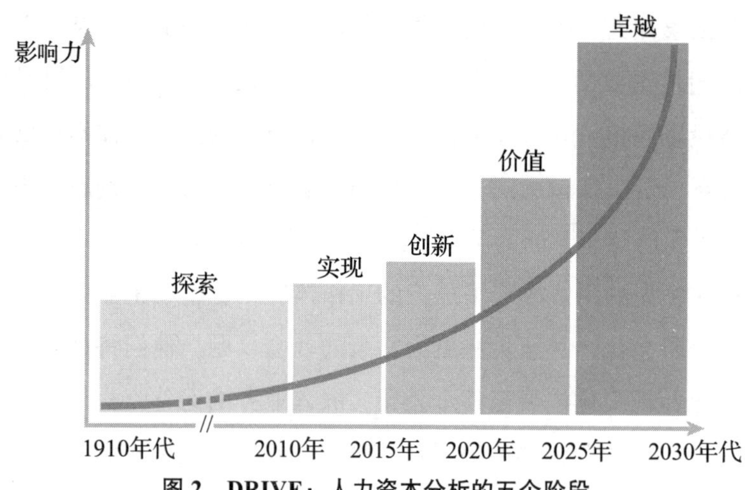

图 2 DRIVE：人力资本分析的五个阶段

年出版的《科学管理原理》一书。泰勒的理念旨在通过测量员工的所有行为来优化任务、提高效率，从而实现生产力的最大化。在那个时代，福特汽车公司（Ford Motor Company）是最著名的泰勒主义者之一，它将科学分析应用于汽车制造工艺的自动化，从而提高了生产效率、加快了生产速度。该公司也因此而闻名。

探索阶段的另一个重大发展，最终促成了我们今天所熟知的人力资本分析。这项发展萌芽于第二次世界大战后的 20 世纪 40 年代，当时的组织开始进行大规模的工业化，工业组织心理学家的角色应运而生。如今，这些心理学家在复杂的人力资本分析中发挥着不可或缺的作用。

20 世纪八九十年代，人力资源部门在扩张，从单一的行政管理职能扩展到了集招聘、培养、激励以及绩效管理于一体。随着这些变化而产生的，是对员工雇用、员工配置、员工发展等一系列流程进行测量和提升效率的需求。在这一话题上，有一本颇具影响力的著作《人力资源计分卡：连接员工、战略与绩效的纽带》（Becker，Ulrich and Huselid，2001），该书创建了一套评估体系，用于阐释人力资源是如何影响业务绩效的。

到了 21 世纪初，企业开始成立正式的人力资源分析和员工敬业度部门，并着手招聘相关人员。随着互联网的兴起，大规模收集定量与定性数据的能力得到发展，这不仅提升了人们对人力资源流程进行测量的需求和能力，也让人们有可能去测量更多的内容。在大型跨国公司中，这些早期的团队通常只有少数几个人，负责的工作主要是年度员工敬业度调查等。总体而言，在探索阶段，人力资本分析主要是行政性质的“白手套”职能[①]，进行数据收集、统计、报告和业务诊断，主要服务对象是少数高级管理层，只有在首席执行官（CEO）的特别要求下，才会偶尔对一些复杂的业务课题进行分析。

实现阶段：2010—2015 年

对于人力资本分析领域而言，2008 年的全球金融危机改变了一切；随着大数据时代的到来，业务部门（如市场营销部）开始应用分析工具；再加上人们开始想要以高效和有效的方式对所有事务进行测量和监控，这三个因素共同促成了人们对分析工作重要性的深刻认识。向企业高层管理者提供洞察的分析团队，帮助这些组织在全球金融危机后实现繁荣发展。在实现阶段，最典型的特征是成熟度模型的发展，以及大型科技公司的领先实践。

例如，谷歌、微软和 IBM 等公司在内部设立了大规模的团队，能够将它们在外部产品团队中积累的专业知识，转化为给自己的员工提供相似的体验。这些团队迅速发展，并往往专注于探索复杂的预测性分析项目。在高层管理者的背书下，他们能够将这些解决方案规模化扩展开来，利用他们的技术优势，创造巨大的价值。

这场因全球金融危机而引发的人力资本分析使用增长浪潮在《哈佛

---

① “白手套”一词通常用来形容服务或处理事务的方式极为周到、精细和高质量，像是佩戴白手套那样细致和专业。这个表达起源于旧时西方贵族或上层社会的仪式和活动，服务人员会佩戴白手套以显示其服务的高标准和尊贵，表示对待客人和事物的极度细心和尊重。——译者

商业评论》的封面文章《人才分析竞争》（Davenport，Harris and Shapiro，2010）中得到了精彩的描述。这篇文章对当时几乎所有的人力资本分析从业者都产生了深远影响。文章阐述了谷歌、星巴克和美国电信等组织是如何“越来越多地应用先进的方法来分析员工数据，从而提升了它们的竞争优势”，还强调了百思买[①]通过衡量员工敬业度所产生的经济价值。这是最早公开发表的利用人力数据产生商业价值的案例之一。

到了2010年代中期，人力资本分析团队在众多跨国组织中崭露头角。这些团队主要扮演“服务团队”的角色，处理来自高级人力资源业务合作伙伴、高级执行官，乃至董事会成员的大量需求。其工作内容涵盖了从报告、仪表盘和数据需求，到极为复杂的高级分析项目等多种任务。在一些情况下，团队通过深入分析员工流失、客户保留、领导行为和团队多元化等关键驱动因素，创造了显著的经济价值。最领先的团队甚至已经开始利用来自公司内外部的各种人力数据和其他业务数据。

2010年代初期，谷歌凭借“氧气计划”（Project Oxygen）（Garvin，2013）将人力资本分析推向主流。该项目科学地传达了一个广为人知的信念：用谷歌式的语言风格描述管理者的特质，并服务于整个谷歌公司。它改变了业务高管对人力资源流程价值的认知，并且使他们意识到，通过分析能够预测为了实现竞争优势需要哪些能力和行为。氧气计划将过去几十年来对于人才的一般理解转化为具象化的、科学严谨的、以价值为导向的且适用于谷歌的内部洞察。它在主流媒体上发布后，引起了全球高管的广泛关注。继氧气计划之后，谷歌又推出了“亚里士多德计划”（Project Aristotle）（Duhigg，2016），这也是一项卓越的研究，它探讨了如何构建完美的团队——其结论非常精准。当时

① 百思买，美国跨国消费电器零售商，总部位于明尼苏达州里奇菲尔德。

的人力运营高级副总裁拉斯洛·博克（Laszlo Bock）在其 2015 年出版的著作《重新定义团队：谷歌如何工作》中，对谷歌在人力资本分析领域的探索之路进行了详细的记录。

尽管像谷歌这样的公司正在做如此卓越的工作，但大部分人力资本分析团队依然局限于扮演“报表”的角色。行业实践的领军人物托马斯·拉斯穆森（Thomas Rasmussen）和管理思想家戴维·尤里奇（Dave Ulrich）在 2015 年发表的论文《实践出真知：如何避免人力资源分析沦为管理噱头》中谈到了这个问题。在论文提出的众多建议中，有两条尤为引人注目：“从商业问题入手”和“培养人力资源专业人员的分析型思维模式”。

该论文还提出警示：“如果人力资源分析仍旧延续过往的模式，就无法为企业带来真正的价值。”

随后，更加专业的人力资本分析方法开始涌现，实践者纷纷将自己的工作经验整理成文，以推动这一领域的发展。例如，本·瓦伯（Ben Waber）在其著作《人力资本分析：社交传感技术如何改变商业及其对未来工作的启示》（2013）中，探讨了传感器如何提供对人们工作与协作的全新理解。此外，也出现了一些旨在帮助人们掌握人力资本分析技术细节的出版物，比如马丁·R. 爱德华兹（Martin R. Edwards）和克尔斯滕·爱德华兹（Kirsten Edwards）的《预测性人力资本分析：掌握人力资源度量指标》（2019），该书为使用统计软件 SPSS 进行分析提供了详细的步骤和指南。

至此，人力资本分析的发展主要受到成熟度模型的影响。这些模型在 2010 年代初期和中期变得越来越普遍。总的来说，成熟度模型在任何业务的转型初期都能够起到很大的帮助作用。咨询公司也广泛使用这些模型，用来制定明确的标准，并评估发展现状。

在人力资本分析领域工作的读者对人才分析成熟度模型（Bersin by

Deloitte，2013 and Chakrabarti，2017）应该并不陌生。这个模型以及许多其他类似的模型，通常都包含四个成熟度层级：运营数据报表、高级数据报表、高级数据分析，以及预测性分析①/规范性分析②。近年发布的模型还增加了第五个层级——聚焦于人工智能和认知计算技术。

然而，如果我们从在2020年代人力资本分析需要什么的视角来看，成熟度模型还有诸多不足。其中最致命的问题在于，它构建的人力资本分析能力必须是线性发展的。

这不仅对我们没有帮助，在当下来说甚至可能适得其反。

采用线性方式来建构人力资本分析模型，无法在当今的业务领导者面前迅速产生影响。它隐含着一种观念，即一家公司在建立报表指标和仪表盘之前，不能进行预测性分析，这种观念在底层逻辑上就是错误的。实际上，这两者可以同时进行、并行发展，因为业务对人力资本分析团队的预期就是要在其全部职责范围内迅速产出价值。当解决业务问题成为工作重点（这也确实应该是重点）时，各种形式的人力资本分析很可能需要同时进行。这也是为什么在前文所述的人力资本分析定义中包含了各种类型的活动和结果，因为它们可以同时发生。

成熟度模型固然有其价值，但追求卓越才是更好的选择。

创新阶段：2015—2020年

2010年代中期标志着人力资本分析领域发展轨迹的转变。其中，最主要的推动力来自高层的期望：首席执行官（CEO）越来越多地要求首席人力资源官（CHRO）推动员工队伍的现代化转型，以适应市场的需求。

---

① 预测性分析（predictive analytics）是高级分析的一个分支，用于对未来的事件进行预测。——译者

② 规范性分析（prescriptive analytics）是高级分析的一个分支，用于为特定的分析洞察找到最佳行动方案。——译者

创新阶段的典型特征是：新模型的产生、新技术的应用、专业领域的细分，以及越来越多的从业者涌入人力资本分析领域，并通过新的途径创造业务价值。

使用人力资本分析来提高业务绩效的新模型层出不穷。其中，亚力克·利文森（Alec Levenson）呼吁的将人力资本分析与业务相结合的模型便是一个例子（Levenson，2015）。

另一个得到许多公司认同的案例是，像经营业务那样经营人力资本分析，这一观点在《HR 的分析力：人力资源数据分析实践指南》（Guenole，Ferrar and Feinzig，2017）一书中有详细阐述。在针对 50 多个大型跨国公司的研究课题中，研究者清晰地发现，那些一开始就从业务问题出发而非从数据出发的公司，会拥有日益强大的人力资本分析职能。他们还发现，领先的公司在人力资本分析方面有着坚实的运营模型，并积极投入建设整个人力资源部门的数据驱动文化。

将重点放在业务价值上，并像经营一家企业一样经营人力资本分析，这种趋势只增不减。有关人力资本分析影响力的例证，已经在一些年度精选合集中出版过，这为感兴趣的读者提供了丰富的资源，同时提供了针对该领域发展进程的深入洞察（Green，2017，2018，2019，2020 and 2021）。

新兴技术使得我们能从新的信息源，例如社交媒体和网络等，收集并分析大数据。这些技术及其商业应用逐渐开始流行。此领域的早期开拓者之一是迈克尔·阿雷纳（Michael Arena），他的著作《适应性空间：通用汽车和其他公司如何主动自我颠覆并转型为敏捷组织》（2018）探讨了人与组织之间的关系网络如何产生巨大的价值。

另外，更多围绕技能方向的专业细分领域也开始浮现。其中，最重要的一项技能是，如何通过讲故事来赋予数据生命——换言之，就是将数据从学术领域转化为商业应用，从理论研究转化为实际行动。

在此话题上，最有影响力的著作是科尔·努斯鲍默·纳福利克（Cole Nussbaumer Knaflic）[①] 的《用数据讲故事》（2018）。目前，她与其他专家一起，为人力资源从业者和分析师提供培训，传授这些技能，给整个人力资源行业的分析能力带来了质的飞跃。

在创新阶段，人力资本分析逐渐从人力资源内部的辅助部门，转变为企业整体人力战略的核心组成部分。这为全球各地的企业创造了与业务同频共振的人力资源组织。正如企业研究论坛（Corporate Research Forum）发布于 2017 年的报告《战略性劳动力分析》（Levenson and Pillans，2017）中所强调的，在 10 000 人及以上员工规模的企业中，69% 都设有人力资本分析团队。到 2010 年代末，我们已经能在各种规模、各种行业和地区的组织中看到人力资本分析了。

与此同时，随着该领域需求的迅猛增长，大批人才蜂拥而入。领英在 2018 年的调查显示，从 2013 年到 2018 年，北美地区把“分析技能”列入自己领英信息的人力资源专业人数增加了足足三倍（LinkedIn Talent Solutions，2018）。

这种现象并不局限于北美地区。在亚太地区（APAC），欧洲、中东和非洲地区（EMEA）也有同样的趋势，在 2013 年到 2018 年之间，亚太地区的增长率达到了 70%；2017 年到 2018 年之间，EMEA 的增长率为 60%（LinkedIn Talent Solutions，2018）。这种人才的增长来源于两个方面的共同作用：一是人力资源领域的从业者开始掌握分析技能；二是一些数据科学家或数据分析专家，从其他业务领域（例如财务、市场和运营等）转向人力资源领域。

埃森哲于 2019 年发布的研究中揭示了所有这些转变带来的业务影响。在调研的 13 家大型公司的 1 400 名“C 级高管”中，有 91%

---

① 科尔·努斯鲍默·纳福利克是数据分析专家，谷歌前人力资本分析团队经理，曾任银行和私募基金分析师，曾在马里兰艺术学院教授信息可视化课程。——译者

的人认为，新技术的应用和人力数据资源可以释放企业中“被束缚”的潜在价值。研究还显示，其中62%的组织已经在更大范围或者更深层次地采用新的人力数据源了（Shook，Knickrehm and Sage-Gavin，2019）。

德勤（Deloitte）发布的《2018年全球人力资本趋势报告》也进一步证实了人力资本分析的兴起，在该报告中，有超过11 000名受访者将“人力数据”评为最重要的趋势之一。对于（像我们这样）已经在人力资本分析领域工作超过五年的人来说，这种认可犹如一个里程碑时刻。

从后知后觉的好处角度来看，或许我们不该对此感到惊讶，因为已经有越来越多通过人力资本分析获得商业价值的案例出现在主流刊物中。

尼尔森（Nielsen），一家处于科技领域之外的全球数据公司，用案例凸显了从人力资本分析中获取业务价值的重要性。它发现，每减少1%的员工流失，就可以节省500万美元的业务成本[①]。这项研究还揭示了许多其他洞察（例如，内部流动是员工保留的关键因素），正是这种人力洞察与财务指标之间的直接关联，使得业务高管对人力资本分析产生了浓厚的兴趣。尼尔森用人力统计数据与利益相关者进行强有力的沟通，并围绕业务价值和员工利益讲述了非常清晰的数据故事。

另一个更具创新性的例子来自联合利华（Unilever），它展示了如何通过分析来量化价值。它的首席人力资源官指出，公司每在员工福利上投资1美元，便可获得2.5美元的回报（Green，2019）。

尼尔森和联合利华的案例都凸显了人力数据能够为企业和员工双方带来价值。这引领我们进入了价值阶段。

---

① 尼尔森案例研究参见《HR的分析力：人力资源数据分析实践指南》（Guenole，Ferrar and Feinzig，2017）第59～64页。

价值阶段：2020—2025 年

企业领导者和首席人力资源官已经普遍认识到了人力资本分析能够提供的价值，同样，人力资源领域的从业者也意识到了这一点。如图 3 所示，一项 2019 年的研究发现，有 82% 的人力资源从业者认为，人力资本分析能推动业务价值提升（Styr，2020）。

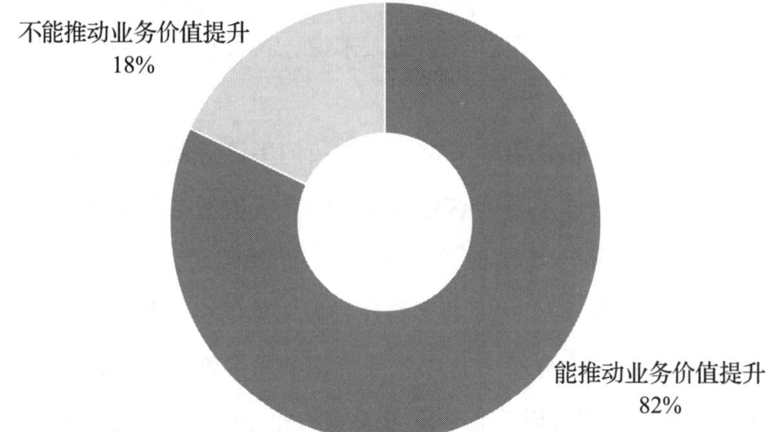

图 3　问题：您认为人力资本分析能否推动业务价值提升？

世界经济论坛（The World Economic Forum，2019）在发布的报告《人力资源 4.0：在第四次工业革命中重塑人力资源战略》中，定义了未来人力资源职能的六大要点，所有这六点都以人力数据和人力资本分析为基础。领英的《2020 年全球人才趋势报告》中也有同样的观点，它将“人力资本分析”列为未来人才招聘和人力资源领域最重要的四大趋势之一。

人力资本分析的爆发式增长也能从另一个侧面反映出来，即相关会议的数量大幅增加：2016 年仅有 24 场会议，而到了 2020 年，加上即将筹备举行的共有 150 场会议，其中包括沃顿商学院人力资本分析峰会、人力资本分析与未来工作会议、UNLEASH[①] 等著名活动。在这短短的 48 个月内，相关会议增长了 500%，这还不包括数字化学习和培训的增长（Green，2016，2020）。

人力资源技术市场同样呈现急剧上升的态势，人力数据分析技术的供应商数量显著增加，详见 RedThread Research 发布于 2020 年的报告（Garr and Mehrotra，2020）。一些重大的并购交易表明，人力数据公司蕴含着巨大的市场价值。实际上，微软在 2016 年以 262 亿美元的价格收购领英，标志着该领域多起并购活动的开端（微软新闻中心，2016）。

随着 2019 年的过去，2020 年的到来，如果借用哈罗德·麦克米伦（Harold MacMillan，1957—1963 年出任英国首相）的话来描述人力资本分析领域当时的盛况，应该是“前所未有的繁荣昌盛”。

2020 年是人力资本分析领域的关键转折点。面对全球新冠疫情大流行、种族不平等和金融不确定性的三重危机，人力资本分析需要采取更积极的措施，以加强其作用和贡献。人力资本分析团队需要迅速向“C 级高管”提供关于远程工作、新冠病毒感染、员工缺勤和心理健康等方面的数据和信息，来响应全球性大流行病的挑战。这使得企业对人力资本分析的及时性和准确性的需求迈上了一个新高度，并将其应用到日常运营决策和长期战略规划中。

由此，我们可以看到，人力资本分析作为一项职能，企业内部正在加大对人才和技术的投资，以满足这些日益增长的需求。2022 年由

---

① UNLEASH，意为“释放”，是一家关注未来工作、人力资源和创新技术的权威平台机构，总部位于英国伦敦。它为人力资源领域提供新闻、分析和市场趋势等信息，并举办与未来工作和人力资源相关的活动、会议或展览，旨在启发和赋予全球组织领导者洞察和决策的力量。例如：UNLEASH World，是全球最具影响力的人力资源会议，聚焦未来工作和最新的人力科技；UNLEASH America，国际人力资源节，由世界各地的人力资源领导者齐聚一堂，交流启发人心的人力故事和创新思维。

Insight222 进行的一项研究显示，即使全球性大流行病造成了财务不确定性，但仍然有 93% 的人力资源部门计划将扩大或维持其人力资本分析团队的规模（见图 4a）。与此同时，有 97% 的企业将增加或维持其在人力资本分析方面的技术投资（见图 4b）(Ferrar，Styr and Ktena，2020）。

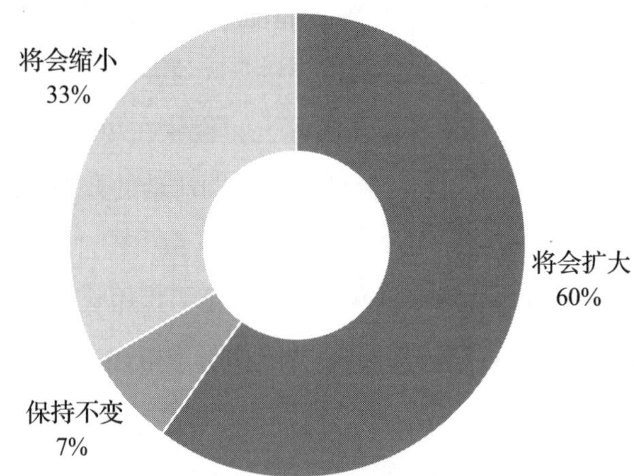

图 4a　问题：在未来的 18 ～ 24 个月内，比起人力资源的其他职能，贵公司的人力资本分析团队规模预计将会扩大还是缩小？（*n*=60）

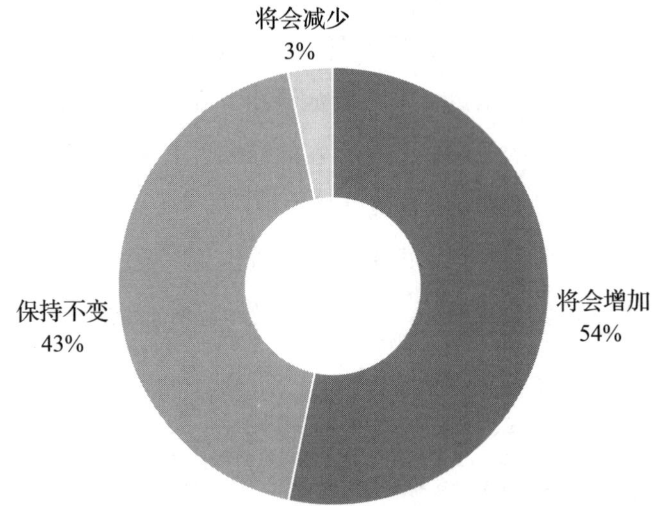

图 4b　问题：在未来的 18 ～ 24 个月内，贵公司在人力资本分析技术上的投资是否会增加？（*n*=60）

得益于人力资本分析所提供的数据和洞察，首席人力资源官（CHRO）的角色在2020年变得越发关键。《经济学人》（*The Economist*）杂志的一篇文章写道："在大流行病期间，首席人力资源官既可能引领公司走向辉煌，也可能导致公司走向灭亡。"在全球金融危机中，首席人力资源官的角色与首席财务官（CFO）一样至关重要。该文章还剖析了来自IBM、亚马逊（Amazon）和美国艺电公司（Electronic Arts）的三位首席人力资源官，探讨了他们在帮助各自组织渡过危机时所发挥的支柱作用，以及他们基于数据得出洞察并推进组织行动的能力（经济学人，2020）。

人力资本分析能够直接为企业带来价值，"价值阶段"由此得名。这一阶段的特征包括以下四点：

1. 利益相关者群体之间更深层次的信任，尤其是执行层和领导层之间；

2. 在工作环境中表现出更高程度的包容，而不是只局限于多元化这个单一话题；

3. 更大的目标，向"更高层次的使命"迈进；

4. 更加强烈的平等意识。

它们都受到了以下八个变化趋势的影响（见图5）：

1. 快速的技术进步；

2. 愈发激烈的竞争程度；

3. 日益增长的技能需求；

4. 员工期望越来越倾向于消费者化[①]；

5. 指数级增长的人力数据；

6. 劳动力人口结构的调整；

---

① 消费者化，是指员工期望在工作中能够与消费者一样，拥有个性化的技术体验。——译者

7. 新兴的工作模式；

8. 不断变化的监管环境。

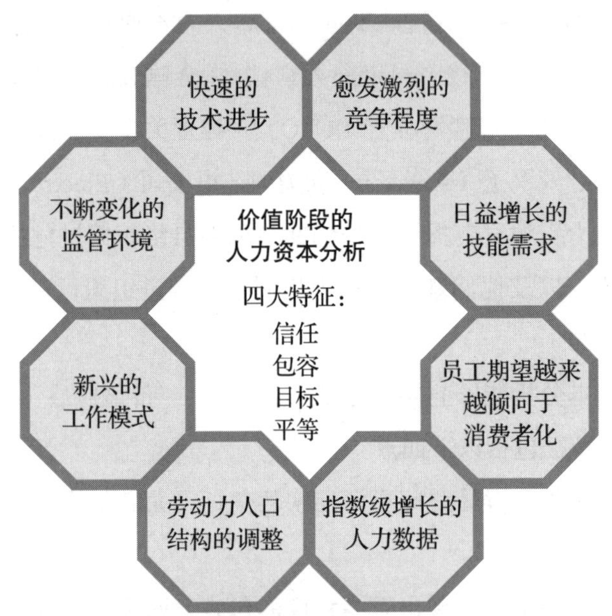

图 5　价值阶段的特征是信任、包容、目标和平等，并由八大变化趋势影响着需求与活动

一个普遍的观点是，对于上述八大趋势，大流行病即便没有影响到全部，至少也加速了其中许多趋势的发展。例如，在 2020 年《福布斯》的一篇文章中，希瑟·麦高恩（Heather McGowan）明确表示："我们曾经认为未来的办公方式需要数年时间才能逐步展开，但现在我们相信，在新冠病毒的催化下，一切我们所预言的未来办公方式都将在几个月内展开"（McGowan，2020）。

在整个研究过程中，我们一直在寻找能深刻体现价值阶段的公司。我们致力于寻找那些专注于最迫切的商业问题，并且能够实现实质价值的公司。我们也考察了那些聚焦于上述四大特征和八大趋势的公司。澳大利亚国民银行（National Australia Bank）就是其中之一，它的历程彰显了在价值阶段人力资本分析的核心地位。

案例研究

澳大利亚国民银行——实践中的人力资本分析

在人力资本分析一词中有两个要素——“人力资本”和“分析”。澳大利亚国民银行[①]的案例就是这两者和谐共融的最佳实例之一。

在2020年《IT时报》的一篇文章中，托马斯·拉斯穆森（Thomas Rasmussen）作为澳大利亚国民银行员工体验部、数字与分析部的执行总监，探讨了如何利用人力资本分析激发40 000名员工的潜力（Crozier，2020）。

作为人力资本分析领域全球领先的实践者之一，托马斯曾先后任职于马士基集团（A.P. Møller-Maersk）[②]和荷兰皇家壳牌集团（Royal Dutch Shell）[③]并担任建立职能部门的职责，其间他发展了自己在人力资本分析方面的专业技能，之后于2017年加入澳大利亚国民银行担任重要职位。他始终如一地为他服务的所有组织创造价值，并践行一个原则——“一旦认识到关于人的心理层面的因素，人力资本分析就能够驱动业务价值”。

托马斯始终将业务价值视为首要任务。他认为，只有当人力资源部门将自己定位为通过对人的心理层面的理解来撬动业务时，人力资本分析才能最大限度地发挥价值，而技术则是在整个企业中规模化扩展这些解决方案的加速器。

“从企业高度关注的问题入手，”托马斯提议道，“如果你让

---

① 澳大利亚国民银行是全球最大的银行之一，总部位于墨尔本，在澳大利亚、新西兰及世界各地设有900多个分行，为900多万客户提供服务。

② 马士基集团是丹麦的一家综合性集装箱物流公司，公司规模约76 000人，在130多个国家开展业务。

③ 荷兰皇家壳牌集团，简称壳牌，是一家超级能源与石油化工集团，总部位于荷兰。壳牌在全球拥有82 000名员工，经常被列为世界三大公司之一。

他们从始至终都参与进来，他们就会更加智慧地运用分析来做决策。”

托马斯在入职银行工作的第一年就发起了一个项目，致力于探索零售银行业务绩效的人力驱动因素。以业务为导向做人力资本分析，这个项目就是最好的案例。

负责该项目的澳大利亚国民银行人力洞察与研究部负责人莎莉·史密斯（Sally Smith）回忆说：“这一切开始于一位高级业务领导向我们抛出了一个假设，并希望通过数据进行验证。”

这位高级业务领导坚信，优秀的领导力、高度的员工参与，以及同心协力的团队合作，能够提高当地银行分行的客户满意度。

人力资本分析团队很快发现，其他重要的利益相关者也普遍认同这一观点。“我们感觉到，业务部门强烈渴望能用数据验证这一假设，”莎莉解释道，“数据是否能够证实这一点呢？如果能，那么提高客户满意度的关键驱动因素又有哪些呢？”

单靠人力数据其实很难理解这种业务状况，人力资本分析团队需要与银行内的其他分析专家合作。于是，该团队与其他分析团队合作，综合了客户净推荐值、不动产和市场细分数据以及财务数据，将商业数据与人员数据结合起来（见图6）。

该团队也严格考虑了数据隐私问题。团队与银行的数据隐私官密切合作，确保在整个分析过程中的数据匿名性，所有数据都只在汇总层面进行展示。

尽管托马斯在澳大利亚国民银行任职才一年多，但团队能够利用七年的纵向数据来进行分析。在大多数情况下，这些数据不仅覆盖了人力数据，而且覆盖了业务数据。这也意味着团队拥有一个非常丰富的数据集，能够用来进行统计分析，并推断这些数据与客户净推荐值之间的关联。

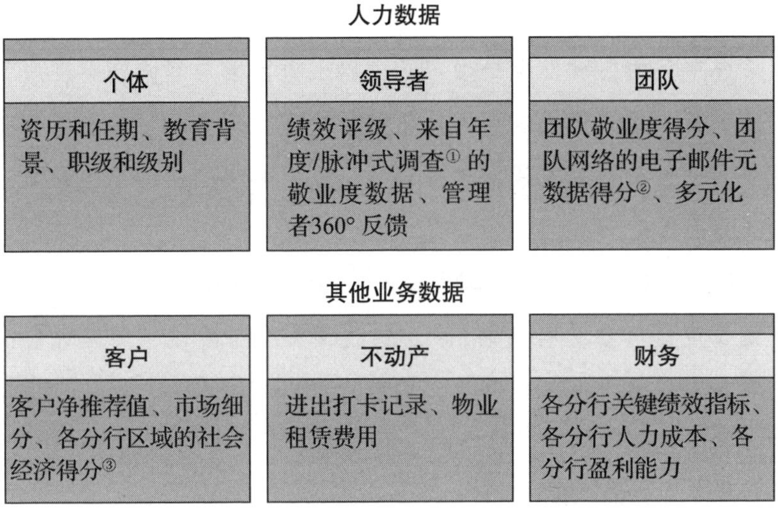

人力数据

个体	领导者	团队
资历和任期、教育背景、职级和级别	绩效评级、来自年度/脉冲式调查①的敬业度数据、管理者360°反馈	团队敬业度得分、团队网络的电子邮件元数据得分②、多元化

其他业务数据

客户	不动产	财务
客户净推荐值、市场细分、各分行区域的社会经济得分③	进出打卡记录、物业租赁费用	各分行关键绩效指标、各分行人力成本、各分行盈利能力

图 6　示例：客户、团队和财务分析等典型数据源

资料来源：经澳大利亚国民银行授权转载，2020 年 5 月 7 日。

托马斯回忆说，依据他的项目成功执行理念，人力资本分析团队在整个分析过程中都与业务发起人④紧密合作："从变革的角度来看，从一开始就让业务发起人参与进来，可以使工作迅速推进。我们能以一种持续迭代的方式与领导者交流结果，也便于对后续的假设进行验证。"

随着项目接近尾声，项目发起人和其他业务利益相关者都受到分析结果的鼓舞，并全身心投入项目——此时已经形成了真正

---

① 脉冲式调查是指一种问题数量少、频率高且有规律的调查，通常用于收集员工相关的各种数据。——译者

② 通常是通过分析团队成员之间电子邮件交流的元数据（例如频率、时间等），来分析团队的沟通网络和沟通效率。——译者

③ 衡量特定区域社会和经济条件的指标，通常包括该地区的平均收入、教育水平、就业率等。——译者

④ 原文为 sponsor，是指在组织内部提供支持的个人或团体，这种支持可能是财务上的，也可能是通过个人声誉来为投资论证背书。在正文中，根据不同的语境，将其翻译为"赞助者"（偏向财务支持）、"背书人"（偏向个人声誉支持）、"支持者"（泛指各类支持）或"发起人"（特指启动项目的支持者）。名词形式 sponsorship 的处理亦同此，不再详述。——译者

的行动推动力。

该项目的关键发现是确定了一些人力因素与客户满意度之间的相关性。这是澳大利亚国民银行首次通过测量和统计分析，验证了人力因素对客户满意度的影响。以下是识别出的三个最显著的人力因素：

1. 员工敬业度。据托马斯透露，“员工敬业度最高的分行的客户满意度是其他分行的两倍”。经过详细分析发现，团队评价高的领导者能够更好地提升员工的敬业度，相比之下，团队评价低的领导者效果则较差。优秀的领导者能够促进员工敬业度的提升，进而提高客户满意度。

2. 在职平均任期。澳大利亚国民银行发现，员工的任职时长是衡量其能力的晴雨表，远比职位能力准确。随着团队中任职大于等于两年的员工比例增加，客户的体验也相应有所改善。

3. 工作安全。当分行上报的出错数量、事故次数和病假天数减少时，客户满意度会相应提升。

“我们发现，有成就的领导者能够牵引高水平的员工敬业度、稳定的任期和安全的工作环境，这些都是提高客户满意度的关键因素。”托马斯说道。

“在一定程度上，这次分析主要是验证了高管的直觉。然而，分析的美妙之处在于，对于哪些是影响客户满意度进而影响业务表现的真实因素，我们有了基于实证的结论。”托马斯深思道：“这让人力资本分析变得切实可感。我们向领导层提供了真实的数据和深刻的见解。他们非常喜欢，因为这让他们意识到了我们可以做些什么，以及他们可以如何利用这些人力资本分析来提高各分行的业绩。”

该银行的研究结论与外部学术研究结果一致。外部学术研究结果显示，人力因素对客户满意度的影响占到了 20% ～ 25%。

人力资本分析团队还揭示了随着时间推移的因果关系，如果一个团队评价较好的领导被一个团队评价不好的领导所替代，员工的敬业度就会开始下滑。员工的平均任职时长也会缩短，大家开始选择离开：毕竟，谁会愿意为一个糟糕的领导工作呢？而随着员工的福祉被忽视，错误、事故和病假天数也会增加，从而形成一个负面循环，客户满意度也受到影响，客户净推荐值得分开始下降。

反过来也是如此。数据显示，如果分行任用了一位优秀的领导者，那么所有这些人力因素都会朝着正确的方向转变，从而推动客户满意度得分的提升。

对纵向数据的分析让团队能够证明因果关系的影响趋势。

在人力资本分析中，人们经常能发现一些意想不到的洞察。该团队也发现了一个意外的结论：由女性领导者带领的分行，其客户满意度平均分高于由男性领导者带领的分行。这样的意外发现激发了人力资本分析专家进行更深层次的研究，以探究潜在的原因，例如："是什么因素让我们的女性领导者能够给银行带来更高的业绩？"

分析结论促使澳大利亚国民银行改变了激励政策，开始将分行的绩效与员工的敬业度挂钩。此外，这次分析识别出的三个关键人力因素也得到了更高的权重和关注度，成为业绩的前瞻性指标，为分行的绩效提供预测指引。分行的领导喜欢这些指标，因为它们是基于实证得出的预测成功的因素。

这个项目不仅凸显了面对共同的业务挑战时进行跨职能分析的重要价值，而且展现了托马斯关于业务价值、规模化扩展分析和人力资源能够在基于实证的世界里扮演什么角色的三重信念。

人力资本分析的商业价值

“如果你想在人力资本分析的助力下取得成功，”托马斯说道，“请务必确保你的产出是企业高层真正关心的问题。”

托马斯在自己的职业生涯中学会了与企业高层紧密合作，这使他深刻理解了企业的内外部动态。他坚信，深入理解企业及其环境——无论是内部的还是外部的——是成为令人敬佩的人力资本分析领导者的关键因素。这不仅提升了托马斯的商业敏锐度，也使他成了一个值得信赖的合作伙伴。

此外，托马斯进一步认识到，通过有效的变革管理解决方案嵌入业务，对于人力资本分析而言至关重要。“不要低估变革管理在落实洞察结论和推动价值中的重要性。业务负责人是变革管理活动的核心。”

托马斯相信，这种以业务为导向的理念以及跨职能协作的方式，能够真正提升整个企业价值链的价值，并为打破传统的信息孤岛提供契机。

利用技术规模化扩展分析的范围

托马斯深信，技术是规模化扩展人力资本分析范围的核心要素。

“与那些一次仅能影响几百人的举措不同，技术使得人力资本分析能够为银行的40 000名员工带来积极的影响。这是我认为技术真正令人兴奋的地方，”托马斯说，“这样的（规模化扩展）还可以反过来为我们提供重新整合到流程中的数据。”

此外，澳大利亚国民银行将人力资本分析、员工体验和数字人力资源技术相结合（见图7），打造了一个实现基于实证的管理以及员工关系消费者化的强大平台。

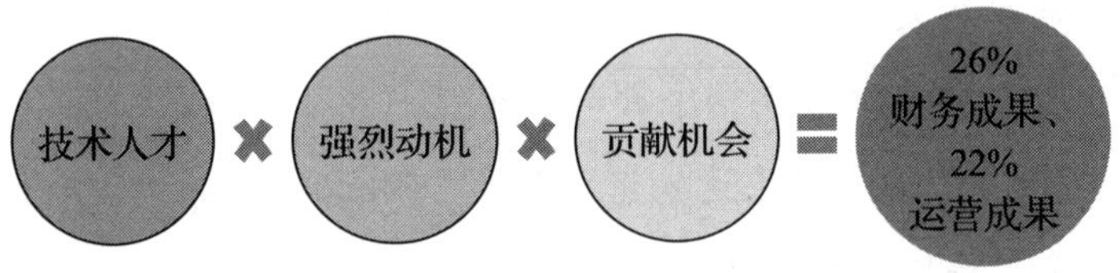

图 7 澳大利亚国民银行的人力资本分析

资料来源：经澳大利亚国民银行授权转载，2020 年 5 月 7 日。

人力资本分析能够呈现你目前的表现，以及哪些方法是有效的。员工体验可以帮助你调整策略，使分析结果更加直观，确保其被员工和企业广泛接纳和应用。而数字人力资源技术将帮助你规模化扩展分析范围。

通过上述策略，托马斯将他的职责扩展到了员工体验、人力资源技术和人力资本分析等多个方面。这为人力资本分析走向卓越指明了道路。

人力资源在实证世界中的角色

随着人力资本分析领域的发展，这一职能应该归属于人力资源部门，还是归属于战略分析或企业分析这类业务范围更广泛的职能部门，人们对此持有不同的看法。

托马斯在他的一篇开创性论文中探讨了这个话题。这篇论文发表于 2015 年，由托马斯与戴夫·尤里奇合著，论文主题是如何避免让人力资源沦为管理噱头。

当时，托马斯和戴夫主张“将人力资源分析从人力资源中剥离出来”，并进一步阐明：“只有当多个领域和视角相结合时，分析才能产生真知灼见。因此，在‘分析’前面冠以任何职能的名称，都只能表明它还没有成熟到可以自然地成为‘分析’的一部分。”

但是在澳大利亚国民银行的工作经验，让托马斯对人力资本分析在组织中应该归属哪个部门的观点产生了变化。首席数据官（chief data officer）格伦达·克里斯普（Glenda Crisp）为其他人提供了一个值得借鉴的范例。

该银行实行一种中心辐射（hub and spoke）模式，通过企业分析数据委员会（Enterprise Analytics Data Council）来促进协作、提供集中的专业技术，并为银行所有分析人员提供学习和职业发展的机会。

“中心”是指集中式的企业分析团队，他们负责提供强有力的治理、协调跨分析团队的协作，并构建一个优先级框架，来确保银行的分析团队能够专注于全集团最重要的议题。

格伦达在ZDNet.com上发表的一篇文章中（Barbaschow，2019）指出：“随着系统和流程日益数字化，数据已成为组织的命脉。因此，确保我们拥有良好的指导原则和已经成型且清晰的框架，至关重要。”

“辐射”则是指各个专门的分析团队，它们通常基于组织的各个职能部门建立。这种设置背后的理念是，各个职能部门的专业知识对于数据分析具有重要的指导作用。因此，对于人力资本分析而言，更加有效的做法是让人力资本分析贴近人力资源专业人员，他们可以帮助指导分析中涉及“人”的部分，确保我们能够在数据科学中充分考虑到人的心理层面。

此外，银行还开发了一个项目，用于提高所有员工在数据和分析应用、相关道德规范等方面的能力。巴尔巴斯肖（Barbaschow）在2019年的文章中提到，数据公会（The Data Guild）是一个致力于“向银行员工宣贯良好数据治理、数据质量和职业伦理的重要性”的论坛。

银行的成功经验，促使托马斯改变了他关于人力资本分析应该建立在人力资源部门内部还是外部的看法。

“要做好客户分析，你就需要了解客户，在分行待上一段时间，了解银行的产品。人力资本分析也是如此，”托马斯解释道，“你需要理解人的心理因素和行为模式。这意味着你不能完全依赖集中式分析，因为它有可能变得离‘人’过于遥远。”他认为，人力资本分析应该设在人力资源部门，但同时也可以从集中式分析团队获得专业的技术支持。

总结：为什么要做人力资本分析

上述案例研究中描述的活动和成果，将贯穿全书。

人力资本分析已经不再是公司可有可无的职能，而是每位首席执行官或首席人力资源官都要掌握的，因为只有这样，他们才能对企业的所有利益相关者产生积极影响。

本书后续部分将探讨的九大维度，如果能得到妥善实施，将大大提升人力资本分析的价值——从而走向“卓越”。

创造价值，而且是在全球范围、多个国家和组织的人力资源领域大规模地创造价值，将引领我们步入卓越阶段的新征程。

第二部分

人力资本分析的九大维度

维度一：治理

在本章，我们将探讨让人力资本分析能够忠于其使命的坚实基础，这个基础包括稳健的结构、高水平的标准、积极参与的团队等。

探索……

- 为什么企业战略是人力资本分析的基础；
- 为什么打造品牌和使命如此重要；
- 如何构建监督、问责与赋能机制。

这些洞察来自……

- 诺华（Novartis），关于让人力资本分析与企业战略保持一致；
- 天宝（Trimble，Inc.），关于打造人力资本分析品牌以增强信赖；
- 劳埃德银行集团（Lloyds Banking Group），关于建立人力资本分析的道德标准。

概　述

治理

作为九大维度之一，治理涵盖了人力资本分析“运行”的机制、过程和程序。治理为所有分析工作提供基础支撑，保证由对的人来为工作指明方向，保障数据和项目的结构与监督得以实施与执行，并确保风险得到适当的管理。

人力资本分析需要依托健全的治理体系，来落实问责、职责、透明和协作等原则。它立足于以下几个方面：让人力资本分析与企业战略保持一致，为人力资本分析打造品牌和使命，构建监督、问责与赋能机制，以及最终建立一个强大的运营模型。这里主要探讨前三个方面。

本部分的技能维度将讨论运营模型，详细分析团队的最佳组织和运作方式。而在本部分的业务成果维度，我们将在人力资本分析价值链的背景下阐述运营模型。

令人遗憾的是，人们对人力资本分析的治理议题常常缺乏热情，甚至持怀疑态度。对于人力资源高管或者人力资本分析专家而言，他们也鲜有人真正愿意投入时间、砸入真金白银来构建强大的人力资本分析治理体系。事实上，我们还时常听到这样的声音："我们不需要更多的指导委员会！"或是"你确定我们需要花时间做治理吗？我们知道在有需要的时候应该去找谁！"然而，我们的研究表明，这种立场的问题在于，当人力资本分析团队需要争取"对"的人参与进来时，往往为时已晚。

基于我们的经验，极少有人力资源高管愿意花钱为人力资本分析构造一个良好的治理体系。正如我们将在本部分的数据维度看到的，高管更倾向于心甘情愿地投入数百万美元采购一个核心人事系统(core HR platform)[①]，他们深信这能够解决所有的分析问题。但是，想要为合理、敏捷、动态的治理争取投资，即使只是成本的一小部分，也会面临很大的挑战。

① 核心人事系统是指一种软件系统，它将员工信息（例如薪资数据、福利数据等）在一个中央数据库和系统中进行存储与管理。——译者

治理往往是区分良好和卓越工作的决定性因素。它也可以塑造一项工作的声誉，区分其是可信的还是不可信的。这也是为什么治理是所有成功企业的基本要素。事实上，治理是一个已经在企业界延续了数百年的议题。以下是近年来对企业治理的四个定义：

> 企业治理是指企业的控制和经营所依赖的一些机制、流程和关系的集合（Shailer，2004）。
>
> 治理结构和准则明确了企业内不同参与者之间的权利和责任分配，以及企业事务决策的规则和程序（Lin，2011）。
>
> 企业治理是一套在企业的股东、董事会和管理层之间分配职责和权威的体系。公认的准则有助于推动企业治理的进步，提升美国上市公司在全球市场中的竞争力，同时创造就业机会并推动经济增长（SHRM，2016）。
>
> 优秀的企业治理是指有效地监督公司的管理活动，以维护公司的信誉，落实更加公开和严格的流程，并确保合法合规。其终极目标应该是促进与所有利益相关者，包括股东和员工的良好关系（CIPD，2020）。

结合我们的经验和九大维度，我们建议对人力资本分析治理的最佳定义是：公司对人力资本分析的风险进行管理和运营的一套机制、流程和程序。

治理是所有分析工作的支柱，能够确保良好的标准和角色定位。它能让“对”的人做正确的事，为数据管理提供结构和监督，并明确和恰当地进行相关风险的管理。

在没有治理的情况下，分析工作容易失焦，进行不必要工作的风险增加，所产生的价值相应较低。在最糟糕的情况下，治理不善会增加产生负面公众舆论的风险，提高声誉受损的可能性。甚至在极端的情况下，可能导致高额罚款，例如那些因不遵守欧盟《通用数据保护条例》(GDPR)[①]而被处以高达公司全球年收入4%的罚款（IT Governance Privacy Team，2020）；再如H&M的案例，H&M因监控员工而被处以3 530万欧元的罚款（BBC News，2020）。

图1表明了为什么要实施人力资本分析治理。

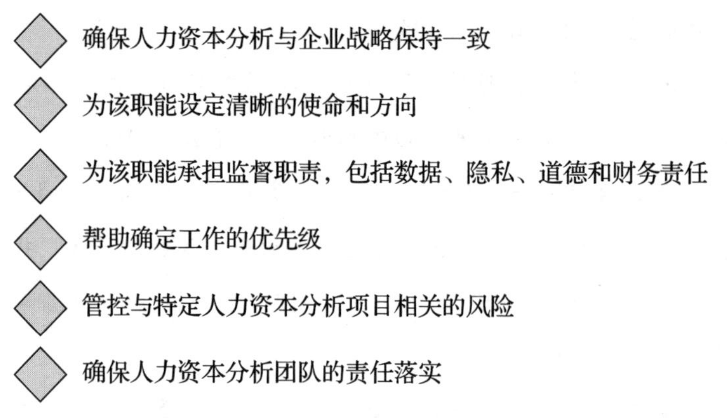

图1 为什么要实施人力资本分析治理

我们注意到，缺乏有效的治理体系时，决策往往受最高领导层意见（HIPPO原则）[②]或“会哭的孩子有奶吃”的影响。在缺少基于明确标准的优先级的情况下，团队可能会在宠物项目（Pet Projects）[③]或价值低的项目（Trivial Endeavours）上耗费精力（见本部分方法论维度），对不同观点的支持程度差异巨大，同时分析假设也可能因利益相关者改变主意而变化。

在本章的后面部分，我们探讨人力资本分析治理的三种类型：

- 让人力资本分析与企业战略保持一致；

---

① GDPR规定，对于违规行为，罚款上限为2 000万欧元（约合1 800万英镑）或公司全球年营业额的4%，两者中以金额较高的为准。

② HIPPO原则是指根据薪酬最高者的意见分配工作的原则。

③ 宠物项目是指因管理者的个人喜好而设计的项目，它并非出于业务需求，且往往影响范围小、复杂程度高。——译者

- 为人力资本分析打造品牌和使命；
- 构建监督、问责与赋能机制。

让人力资本分析与企业战略保持一致

在为本书开展的调研过程中，我们常常从人力资本分析领导者那里听到以下表述。这些表述暗示着他们缺乏焦点和方向：

- 人力资源领导团队对人力资本分析的优先级没有达成共识。
- 我应该从事哪个“快速取胜”的项目？
- 我想为我的团队招募一名新成员，但我不确定应该在哪个国家招聘。
- 我希望对“数据报告团队”的角色和职责产生影响，但他们并不向我汇报。
- 我如何为分析工作争取更多的资源投入？
- 我如何证明分析工作的价值？

当更为深入地讨论这些话题时，很明显这些问题背后其实隐藏着更深层的问题，例如使命不清晰、优先事项之间存在冲突或重叠，以及一种不足感等。

在与一些团队合作时，我们发现如果有几项措施能执行妥当，就可以扭转这种局面。每一项行动其实都相对简单易行，但这些问题被忽视的时间太长了。在这些公司里，我们注意到人力资源部的负责人往往太忙于“执行”，而没有“思考”——尤其是在人力资本分析方面。

对于此类公司，我们建议采取以下行动：

- 会见各个利益相关者，了解业务的挑战和最重要的议题（见本部分的利益相关者管理维度）；
- 将人力资本分析的使命与企业战略对齐；

- 实事求是地认识到能实现哪些目标；
- 建立有效的优先级排序（见本部分的方法论维度）。

下面的案例研究描述了这些行动如何付诸实践——诺华：从战略出发。新上任的人力资本分析领导者从设立一个明确的目标开始：确保团队所做的每项工作都与企业战略对齐。该案例的核心经验是：当你使人力资本分析工作与业务战略对齐时，好事必然会发生。

案例研究

诺华——从战略出发

自 2018 年担任首席执行官以来，瓦桑特·纳拉西姆汉（Vasant Narasimhan）博士领导了诺华[①]的战略和文化转型，将诺华塑造成一个由先进治疗平台和数据科学共同驱动的全球顶尖医药公司。

瓦桑特上任伊始的第一个动作，就是将公司战略的重点调整为五个（见图 2）。

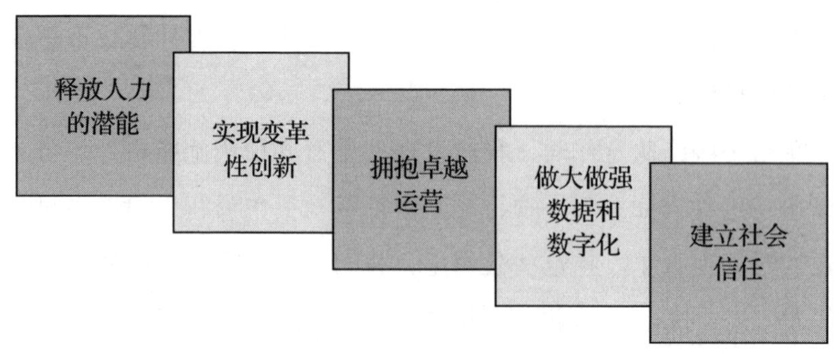

图 2　诺华的五个战略重点

资料来源：诺华公司（2021 年），经诺华公司授权转载，2021 年 4 月。

---

① 诺华是一家位于瑞士巴塞尔的跨国制药公司。根据市值和销售额计算，它是全球最大的制药公司之一。

2018年11月，我们第一次同诺华的人力与组织（People & Organization，P&O）团队会面。令我们印象深刻的是，他们从未使用过“人力资源”一词——它过去是“P&O”，现在是未来也很可能仍是“P&O”。就如同诺华将“以正确的名字命名事物是智慧的开始”①这句古老的格言②铭记于心一样：公司拥有非常浓厚的“行动”文化，以至于组织内部的语言都与其工作内容相契合。鉴于这种特殊的语言用法已经深入人心，我们很想了解第四项战略重点“做大做强数据和数字化”是什么意思。人力资本分析如何快速“做大做强”？

令我们惊叹的是，首席人力与组织官史蒂文·贝尔特（Steven Baert）致力于培养一种分析型思维模式，以推动企业文化、绩效评估等方面的组织变革。

这一点在2019年初我们与特里普蒂·贾（Tripti Jha）的会面中被进一步强调，她是首席人才与人事解决方案官。针对“做大做强数据和数字化”这一战略重点，特里普蒂向我们解释了他们是如何在P&O部门付诸实践的。“人力资本分析需要给出有助于P&O决策和提升成果质量的洞察。这段历程的第一步是聘请一位雄心勃勃的人力资本分析领导者，为组织带来正确的分析型思维模式，并能够充分理解组织的各种信息。我有信心这将在春天实现。”果不其然，阿希什·潘特（Ashish Pant）于2019年4月被任命为全球人力资本分析负责人。

阿希什迅速投入行动。他从带领一个五人小团队开始，在最初的两个月里，他们集中精力制订了一项从2019年至2022年的

① 英文为“The beginning of wisdom is to call things by their proper name”，出自《论语》“必也正名乎”，但论语原意与英文存在一些差异。此处是指一个清晰明确的名称、概念，对开展工作非常重要。——译者

② 通常认为出自中国古代思想家、政治家、教育家孔子。

三阶段计划（见图3），这项计划旨在建立一套流程和分析方法，并与瓦桑特为诺华确立的五大战略重点相呼应。

2019年 **第一阶段　启动** 目标：快速交付解决方案	2020年 **第二阶段　增长** 目标：规模化扩展和实施	2021-2022年 **第三阶段　成熟** 目标：建立行业领先的实践

图3　诺华人力资本分析的三阶段计划（2019—2022年）

资料来源：经诺华公司授权转载，2021年4月。

到2019年11月，第一阶段已接近尾声，我们认识到了阿希什提出了多少规划。我们在荷兰的一次活动中见到了他，那个寒冷的冬季夜晚，我们对他的性格和行动有了深刻的理解。那是在阿姆斯特丹运河的一艘船上，我们感受到了阿希什对人力资本分析的热忱。“整个人力资源部的公司数据是支离破碎的，”他一边品尝着美食一边说道，“在人力资源部门，我们正在协调人力资本分析团队的人力数据所有权，同时制定一套完整的数据战略。下一步是将数据战略紧密融入分析解决方案的设计。”我们惊叹于这些规划居然如此清晰，也为P&O的战略与业务结合得如此紧密而感到震撼。

到了2020年中期（第二阶段），可以明显看到诺华的人力资本分析规划多管齐下，且都与整体战略紧密相关。当阿希什着手制定一套完整的P&O数据战略时，也花了不少时间通过一系列培训来赋能P&O使用数据。与此同时，关于学习、奖励和人才管理、组织发展等方面的企业分析解决方案（在第一阶段已构想好）已经被开发出来，并在组织中推行，形成了诺华人力资本分析专家中心（Centre of Excellence，CoE）的核心。

在我们撰写本案例研究时，阿希什的工作已基本接近第二阶段的尾声。他渴望反思并分享他迄今为止在这一历程中的经验心得。如图4所示，自从三阶段计划启动以来，阿希什的团队规模已经扩大了五倍以上。“汇聚一群数据和分析专家以及真正信奉利用人力数据来解决公司挑战的业务合作伙伴，创建一支由他们组成的杰出团队，这是过去18个月里最重要的事情。如果没有他们，我们就永远无法完全释放人力数据的业务价值。”

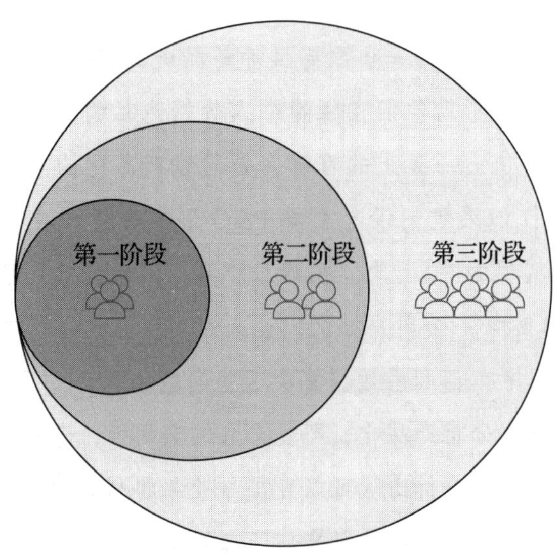

图4　诺华人力资本分析团队的规模增长

资料来源：经诺华公司授权转载，2021年4月。

有趣的是，阿希什补充说，他的团队成员由具备数据科学和人力资源技能的人组成。“我个人认为，有人力资源教育背景的数据专家在人力资本分析工作中可以产生更大的影响。有时比起聘用人力资源专家，再教授他们统计学知识、培养他们理解人力资本分析是什么，直接聘用数据专家更有成效。”

2021年初，诺华的人力资本分析历程迈入第三阶段（见图3）。阿希什察觉到，团队的工作重点正在向规模化扩展和增长转移，目标是实现规模、能力和产能等全方面的提升。团队内部已经制定并开始执行我们在船上探讨过的P&O数据战略。在更广泛的业务中，团队的重点是为薪酬公平、学习培训、文化测量等方面的挑战提供CoE解决方案，并将这些解决方案规模化扩展至10万多名员工。阿希什预计这将在未来几年推动团队进一步发展，将人力资本分析和数据整合为P&O组织的重要部门，并打造出全球最大的人力资本分析团队之一。

但问题是，这样的战略能带来影响吗？阿希什对此深思熟虑，并反思道："2020年的一项重要目标是促进P&O内部分析型思维模式的发展，并帮助他们在保障个人数据隐私的同时重视汇总型人力数据的价值。而真正的目标，是通过产品化的解决方案来传递价值——但如果我们没有引导P&O形成分析文化，这样的目标是不可能实现的。"因此，在第三阶段，阿希什的一项工作重点是，在P&O建立一个用户社区，让大家能够在这里探究潜在的商业问题，并思考如何利用数据解决这些问题。

将人力资本分析产品化，即提升它的实用性，尤其是业务方面的实用性，意味着分析团队可以直接与业务的利益相关者商讨他们面临的人力挑战，并用一种所有部门都能理解的语言来诊断这些问题。这种语言就是数据——同样地，与公司五大战略中的第四个战略（见图2）相契合。展望未来，这将帮助诺华在增长道路上把P&O与其他组织目标更好地结合起来。

"我们正在计划构建一种本地客户模式，让我们在2020年研发的产品能够无缝嵌入到业务当中。但这需要各区域的支持！"此外，阿什解释说，这需要快速地展开概念验证（proofs of concept，PoC）[①]，以提高大家的认可程度。"完整推行我们的数据战略，是

① 概念验证是指对某些想法的一个不完整的实现，以证明其可行性、示范其原理，目的是快速验证一些概念或理论。在企业中，通常是指在产品开发、项目实施前，进行的一种可行性验证。——译者

拼图的最后一步。届时，我们能够将人力数据与公司的其他所有数据整合起来。这将是人力资本分析与整个诺华的业务真正保持一致的时刻。”

回顾过去两年，以及我们与史蒂文、特里普蒂和阿希什的谈话，我们不断惊叹于诺华清晰的愿景、与业务战略对齐和有条不紊的执行方法，这些举措确保了人力资本分析的运营活动与五大战略重点环环相扣。

将企业战略明确整合到人力资本分析职能中，是我们在这个领域看到的最显著的例子之一：以产品化和价值为核心，人力资本分析团队正在迅速壮大。诺华的 P&O 团队将真正“做大做强数据和数字化”。

关键提示

要么做大做强，要么卷铺盖回家！

为人力资本分析打造品牌和使命

在各种规模和各个行业的领先的人力资本分析团队中，我们观察到一个普遍的商业实践趋势：为人力资本分析制定愿景或使命、打造品牌形象。

关于如何撰写愿景或使命声明，《HR 的分析力：人力资源数据分析实践指南》（Guenole，Ferrar and Feinzig，2017）已进行过详尽探讨，我们不再赘述。但是，有一点值得再次强调：撰写愿景或使命声明并没有一个可以简单套用的公式，不过它们都应该充分反映各方利益相关者所关注的重点。

确定团队目标时，需要考虑的要素包括以下四项：

● 志向：用一份声明或简短的文件来阐明人力资本分析的志向。这从本质上确定了团队的目标和渴望。

● 原则：拟定简洁明了的原则来指导团队。这个话题将在后面的案例研究“天宝——信誉始于清晰的品牌”中详细讨论，其中包括人力资本分析负责人所采用的一些原则示例。

● 使命：制定一份简短的声明，来描述人力资本分析部门打算实现什么。例如，苏库·马里亚潘（Suku Mariappan）提出天宝公司的人力资本分析使命是“为了让企业变得更好，我们必须在每时每刻都解决业务问题”。

● 品牌：创建一个有辨识度的符号、图标或标志，来区分人力资本分析职能，标志其存在性。这将让人力资本分析团队在各个利益相关者和受众群体中更有存在感、更加为人所知。

这些话题会贯穿全书，以不同的方式、在特定的语境下出现。但领先的人力资本分析团队与其他人力资本分析团队的一大区别在于，领先的人力资本分析团队拥有以上的部分甚至是全部要素。

现在，我们将进入案例研究“天宝——信誉始于清晰的品牌”。该案例的核心经验是：将高质量和可靠性注入人力资本分析的各项活动，并始终保持对业务挑战的关注。这样做将塑造你的人力资本分析品牌形象，并明确你的人力资本分析使命。

案例研究

天宝——信誉始于清晰的品牌

苏库·马里亚潘是天宝[①]的全球人力资源技术与人力资本分析

① 天宝（纳斯达克股票代码：TRMB）是一家全球性的商业技术解决方案提供商，帮助专业人士和现场工作者在建筑、地理信息、农业和交通运输等领域改进工作流程。公司总部位于加利福尼亚州桑尼维尔，在全球 35 个国家拥有超过 11 000 名员工。

副总裁。自2016年公司设立人力资本分析团队以来，天宝的人力资本分析团队已经在公司内部打造了一个强大的品牌——甚至拥有自己的标志，这个标志被用作一种质量标记，表示这些工作产出已经过天宝人力资本分析团队的审核与验证。

该品牌遵循以下三个指导原则：

1. 聚焦于问题的解答和关键业务难题的解决，而非过度关注指标、报表和仪表盘。

2. 明确且透明地指出数据中的弱点和假设。

3. 过早或轻率地与不适当的人共享数据和洞察，会损害信任。

苏库有一个明确的理论：坚守这三项原则能够提升人力资本分析的信誉。而当信誉度足够高时，洞察到的结论就能得以实施，并带来更高的商业影响。

苏库的方法得到了多方支持，包括一位对分析工作全力投入的首席人力资源官的支持，一个强大且可信赖的品牌的支持，以及共同关注业务问题的共识的支持。

首要步骤是赢得他上级的支持，也就是高级副总裁兼首席人力资源官迈克·斯卡帕（Mike Scarpa）的支持。“这正是我们想要将人力资源作为一项职能来运作的方式，”迈克说，“在我与同事或董事会（董事）交谈时，提供论据是至关重要的，这样才能够更为顺利地做出决策。如果数据显示的结论是确凿且可信的，那么我们将会做出更好的决策。正如一句老话所说：‘数据承载信任’[①]。”

苏库也赞同此观点：“首席人力资源官对于数据驱动人力资源的愿景和投入，对人力资本分析的长期成功而言至关重要。”

第二个步骤是为人力资本分析打造一个强大的品牌。这个品

① 此句改编自“我们信奉上帝，其他人都必须携数据而来”（W.Edwards Deming）。

牌的创建，旨在围绕真正的重大业务问题，提供高度可信赖的洞察见解。“最为重要的是，我们基于可信赖的分析构建了这个品牌，”苏库回忆道，“我们从未真正感觉到有某个时刻标志着我们已经‘达成了目标’。这更像是一个持续不断的旅程，我们通过提供可信赖的事实和见解，一小步一小步地构建人力资本分析的品牌。”

这个品牌已经成为品质和可靠的代名词，苏库甚至为天宝的人力资本分析团队设计了一个标志（见图5），随着时间的推移，这个标志也经历过多次演变。迈克对此非常认可：“品牌的一部分就是通过使用标志来实现它的可视化。”

图5　天宝的人力资本分析标志

资料来源：经天宝公司授权转载，2020年8月。

这个标志是交付给利益相关者的所有人力资本分析工作的一个“认可的红章”。凡是这个标志出现的地方，接收方就能知道这项工作是可靠的、优质的且值得信赖的。这就是品牌效应的力量！

迈克确认道：“每当利益相关者看到没有盖上这个章的人力资本分析或洞察结论时，他们便会请求人力资本分析团队来验证这些发现和洞察。甚至是财务团队的成员，也会来找我们验证数据和洞察。”

最后一步，人力资本分析团队始终聚焦于关键问题。最初，他们关注“员工为什么离职”这类能够快速解答的问题。但随着时间的推移和势头的累积，他们开始关注更为复杂的议题，例如怎样通过绩效管理来提升业务表现。

关注的重点始终是那些能产生业务影响的议题。

首要任务则是始终选择正确的分析方法——有时候，为了产出高质量的分析结果，简单的分析甚至可能优于复杂的分析。正如苏库解释的："相较于在错误的问题上使用高级分析，在正确的业务问题上进行一般的或简单的统计分析，成功的概率反而更大。"

随着品牌的建立，以及每一次成功的交付促使信誉度逐步提高，苏库及其团队也在持续改进，并为他们的工作争取更多的认可。2017 年，人力资本分析小组作为一个可靠的团队开始冒头；而到了 2018 年，他们已经因快速响应和信誉度高而获得了组织的内部认可。

正是在这一时期，他们开始探讨绩效管理对业务结果的影响。

与许多其他组织一样，天宝摒弃了传统的绩效管理方法。就像迈克所描述的，"我们彻底颠覆了它！"然而，与许多组织不同的是，天宝利用人力资本分析验证了这种新方法的转变，并持续通过数据来协助管理者提升员工个体和团队的绩效表现。

2017 年，天宝初次推出了"T-Time"。"T-Time"是指天宝的管理者和员工之间每个季度进行一次的讨论，每次讨论都有相应的主题，如图 6 所示。

2017 年底，苏库和他的团队开始展示出出色的洞察能力。在研究 T-Time 对员工流失和敬业度的影响时，团队发现如果员工一年中没有或只有一次 T-Time 的话，员工流失率会上升或者与前几年持平。然而，当员工每年至少参与两次 T-Time 时，员工流失率会明显改善。而当每年的 T-Time 参与次数提升到四次时，员工流失率几乎为零。

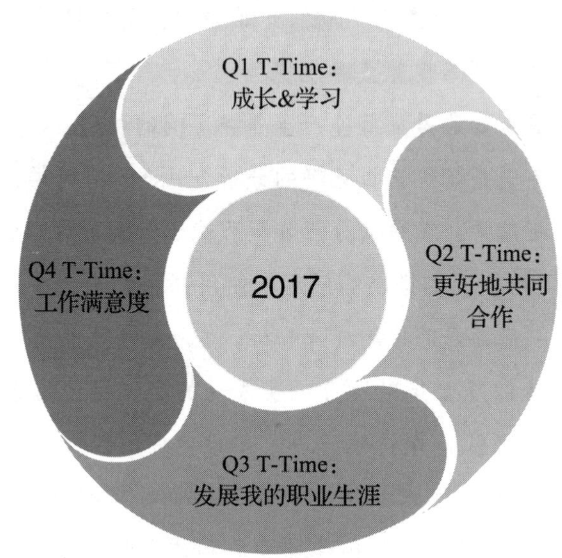

图 6　天宝的 T-Time 季度会议主题

资料来源：经天宝公司授权转载，2020 年 8 月。

管理者提出，T-Time 和员工流失之间确实存在相关性，尽管并不一定是因果关系。人力资本分析团队从近期推出的季度脉冲调查（pulse survey）中分析出了更多的信息——这种调查与传统的年度敬业度调查有所不同。由于脉冲调查专门调研了与 T-Time 相关的问题，并且员工敬业度已经被广泛认为与业务表现有因果关系，因此苏库现在可以正确地将 T-Time 与业务成果关联起来。

到了 2019 年，天宝的人力资本分析团队已经证明，员工流失率随着员工定期参与季度 T-Time 次数的提升而持续下降——与完全未参与 T-Time 的员工相比，参与过 T-Time 的员工的流失率下到 1/5。全员参与 T-Time，促使员工净推荐值（eNPS）上升了 300%。这种影响如此深远，全球人才管理副总裁金 · 肖米隆（Kim Chaumillon）在 DisruptHR 活动（2019 年）上回顾时说道：

“员工敬业度和流失率的数据是如此有说服力，以至于在我的职业生涯中第一次见到由业务高管来推动人力资源项目。”

这些结果改变了管理者的行为和员工的期望。有效的员工敬业度不仅有利于提高员工保留率，也有助于推动业务成果的提升。苏库为他和他的团队所带来的影响而感到非常自豪。

迈克也对这项工作非常满意，尤其是对苏库更为满意。“他简直是个摇滚明星！担任人力资本分析角色的人至关重要，他们需要天生的好奇心，热爱数据并且能够理解业务。你需要高质量的工作成果。而人力资本分析的使命应该是，每时每刻都能解决业务问题——以助力企业变得更好。”

关键提示

为人力资本分析打造内部品牌。

构建监督、问责与赋能机制

我们探讨了如何将人力资本分析团队的工作与公司战略相结合，以及如何打造人力资本分析的使命和品牌。具体的实施方法，例如引入利益相关者、确定优先级等，将在本部分的方法论维度和利益相关者管理维度详细阐述。

完成上述步骤后，就到了“撸起袖子”的实践阶段，需要建立可重复的、动态的、敏捷的治理实践。简而言之，谁能在执行层面帮助人力资本分析“朝着正确的方向前进”？为此，我们提供了六种可选的治理模式。其中的五种分别是：

- 与人力数据和分析相关的伦理与隐私问题；
- 衡量人力资本分析项目投资回报率（ROI）的财务模型；

- 对人力数据的监管；
- 对人力资本分析工作和项目的优先级排序；
- 确保人力资本分析团队成功的运营模型。

第六种治理模式称为“人力资本分析委员会”。可以将它看作一个高级指导小组，能够以敏捷或正式的方式召开会议，为人力资本分析职能提供明确的方向和支持。它可以与上述五种模式中的任何一项相结合。事实上，人力资本分析委员会可以统筹所有的活动和治理职责，集结到一个统一的小组中。治理的六种模式见图 7。

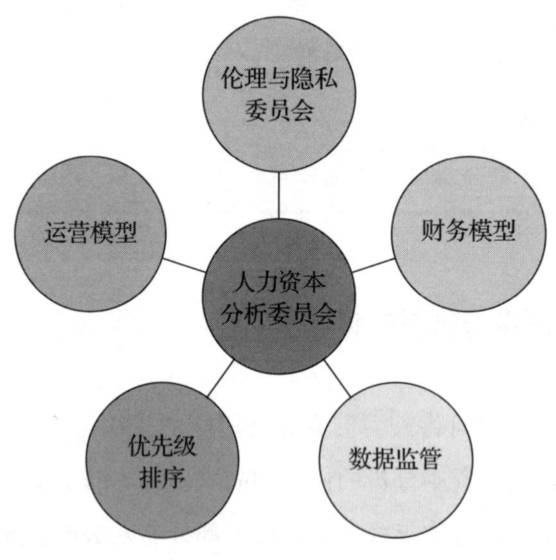

图 7 治理的六种模式

就这六种治理模式而言，我们将在本部分的数据维度详细探讨数据监管，在方法论维度探讨项目优先级排序。此外，我们还将在业务成果维度介绍人力资本分析价值链运营模型，在技能维度介绍人力资本分析团队的管理结构。本章将集中讨论上述治理模式中的其余三种：人力资本分析委员会、财务模型，以及伦理与隐私。

人力资本分析委员会

人力资本分析委员会需要对人力资本分析职能的治理模式和架构进行监督，并确保其使命、目标和工作得以实现。这个委员会并不是要取代组织的正式管理结构，因为后者是绩效管理和日常工作指导与辅导所必需的管理结构。

相反，与公司董事会扮演的角色类似，人力资本分析委员会负责协助人力资本分析的战略与工作。同时，它还应该以一种全局视角审视整个人力资本分析职能，并确保人力资本分析团队能够在整个组织层面产出价值。

一个高效的人力资本分析委员会需要积极参与并对业务目标、愿景、使命、风险和职责等承担责任。

人力资本分析委员会一般由几名成员组成，理想的组合应包括业务高管、职能部门高管，以及人力资源负责人。图 8 展示了我们推荐的组成结构。我们建议，人力资本分析团队的负责人应该担任此委员会的主席和引导者。

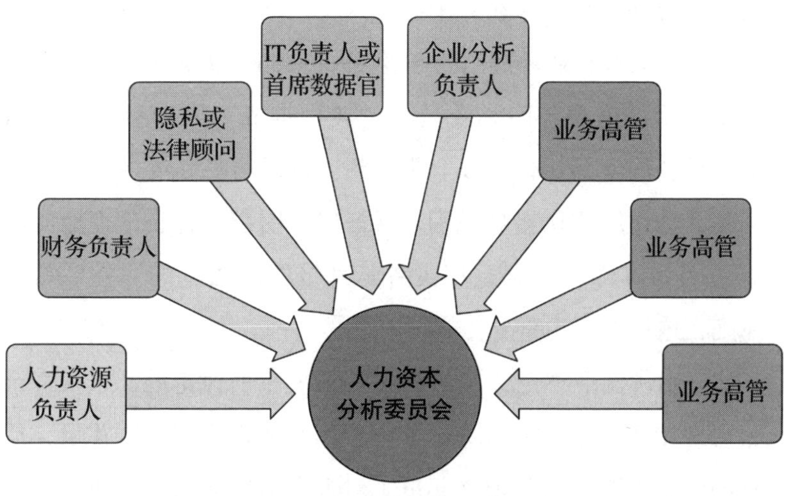

图 8　人力资本分析委员会

财务模型

卓越治理的关键在于要能够衡量业务价值。虽然并不是必须要立刻设立一个正式的委员会来负责这方面的工作，但确实应当在财务部门与人力资本分析团队之间建立双方的合作关系。

这种合作目标在于确立一种衡量业务价值的方法和共识，以便确定每项人力资本分析项目的成果及其投资回报率（return on investment，ROI）。关于与财务部门合作的更多信息，请参见本部分的业务成果维度。

伦理与隐私委员会

伦理与隐私委员会负责维护隐私、合规和伦理方面的高标准，它管理与数据隐私相关的事务，并对人力资本分析职能所关注的各类项目中的伦理与道德问题进行监督。

良好的治理也需要考虑公司的价值观，因为伦理与隐私问题会危及 81% 的人力资本分析项目（Green，2018）。此外，以信任为基石的坚固结构，能够确保工作在整个组织内实现最大范围的参与度与影响力，并在总体上改善业务部门的态度（Petersen，2020）。

图 9 展示了伦理与隐私委员会的典型构成。尽管看上去非常正式，但委员会的实际运作可以非常灵活。伦理与隐私委员会的一项核心任务是，为组织提供指导原则，保证组织明智、合乎伦理地使用人力数据。因为本部分的利益相关者管理维度所强调的“公平等价交换”原则，这一点尤为重要。

正如《哈佛商业评论》2020 年的一篇文章所讨论的，仅仅寄希望于在公司开始考虑进行人力资本分析工作时才将伦理置于首位，是远远不够的。更为重要的是建立起员工对人力数据使用的信任，并直面伦理和隐私问题，在数据使用方面做到公开透明（Chamorro-Premuzic and Bailie，2020）。

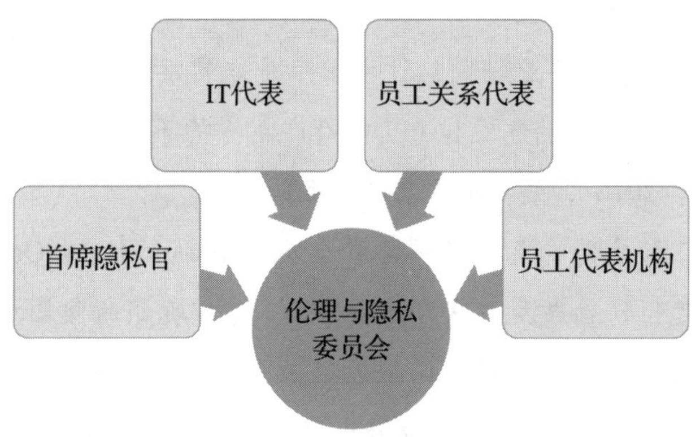

图 9　伦理与隐私委员会

伦理章程就是降低人力数据使用风险的一种应对机制。在研究过程中，我们发现只有不到 1/4 的公司为人力资本分析制定了伦理章程或其他相似的机制。而那些设有此类章程的公司，通常其人力资本分析团队都表现出色，不仅能为企业创造价值，还能为员工提供福利回报，以实现公平价值交换。

案例研究"劳埃德银行集团——伦理之重"描述了劳埃德银行集团如何实施伦理章程，并处理其他相关议题的过程。该案例的核心经验是：如果没有内嵌的伦理实践，人力资本分析将毫无意义！

案例研究

劳埃德银行集团——伦理之重

"伦理是一种运营方式，"劳埃德银行集团[①]的人事洞察与成本管

① 劳埃德银行集团成立于 2009 年，由劳埃德银行（Lloyds TSB）收购苏格兰哈里法克斯银行（HBOS）后正式形成。该银行的历史可追溯到 17 世纪，截至 2021 年 3 月拥有 65 000 名员工。

理总监安迪·帕普沃思（Andy Papworth）如此说道，“它也是一种哲学，充分反映着一个组织的特性。我们认为，它的意义远远超越合规要求和法律规定。”

对于金融服务业来说，过去十年是非常艰难的，因为它不仅需要从 2008 年金融危机和 PPI 保险产品[①]的不当销售中恢复过来（Treanor，2016），还要努力实现业务的稳定。

在安东尼奥·奥尔塔-奥索里奥（António Horta-Osório，自 2011 年起担任首席执行官）的领导下，劳埃德银行集团稳稳地渡过了金融危机，其过程被详细地记录下来（Dunkley and Jenkins，2017）。金融危机爆发后，政府出售了持有的银行最后一批股份，这使劳埃德银行集团恢复了完全的私有制。此外，劳埃德银行集团还对 PPI 问题做出回应，并早于其他英国贷款机构支付了赔偿。

劳埃德银行集团处理复杂金融问题的迅速和果断，为伦理规范成为劳埃德银行企业文化的一部分奠定了基础。在这种浓厚的文化氛围中，安迪与他的上级——劳动力战略规划与分析主管贾斯廷·汤普森（Justine Thompson），共同负责在人力资本分析领域进行伦理实践。安迪在劳埃德银行集团担任过多个运营和高管职务，长期的职业生涯使他深刻地认识到公司对伦理实践和行为规范的重视程度。

“我们不想仅仅把人力资本分析的伦理规范简化为一项‘打勾’的流程。”安迪和贾斯廷在伦敦总部与我们喝咖啡时这样说

---

① PPI（Payment Protection Insurance，支付保护保险），是指保险公司在保单持有人因发生伤残、疾病、死亡或非自愿失业等意外事件导致无力还款时，代为向第三方偿付款项的保险。但因其在销售和理赔过程中存在不规范行为和侵害金融消费者权益等问题，在英国引发了大量投诉，是英国银行、保险公司和其他金融机构有史以来被投诉最多的金融产品。英国金融行为监管局于 2013—2016 年对劳埃德银行集团累计处以 1.17 亿英镑巨额罚款。劳埃德银行集团的业绩也因此遭受沉重打击。——译者

道。受到其他公司在人力资本分析领域构建伦理规范的启发，劳埃德银行集团的人力资本分析团队在他们的领导下，为银行制定了一套体系。“我们回顾了银行的责任准则[①]，来了解劳埃德银行集团到底最看重哪些价值。这是至关重要的一步。然后，我们认为有必要检验所有人力资本分析和成本管理工作中的伦理实践，因此我们邀请了同事，来共同参与制定相关的原则和框架。”

考虑到人力资源业务合作伙伴（HRBP）在人力资本分析中的关键作用，我们通过一系列焦点小组、一对一访谈和讨论论坛等，探询了他们在人力数据管理方面的思考和经验。通过同日常与同事和经理互动较多的众多 HRBP 的沟通，团队很快就了解了什么是重要的，什么是不重要的。

贾斯廷解释说：“我们选定了一些在 HRBP 群体中的人力资本分析支持者，让他们以迭代方式验证不同的想法。这样一来，这些优秀的 HRBP 在我们的人力资源同事中建立了信任，随后又反过来成为我们人力资本分析的宣传大使和‘客户’。”

在人力资本分析伦理章程的制定和成型过程中，团队始终让它简明易懂——不希望它变成一份复杂的文件或一连串流程。他们希望这个伦理章程能够成为实际工作中的参考文件。其中作为文件要素之一的指导原则部分，如图 10 所示。

这份伦理章程旨在帮助人力资本分析团队在使用与人力相关的数据时，以一种让员工感到安全且权益受到保障的方式进行，从而揭示出关于业务的真实洞察。因此，伦理章程有助于不断改进人们的实践，提升员工的体验，同时也为公司带来商业价值。

---

① 指《劳埃德银行责任准则》。

1 对每个项目始终保持不带偏见的中立态度

2 为保护同事而使用匿名或汇总数据，绝不在公开的研究结果中提及或泄露任何个体同事的信息

3 应用经过验证的数据模型和科学的统计分析方法

4 始终保护我们所得的数据和洞察，确保仅授权人员能够访问

5 力求通过公平、公正、均衡的分析方法改善同事的工作与生活

6 提供以数据为导向的洞察，赋能决策者为同事、客户和利益相关者创造价值

7 积极听取反馈，根据新的信息和输入调整策略和模型

8 在分析项目的每个阶段都要记录、反思伦理层面的思考，并在项目范围调整时重新审议

9 确保在项目的整个生命周期，都有责任人积极参与伦理决策

图 10 劳埃德银行集团人力资本分析伦理章程的指导原则

资料来源：经劳埃德银行集团授权转载，2020 年 7 月。

在这个过程中，关键的一步是确保获得首席人力资源官以及更广泛的人力资源团队的支持。人力资本分析团队明白，这样的支持能够帮助他们将议题提升至组织的合适层级。他们相信，以合乎伦理的方式使用人力数据，这一原则应该遍及整个公司。这首先需要从高层支持者开始，并确保该原则与劳埃德银行集团对伦理问题的总体态度保持一致。

最后一步则是与第三方机构合作，为分析工作提供独立评估。劳埃德银行集团与伯明翰大学的商业责任中心[①]已经在多个主题上合作多年——这也进一步表明劳埃德银行集团在伦理实践方面的严谨态度。有了这种专业背景与合作关系，团队相信，从第三方学术机构那里获得建议，将保证工作更加稳健地推进。

① 指劳埃德银行集团商业责任中心。

大约六个月后，伦理章程终于正式发布。贾斯廷回忆说："有了这个章程，我们得以让全银行的人力资源专家、管理者和所有同事都参与进来。关于我们如何使用大家的数据，及其为所有人带来的好处，我们都是公开透明的。"

一年之后，安迪和贾斯廷都认为这个伦理章程经历了一个决定性时刻："有一天，我们的首席人力资源官联系我们，询问有关合规和人力数据的问题。因为金融行为监管局提到了这个议题。"这一刻对于团队来说，成为检验他们在人力资本分析治理方面的工作是否充分的重要时机。

"在几分钟内，我们就提交了我们的全部工作——整个伦理章程。很快，我们收到了回复：'没有其他问题了。'这让我们非常自豪。得到这种程度的认可，对我们来说是一个重要的里程碑。"

如今，安迪、贾斯廷以及他们的团队有了让人力资本分析更上一层楼的动力。他们对自己的工作能够始终秉持伦理原则并惠及整个银行的同事充满信心。

关键提示

引入利益相关者参与伦理章程的制定。

小　结

治理为企业提供了人力资本分析方运营与风险管理方面的机制、流程与程序。以下是为人力资本分析确定方向的关键步骤：

- 让人力资本分析工作与企业战略保持一致。
- 与利益相关者合作，共同打造一份深入人心的愿景，阐明人力资本分析在组织中的目的与志向。

- 制定一份使命，明确人力资本分析职能的目标，指导团队工作，并澄清其预期产出。
- 像一名市场营销人员一样思考，打造一个能够被全公司感知到的人力资本分析品牌——让利益相关者了解你。
- 组建一个人力资本分析委员会，为人力资本分析职能提供指导并赋能。
- 制定一份伦理章程以确保伦理的优先地位，保障透明度，并引导明智且合乎伦理地使用人力数据。

维度二：方法论

在本章，我们将探讨可复用的、有影响力的人力资本分析实践与方法论。其中包括：以标准为基础的优先级确定方式、“焦点 - 影响 - 价值”模型，以及如何与关键支持者协作。

探索……

- 如何通过确定优先级来进行以业务为导向的分析工作；
- 为何基于“焦点 - 影响 - 价值”的分析方法论总是正确选择；
- 如何与发起人合作，从而提高项目成功的概率。

这些洞察来自……

- 默克（Merck & Co. Inc），关于如何在大流行病中保持敏捷；
- 美鹰傲飞（American Eagle Outfitters®），关于制定人力资本分析声明；
- 施华洛世奇（Swarovski A.G.），关于与“对”的发起人一起实现高速增长。

概　述

方法论

作为九大维度之一，方法论的重点在于明确为了实现可复用的、灵活动态的人力资本分析，应该建立哪些流程和框架。其中包括：确定工作优先级的方式、使用有效且透明的判断标准、引入发起人参与，以及如何在创造影响力和传递价值的同时让团队得到关注。

如果能够正确地设计并实施科学的方法论，将确保人力资本分析工作得以高效开展，并为企业和员工带来动态、持续的价值。在九大维度中，这是很多公司都会向我们提及的一个维度。

人力资本分析涉及三项重要投入：一是专业人才投入，包括专家、分析师、利益相关者以及发起人；二是经济资金投入，用于招募与聘用人才、收集数据和引进技术；三是信任投入，即所有人（包括普通员工、经理、高管）对人力资本分析的信任。如果缺失这三点，人力资本分析在组织中的实际影响力和进展就难以充分发挥其真正的潜能与价值。

构建人力资本分析项目和职能的流程、决策工具、协议和程序纷繁复杂。尽管本章仅对其中一小部分进行探讨，但值得一提的是，所有卓越的方法论都是聚焦的、有影响力的且能够提供价值的。

最成功的人力资本分析方法论包含三个要素：有效的优先级排序、明确的流程，以及全力支持的发起人。我们针对这三个方面逐一进行分析。

有效的优先级排序

当代知名管理学家西蒙·辛克（Simon Sinek）在其 2011 年的著作《从“为什么”开始》中写道：“人们不会为你做了什么而掏钱，他们是为你行动背后的原因买单——毕竟，所为即所信。”

这同样适用于人力资本分析。公司高管、经理和普通员工通常对“做了什么”（例如选择了哪些统计方法、使用了何种技术等）不感兴趣。他们更关心的是“为什么”要做这项工作，以及这样做将如何为他们或整个组织带来收益（例如公司为什么要为此投入时间和金钱？）。人们关心的是目的和最终成果。

当谈到成功的人力资本分析时，我们坚信其核心目的是与企业的价值创造天然相连的。

对于任何组织来说，当人们可以为创造企业价值而采取实际行动时，“有什么业务价值”这个问题的答案往往意外地简单。因此，开展人力资本分析工作的首要任务就是向各方利益相关者提出正确的问题。我们将在本部分的利益相关者管理维度进一步阐述这一点。

接下来，确定各种工作需求的优先级显得尤为关键。如果能有效地确定工作优先级，就会使利益相关者（包括员工自身），对人力资本分析团队的工作重点更有信心，并确信团队会专注于组织最重要的议题。然而，为了实现有效的优先级排序，人力资本分析团队应该深入了解企业的各方面：企业的目的是什么，生产什么，销售什么，如何进行评估，关注重点是什么，对员工、股东和团队的职责分别是什么。因此，听取所有利益相关者的意见并深入了解业务是至关重要的。

确定业务优先级

在拥有了对业务的深入理解之后，现在是时候来决定人力资本分析团队应该专注于哪些工作和项目了。但问题是，由谁来做出这个决定最合适呢？

询问业务领导者优先级最高的三件事

在与人力资本分析负责人的讨论中，我们发现很多人都会问业务领导者："在这些挑战中，哪一项是我们优先级最高的？"即使是在规模最小的公司，两个领导者之间优先级排序相同的情况也极为少见。因此，如果没有至少一位充分了解情况且公平公正的决策者，那么项目将不可避免地对某些主要利益相关者失去价值。正如一家大型电子公司的人力资本分析负责人所言："我们有可能只是在做那些喊得最响的人的工作。"这并不是真正有效的优先级排序方式。

因此，与其只是询问"优先级最高的事项"，不如请领导者表述在其预见的未来 12 ～ 24 个月内业务优先级最高的三件事。这样，他们可以根据公司的整体策略进行广泛讨论，同时人力资本分析顾问也能够更加全面地了解分析的主要机会点。

专注于创造价值的业务议题，而非昙花一现的热门话题

领导者的意见至关重要。然而，我们也必须警惕那些昙花一现的热门话题——某位人力资源领导或业务主管对某个特定项目或话题的偏爱，可能会给人力资本分析团队带来困扰。

与首席人力资源官合作，深入理解 C 级高管所面临的业务挑战，也十分关键。我们需要探询每个业务领导者"为什么"对某些议题特别关心，明晰他们的期望、他们的假设，以及他们试图揭示的问题和

试图推动的成果。

此外，当某个热门项目出现时——往往被掩饰为某位高层领导者的“临时快速”需求，人力资本分析团队应该将这种临时的数据需求与真正的业务问题区分开来。前者虽然能快速满足领导者的短期需求，但从长远来看，后者才能真正帮助到业务领导者。

理解这两种需求之间的区别，以及它们对资源的消耗非常重要。有效的问询和讨论将有助于区分它们，这也是我们建议配备专职人力资本分析顾问的原因之一（详见本部分的技能维度）。

广泛咨询各级领导者，而不要过度依赖有强大影响力的单个利益相关者

我们将在本部分的利益相关者管理维度中详细探讨如何与利益相关者合作。简言之，我们建议广泛征询不同业务利益相关者的意见。

然而，在众多与我们合作的组织中，我们注意到很大部分人力资本分析工作都是由某个有强大影响力的利益相关者单独委派的，并没有其他人参与其中。这种情况在人力资本分析团队规模较小的组织中尤为典型，因为在这样的组织中，高层领导者更倾向于与个体分析师建立联系。

乍一看，这个业务领导者的个人需求得到了满足，人力资本分析团队的工作也很忙碌，并且在支持别人需求的过程中，他们感受到了价值。这样不是很好吗？大错特错！

这种情况其实颇为棘手，原因有以下几点。在长期项目中，如果只有单独某个具有影响力的领导者频繁地主导项目议程，而不听取其他人的信息输入，项目的精力可能会被分散。此外，正在进行的工作也可能是某个更重大计划的一部分，而来自主导领导者的这些额外工作可能会大大削弱项目的势能和牵引力。根据我们的经验，这样的项目往往业务价值有限，而且工作过程令人疲惫。

请看这样一个例子：在一家全球性金融服务机构，激励与薪酬部门的一位极具影响力的主管委托启动了一个关于员工薪酬的人力资本分析项目。整个项目耗时长达六个月，在此期间，分析师全身心地投入其中。但当分析完成后，这位领导者对结论和建议并不满意。于是他们决定终止该项目。整个项目没有其他领导者参与其中。项目没有与其他领导者讨论，也没有就这项工作进行跨职能沟通。于是，六个月的努力就这样付之东流了。

设立一个动态的讨论组，来探讨优先级排序

一个由来自不同职能部门的代表组成的优先级排序讨论组，将非常有助于优先级决策。其核心是由一小群人组成，他们能够共同为人力资本分析的选择方案提供更多公平公正的视角（见图 1）。

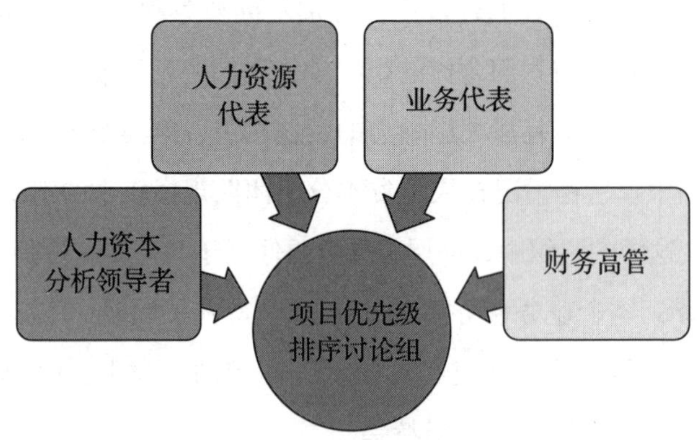

图 1　项目优先级排序讨论组

我们对这个小团队的组成推荐如下：

- 一名人力资源高管：就整个企业的员工优先事项提供建议；
- 一名资深的业务代表：其资历足以理解什么是企业的核心关注点；
- 一名财务高管：对建议的工作提供财务价值角度的看法。

项目优先级排序讨论组的职责包括：

- 对项目优先级的排序标准达成共识；
- 基于这些标准选出快速取胜项目和大赌注项目（见图 2“复杂度 – 影响力矩阵”）；
- 跟进所选人力资本分析项目的进展情况；
- 定期复核，从而能够动态地确认所选择的项目和工作得到持续推进，并考虑到新的需求与想法。

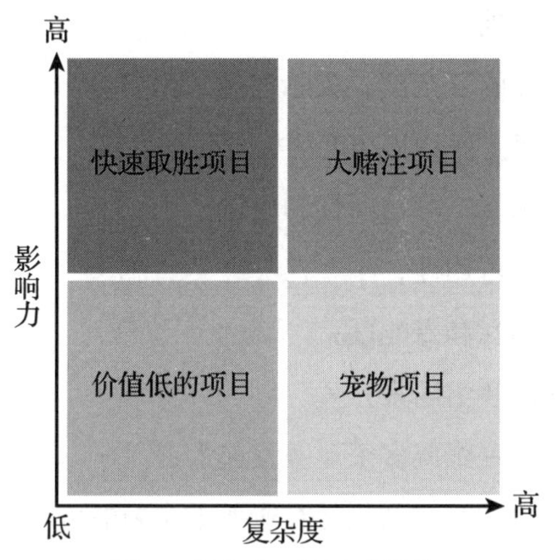

图 2　复杂度 – 影响力矩阵

资料来源：Guenole, Ferrar and Feinzig (2017).

人力资本分析领导者的职责是引导优先级排序讨论组，鼓励其成员分享、探讨并明确每项工作的价值和要求。

请注意，优先级排序讨论组也可以与任何其他治理委员会结合在一起。

使用稳健的框架：复杂度 – 影响力矩阵

许多公司采用各种工具来确定工作的执行顺序。我们推荐的“复杂度 – 影响力矩阵”就是其中之一。这个工具在《HR 的分析力：人力资源数据分析实践指南》（Guenole，Ferrar and Feinzig，2017）一书中有详细介绍。该模型的设计目的，是依据相对影响和复杂程度对项目进行评估。

影响力 纵轴的影响力，表示相对于人力资本分析举措而言的价值大小。评估影响力的三个主要标准包括：

- 与业务战略的一致性；
- 财务价值；
- 对员工的益处。

复杂度 横轴的复杂度，表示实施人力资本分析项目所需的活动与资源的难易程度。评估复杂度的标准包括：

- 数据的可用性、可访问性和质量；
- 所需技术的可用性；
- 资源的可用性和专业度；
- 组织内部的政治因素；
- 项目是否有一个或多个业务发起人；
- 将分析解决方案产品化并在业务中实施的可能性与简易性。

当使用这些标准来评估项目时，每个项目都可以在矩阵中被定位为某类项目，如快速取胜项目、大赌注项目、价值低的项目或宠物项目。

快速取胜项目 人力资本分析并不总是复杂的——快速取胜项目是在产生较大影响力的同时复杂度相对较低的理想选择。这些项目通常有积极的发起人，并能以有限的投资创造价值。其他行业专家也认为这些通常是最值得寻求和完成的项目（Marritt，2018）。

大赌注项目 这类项目通常非常复杂，甚至可能是横跨多年的项目，但它们能为组织带来的价值也是最大的。它们通常需要大量的时间和资金投入，并且需要强大的支持。每个领先的人力资本分析团队的项目中都至少有一个大赌注项目，这样才能在公司的重要层面获得支持和关注。

价值低的项目 经验表明，人力资本分析团队在高管的投资或兴趣非常有限的情况下，往往会有很多价值低的项目。这些工作通常会耗费人力资本分析团队大量的精力和时间，却很少能产生显著的业务价值。典型价值低的项目包括：数据需求项目、数据报告项目、创建仪表盘项目以及由影响力有限的人发起的项目等。

宠物项目 这类项目的价值最低。尽管宠物项目由于其复杂性会耗费大量时间，但即使完成得再好，也不会产生多少影响，即使有价值也是非常有限的。

制定完善的工作优先级排序方法，例如上述的“复杂度－影响力矩阵”，有利于确保在全球性大流行病这样的危机中，人力资本分析团队能够迅速调整并满足业务的新需求。案例研究“默克——大流行病之下的优先级排序”，为这种实践中的灵活性提供了有力证明。该团队的核心经验是：人力资本分析需要同时具备结构性和灵活性。

案例研究

默克——大流行病之下的优先级排序

对项目进行结构化的优先级排序是一件好事。但是，当企业面临全球性大流行病或其他重大危机时，又该如何应对呢？人力资本分析必须能快速应变。

美国制药公司默克[①]的劳动力分析[②]团队深知如何在危机时刻为企业提供支持。杰里米·夏皮罗（Jeremy Shapiro）是劳动力分析部门的执行总监，也是人力资本分析领域备受瞩目和最具影响力的

① 默克是一家美国跨国制药公司，1891 年在新泽西州注册成立。它是世界上最大的制药公司之一，截至 2019 年，员工人数超过 70 000 人。

② 劳动力分析（workforce analytics）一般是指将企业所有可利用的劳动力资源均纳入分析范围，不仅包括常见的员工（employee）或人力（people），还包括实习、外包、顾问等非正式员工，以及临时员工、兼职员工等各类为企业工作并从企业获得报酬的人员。——译者

佼佼者之一。杰里米曾就职于摩根士丹利（Morgan Stanley）和宏盟集团（Omnicom Group），这些职业经历使他成为一名经验丰富的业务领导者和出色的人力资源高管。

杰里米在人力资本分析工作中的优先级排序方法，主要围绕三大原则：践行公司的价值观和优先级、共情员工的需求，以及理解业务战略。

在2020年下半年的一次视频通话中，杰里米对其团队如何成功应对新冠疫情大流行（COVID-19 pandemic）及其经济冲击进行了回顾："病患依赖我们这些公司，尤其是在全球性大流行病期间，这种需求更为强烈。尽管劳动力分析不是一线部门，但我们知道我们能提供帮助，于是立即采取了行动。高层领导者提出了三大优先级最高的事项：保障员工的健康和安全、确保供应链的连续性，以及保持正常的运营。"

这三大优先事项决定了团队如何集中精力和优先处理哪些工作。对于劳动力分析团队来说，这意味着一种"堆叠式"的工作优先级排序方法[①]，即根据任务与企业战略相关性，以及对企业整体的紧迫性和重要性进行排序。在危机中，对于哪些工作最重要的理解必须是精准且明确的。如果每个人都对必须完成的目标有清晰的认知，那么也就不需要再对工作的轻重缓急进行冗长的讨论了。

"我要求团队成员想象是上级领导在直接与他们本人沟通，并要求他们描述其需求。"这种做法使得团队能够站在业务领导者的角度思考，而不必反复地寻求澄清、解释或指导。

作为一名领导者，杰里米对同理心有着个人的价值理解。他

① 依据史蒂夫·芬顿（Steve Fenton）的定义而来。

认为，团队在讨论业务战略和领导者需求时，如果团队成员之间能够坦诚沟通、自由交流，就能够进行更有意义的深入讨论与反思。“我们必须重视领导者的人性，以及员工和患者的人性，这样才能够更具同理心地进行优先级排序。”

团队迅速调整了与大流行病相关的业务优先级。在业务和杰里米的指引下，团队凭直觉就能知道应该将时间和资源集中在哪里。领导者需要特定类别的数据，以及关于员工的最新信息，但由于公司所有人都在快速调整，根本没有时间停下来去正式确定需求。

“我们结合自身对业务的理解和同理心来预判并提前为这些需求做准备。”杰里米解释道，“尽管做得不甚完美，但即便是在大流行病高峰期，我们也能以较少的被动反应来运作。由于我们每个人都必须快速调整不同的工作环境，因此每一点进步都很有帮助。”

在这种危机导向的优先级排序方法中，杰里米和他的团队本能地采取行动、创造价值。方式之一是组建了一支由人力资源、设备、运营和网络安全等领域的人才组成的敏捷团队。他们共同创建了一个实时的数据仪表盘，用于跟踪员工的状态及其对公司运行的影响。该团队还与公司内部的医务人员和流行病学家合作，利用相同的数据可视化方法，协助现场专业医疗人员对大流行病相关的需求响应进行管理。

最后，该团队还开展了一系列实时调查和员工倾听分析项目，来探索这场危机对员工的影响，并对如何维护员工健康与安全、确保供应链畅通和正常运营的措施进行评估。这些数据还提醒团队可以为许多小需求提供洞察，以帮助个别领导者和管理者。所有这些举措都在业务上取得了成功，并为患者、员工以及公司创造了价值。

在新冠疫情大流行期间，团队使用这些方法迅速解决了重大业务问题，甚至这些问题还没来得及传达给人力资源业务合作伙伴：“我们熟知公司的价值观：患者是第一位的。我们也清楚，首席执行官曾强调过员工的健康和安全问题。此外，作为普通人和看新闻的人，我们知道新冠疫情将如何影响工作场所，尤其是制造业。”

该团队对业务和员工的需求有着深入的理解，因此他们能够预判需求，并迅速采取行动：在公司科学专家的参与下，将外部数据整合进报告，并制作出精准的高级管理仪表盘，为提高商业智能和决策质量提供帮助。这一举措在业务上取得了巨大成功，并为患者、员工以及公司带来了收益。

默克的劳动力分析团队在危机中的优先级排序，凸显了其对业务问题的敏锐洞察、对议题选择的充分信心，以及对需求进行实时快速响应的能力（见图 3 中的右侧）。

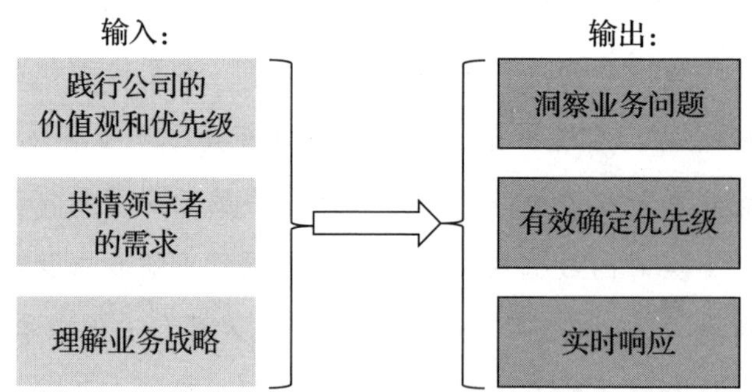

图 3　默克在危机中的工作优先级排序方法

资料来源：经默克公司授权转载，2021 年 1 月。

虽然在危机和非危机时期，输入的因素都是相同的，但在危机时期，直觉和信心的水平却变得尤为重要。这正是人力资本分析在危机中取得成功的关键，也是领导者的一项特殊能力。

“现在，很多需求在被提出之前就已经得到了回应，这已经变成了一件自然而然的事情。”杰里米回忆道，“默克致力于拯救生命。我们的业务团队践行这一核心价值，劳动力分析团队也是如此。”

关键提示

深入理解业务战略以培养直觉和信心，因为在危机时刻，这些都将是必需的。

明确的流程

全球的人力资本分析团队都在为其工作找寻稳定、高效且简洁的流程，以克服各种障碍，确保高效、协同地交付成果。很多模型都能够支持优秀分析项目的开展，比如以下两种，它们均由人力资本分析专家提出。

分析价值链

分析价值链是很多人力资本分析师采用的方法论。早在 2011 年，谷歌的人力资本分析团队就提出分析价值链（Dekas，2011），并将其公布在谷歌的 re:Work[①] 网站上以供查询。人力资本分析领域的知名学者，如修尔德·范·登·许弗尔（Sjoerd van den Heuvel）博士，也经常强调这一方法的实用价值（van den Heuvel and Bondarouk，2017）。

这种方法的核心是从“主观观点驱动决策”转变为“先用数据、指标和分析来验证这些观点、信念和假设”。一旦得出了洞察，它们就可以为行动所需的必要决策提供支持（见图 4）。

① re:Work 意为“重新设计工作”，是谷歌的一项举措，旨在与其他组织分享和推广基于数据分析开发的人力资源措施。谷歌的人力资本分析团队相信，可以通过重新设计人们的工作方式，让他们更快乐、更健康、更高效。——译者

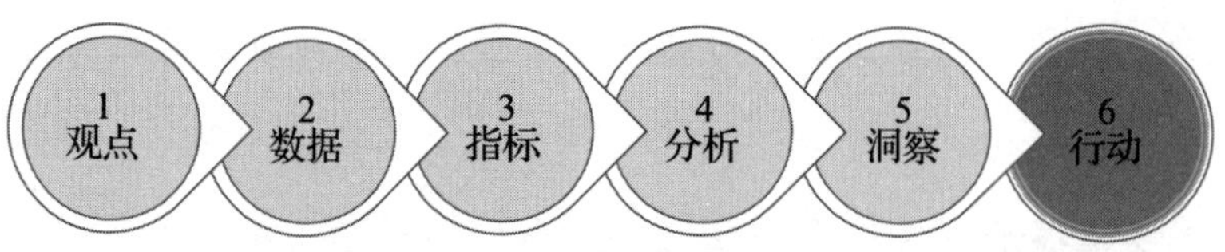

图 4　价值链方法论

资料来源：改编自 Dekas（2011）and van den Heuvel and Bondarouk（2017）。

八步法模型

针对性分析的八步法模型是另一个在各个层面上设计和推动人力资本分析项目的高效模型（Guenole，Ferrar and Feinzig，2017）。此模型围绕三大关键问题构建（见图 5）：

1. 为什么要开展这个项目？

2. 项目应如何推进？

3. 项目将会带来什么效果？

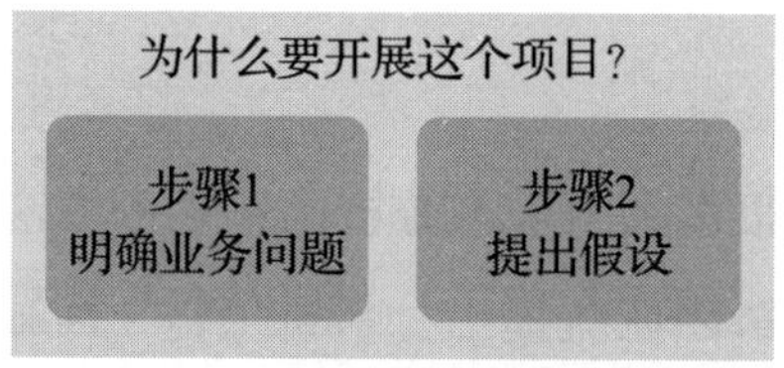

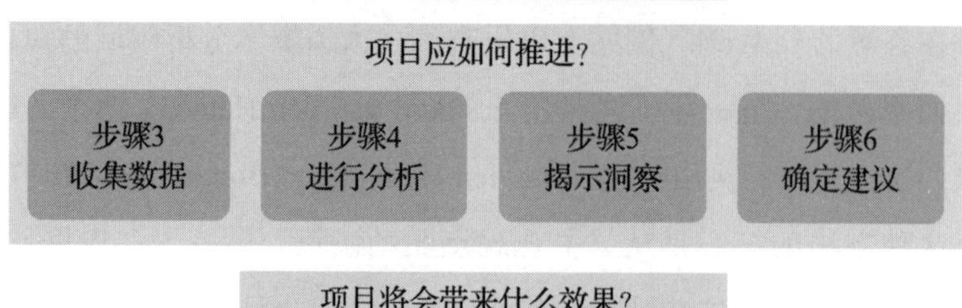

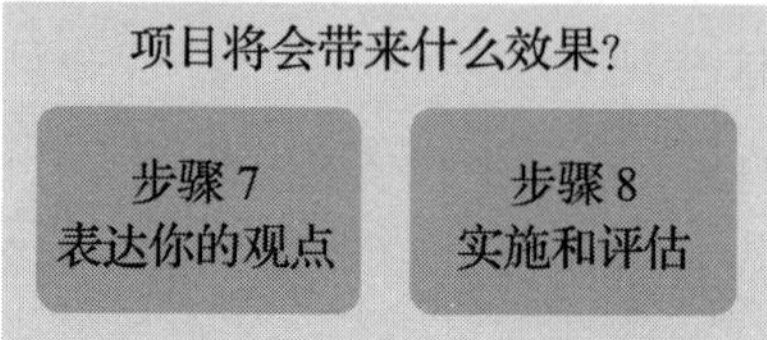

图 5　有目的的分析的八步法模型

资料来源：Guenole，Ferrar and Feinzig (2017).

这个模型强调并进一步补充了所有高效人力资本分析工作的出发点：从框定业务问题开始。这一方法得到了该领域其他专家的支持（Levenson and Pillans，2017），也与麦肯锡（McNulty，2018）和领英（McClaren，2020）等公司的人力资本分析团队的方法论相契合。

焦点 – 影响 – 价值模型

人力资本分析团队需要专注于工作焦点，才能成功地创造影响和实现价值。图 6 描述的模型提供了一种简明且有效的方法，并回应了本书前言中提及的关键问题：

- 我应该专注于什么？专注于与公司人力战略紧密相关的业务挑战的从业者，会在其努力基础上取得更大的成功。
- 我如何提升自身影响力？那些先巩固坚实基础而非急于应对技术和数据挑战的组织，从长期来看能创造更大的影响力。
- 我如何创造更大的价值？始终牢记最终目标并据此确定工作优先级的领导者，能够为企业和员工带来更多的价值。

图 6　焦点 – 影响 – 价值模型

焦点

结合本章前文所述的优先级排序原则，人力资本分析开展的每个项目和每项工作都应具备明确的目标和价值。明确每个项目的焦点，需要确定以下几个核心要素：

- 确定项目范围：这需要划定一系列边界，包括涉及的业务单元、国家和（或）地理区域、城市和需要分析的地点，以及员工群体或其他因素的限制范围等，确保研究围绕着特定的人群展开。

- 明确项目发起人：确保项目发起人的承诺是其中最关键的要素之一（详见本章后文）。
- 划出总体的可用资源：明确项目所需的预算和时间计划。如果需要将项目细分为几个阶段，还应为每个阶段制订明确的目标和时间计划。

影响

影响是指一项工作带给消费者或接收方的预期成果。人力资本分析工作的四大主要目标受众将在本部分的员工体验维度进行详细描述，在此我们将他们概括为：员工个体、员工群体、管理者和高管。

关键的是，对于每一类群体，我们都需要系统地思考，回答“如果……会怎样”这一问题。这种方法的目的是预判分析工作可能带来的结果，及其对每类受众群体的影响。

以一个围绕销售员工进行的网络分析项目为例。在这个场景中，我们将思考，业务想了解的是某些内部和外部关系网络模式能否提升员工个体的销售业绩。

现在，让我们依据假设结果来思考“如果……会怎样”：如果最优秀的销售员工可以做到内部人际网络与外部人际网络的平衡，会怎样？

通过提出这个问题（以及可能的其他问题），我们可以开始从利益相关者的视角来回答：

- 我们会调整招聘流程来测试候选人是否拥有均衡的网络吗？
- 我们会改变销售员工的培训项目，以培养他们构建关系网络的能力吗？

- 如果这些变革项目需要额外的成本，我们还会实施这些变革吗？
- 我们会改变我们的系统来测量销售员工的关系网络，从而让这些网络用作成功的预测因子吗？

“影响”的关键就在于，预见这些可能出现的结果，而不是盲目地进行分析。

价值

在制定的项目或工作取得成功的背景下，价值被定义为：由人力资本分析项目所带来的财务价值、风险降低，或客户参与度和员工敬业度的提高。

价值的核心目标是在项目结束时，对假设被证明或被推翻后所能带来的潜在价值进行评估。这将帮助我们确定：

- 这项工作是否值得开展；
- 是否需要支持者；
- 利益相关者是否会为这项工作所需的技能、数据或技术提供预算；
- 是否有可能对任一利益相关者群体产生显著影响。

从一开始就专注于分析工作或项目的焦点，明确其范围，并深入理解对本部分的利益相关者管理维度所描述的七类利益相关者的可能影响，界定高层次的财务价值、风险降低或员工敬业度提升等价值，这些都为决定是否继续进行分析工作提供了坚实基础。

而对于需要继续的工作，接下来的一步是为最关键的人力资本分析工作和项目寻求支持。

下面的案例研究是采用严格的方法论进行人力资本分析的一个典范。该案例深入探讨了为确保成功所需的流程、利益相关者和宣言声明。该案例的核心经验是：组建一个小团队需要若干基本要素。

案例研究

美鹰傲飞——为卓越工作做好准备

在2020年探讨本案例研究时，美鹰傲飞[①]已将分析技术成熟地应用于顾客与销售数据，并且积累了多年的经验。美鹰傲飞意识到，现在是时候对人力数据进行同样的分析了。科里·英格拉姆（Cory Ingram）是美鹰傲飞的人力资本分析负责人，他及其带领的美鹰傲飞"小而精"的人力资本分析团队，是帮助公司落实这一想法的关键人员。

自2017年成立以来，美鹰傲飞的人力资本分析团队已经取得了众多成就。他们从一个简单做"报告"的团队，转型成了一个"由外而内"的业务驱动型职能部门，并能够利用主动收集和被动收集的数据[②]来解决业务问题。他们在完成这一切的过程中，怀着对零售行业的无限热忱，从未失去对最终结果的关注。

"这是我在美鹰傲飞的观察中形成的个人理念，"科里回忆道，"在零售业务中，员工、顾客和销售数据是共生的，它们汇聚于同一个地方：收银台。想要解决业务难题，我们就必须把分析与顾客、销售紧密结合起来。"

2018年，科里受聘担任他的第一个人力资本分析职位。他在人力资源、咨询和精算领域的背景，为他提供了强大的人力资源技能组合和对数据的热情，但他仍需要快速学习并掌握人力资本

---

① 美鹰傲飞（纽约证券交易所股票代码：AEO）是全球领先的专业零售商，旗下的 American Eagle® 和 Aerie® 品牌以实惠的价格提供高品质的潮流服装、配饰和个人护理产品。美鹰傲飞成立于1977年，2019年的员工人数为46 000人。

② 主动数据（active data），是指通过调查和可穿戴设备等"主动"机制来收集的数据。被动数据（passive data），是指通过公司的通信系统（如电子邮件、日历和协作工具等）产生的持续数据流来收集数据。之所以称为被动，是因为收集这些数据时员工无须参与。——译者

分析。“这感觉就像再次回到了学校，”科里回忆道，“我阅读了大量书籍，听了很多播客，加入了同行社群，也出席了一些顶级会议。”这段探索经历，为科里首次担任人力资本分析的领导角色做好了准备。

凭借着与生俱来的热忱和对该领域前沿发展的广泛了解，科里和他的上级——综合薪酬部高级副总裁杰西卡·卡塔尼丝（Jessica Catanese），齐心协力获得了启动工作所需的资源。“杰西卡在美鹰傲飞拥有深厚的人脉关系网，”科里解释说，“我们能够利用这一点，敲开‘对’的利益相关者的大门。我们知道，这将帮助我们高效地确定优先级排序。”杰西卡对人力资源的战略规划也有清晰的认识，她直接向首席人力资源官汇报工作，这对于制定整个人力资源部门的分析规划起到了关键作用。

美鹰傲飞的人力资本分析团队具备了成功所需的所有核心要素（见图 7）。这些要素包括杰西卡对公司的深入了解、与利益相关者的紧密接触，以及对战略规划的清晰理解。此外，团队还得益于科里的分析技能、人力资源知识，以及他通过小团队实现价值的思维模式。

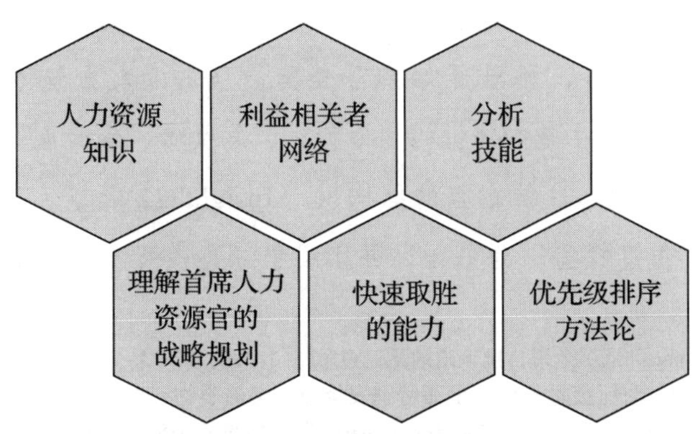

图 7　一支小团队在美鹰傲飞成就卓越所需的要素

资料来源：经美鹰傲飞授权转载，2020 年 12 月。

美鹰傲飞在顾客体验和销售方面已有“数据驱动洞察”的偏好，为使用人力数据提供了一个很好的案例，利用这一优势，这对搭档很快与围绕人力资本分析的高层利益相关者形成了默契，这些都建立在科里的前任已经为其打下的原始基础之上。随着利益相关者需求的进一步明确，团队意识到为了达到更高的水平，还需要最后两个因素：工作的优先级排序和增加额外资源。仅仅依靠单个项目，是无法充分发挥人力资本分析职能的全部潜力的。科里必须研究并制定一套方法，面对从整个公司收集来的需求进行优先级排序，同时需要更多的资源来为公司交付快速取胜项目（见图2）。

这两个最后因素已经在2020年初得以实现。在一名新分析师的支持下，团队能够处理描述性分析任务，并解决更多的临时需求（ad hoc requests）[①]，从而逐渐赢得了信赖。此时，科里可以开始寻找展现人力资本分析对业务影响的机会：“团队之前并没有什么途径展现我们能带来的价值。我们并没有正式的基础，也没有什么完善的路线图，无法向我们的人力资源合作伙伴或外部业务合作伙伴展现我们的方向和愿景。”显然，我们还需要做更多的基础工作。

2019年9月，科里开始撰写美鹰傲飞的《人力资本分析宣言》，为公司人力资本分析的“为什么、怎么做、做什么”制定了框架（见图8）。这份宣言的结构以“Insight222卓越人力资本分析的九大维度模型”为基础，并由科里依据美鹰傲飞的企业文化

---

① “ad hoc”是一个来自拉丁语的词，意思是“为此”或“特定的”。在英语中，“ad hoc”通常指的是为特定目的或需求而特别安排或制定的事物，而不是根据预定的、常规的或长期的计划或安排。因此，“ad hoc requests”通常指的是那些突然出现、非预定或特定的请求，而不是常规或预先计划的请求。这些请求可能需要立即或短时间内的回应或处理。——译者

和发展动态进行了调整。这是一份极具深度的文档，从基础要素到最终成果等各项工作都有明确的界定。该文档中有一个以业务为导向的部分，描述了美鹰傲飞的员工应该如何与人力资本分析团队协同合作，包括“与人力资本分析团队交流之初，领导者应该提哪些问题”以及“人力资本分析团队会向你这样的利益相关者提出哪些问题”。

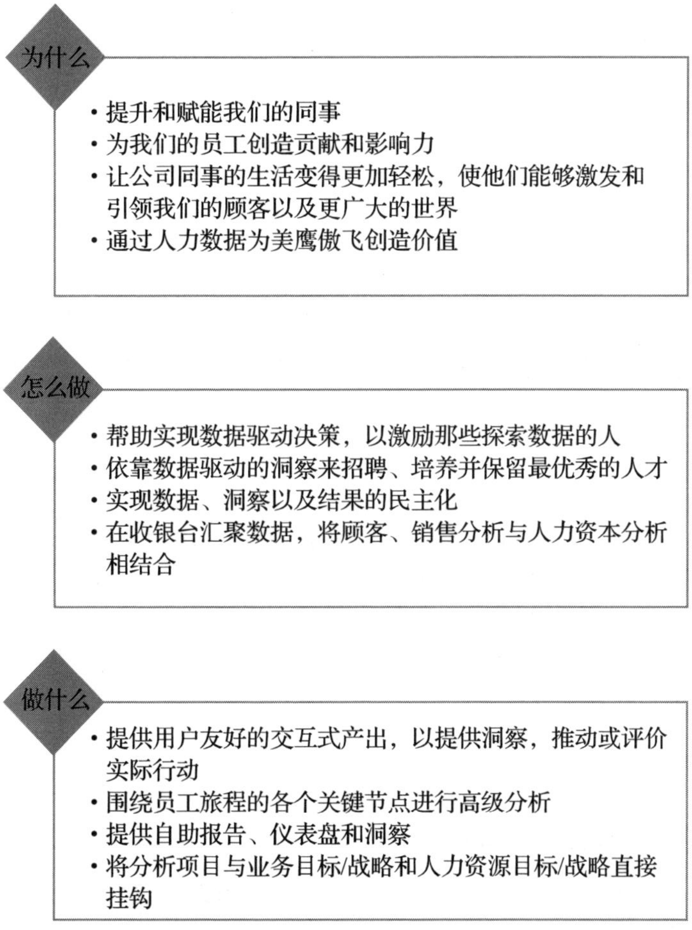

为什么

- 提升和赋能我们的同事
- 为我们的员工创造贡献和影响力
- 让公司同事的生活变得更加轻松，使他们能够激发和引领我们的顾客以及更广大的世界
- 通过人力数据为美鹰傲飞创造价值

怎么做

- 帮助实现数据驱动决策，以激励那些探索数据的人
- 依靠数据驱动的洞察来招聘、培养并保留最优秀的人才
- 实现数据、洞察以及结果的民主化
- 在收银台汇聚数据，将顾客、销售分析与人力资本分析相结合

做什么

- 提供用户友好的交互式产出，以提供洞察，推动或评价实际行动
- 围绕员工旅程的各个关键节点进行高级分析
- 提供自助报告、仪表盘和洞察
- 将分析项目与业务目标/战略和人力资源目标/战略直接挂钩

图 8　人力资本分析的“为什么、怎么做、做什么”——摘自美鹰傲飞的人力资本分析宣言

资料来源：经美鹰傲飞授权转载，2020 年 12 月。

经过12个月的完善，这份宣言已形成了一份40页的文档，并配有相应的演示文稿和教学视频，旨在帮助利益相关者与人力资本分析团队更加高效地合作。科里表示，接下来是与终端用户进行正式的探索过程。“每当收到需求，我们都会努力理解如何使这项工作与宣言保持一致。我们首先会思考业务问题，并据此决定工作重心和成果。我们会问：谁是终端用户？这对我们的员工和业务将产生怎样的深远影响？”

“在那些人力资本分析工作还相对处于初期的公司，我认为非常多的终端用户并不真正知道他们可以或者应该提出什么问题，”科里沉思道，“大家并不会自然而然地明白人力资本分析是什么，以及它能够做什么——因此，我们团队有责任帮助他们建立这样的认识。”

2020年，随着业务重点的迅速转变，这种方法发挥了巨大作用。在确立了基础，并让终端用户理解人力资本分析如何助力工作和员工后，该团队能够立即开展行动，以惊人的速度为企业和员工提供帮助。

> **当我们探讨一项重大业务举措和支柱，比如工作场所的包容性和多样性时，我们明白人力资本分析能够提供相应的领导力洞察和建议。我们预估了领导者可能会提出的问题，并主动做出了回应。**

在内部公布了这些洞察后不久，团队便被邀请参加与高层领导团队（executive leadership team，ELT）的沟通会议。从2020年3月到9月，人力资本分析团队向ELT做了三次关于这一议题的报告。此外，科里及其团队还与ELT的每一位成员开了单独的会议，收集他们的具体建议，并为未来建立了更紧密的合作关系。

“ELT 已经开始从战略层面拥抱人力资本分析。他们已经意识到，我们可以如此快速地提供洞察和指标，以使他们能够做出与业务发展节奏同步的决策。”

“团队迈入了一个新阶段。带着高层利益相关者的反馈来应对核心业务挑战，意味着我们不必再四处奔波。”科里骄傲地回忆道，“高层业务领导者邀请我们参加领导层会议，为关键议题提供洞察，我们的一些工作甚至开始直接提交给首席执行官和董事会。”

“当我 2018 年加入美鹰傲飞时，‘人力资本分析’还只被看作数据和报告的职能，”科里回忆道，“我为我们的基础建设、宣言、专业团队以及我们所提供的洞察和建议能够为整个美鹰傲飞产生影响而感到欣慰。如今，人力资本分析已深入业务的各个层面，前景一片光明。”

关键提示

为人力资本分析团队制定一份“为什么—怎么做—做什么”的宣言。

全力支持的发起人

项目发起人是承诺愿意为项目提供支持的个人，他帮助解决财务问题并愿意亲自站台，为项目做担保。有了项目发起人，可以确保项目得到充分认可，项目成果有更大概率得以实施，从而创造业务价值。他们支持项目本身及各项活动，包括项目目的、方向、目标和成果，并给予人力资本分析负责人及其团队鼓励。

寻找出色的发起人

当你在寻找出色的发起人时，你需要确保他们：

- 正面临亟待解决的业务问题；
- 积极参与相关工作和业务领域；
- 对项目工作充满热情；
- 有足以推动项目的权力。

在寻找发起人的过程中，不要畏惧直接与企业高层接触。如果你的提议能够提升他们的业务表现，绝大多数人会乐意支持这些能使他们及其业务更加成功的工作。事实上，许多成功的人力资本分析专家都表示，他们通常只需要简明扼要地描述他们的问题，再与潜在发起人讨论为何他们是最佳人选，就能轻松找到可靠的发起人。

确保发起人的承诺

工作职权范围相当于与发起人之间的“协议”。这样，可以确保发起人的承诺，反过来也让他们从人力资本分析团队那里得到相应的承诺。同时，这也证明了团队对待其任务是严肃认真的。这将为双方提供明确性和承诺感。虽然并不是一定要制定一份正式文件，但我们确实建议将这些承诺以书面形式记录下来——例如电子邮件等。

> 分析团队应承诺：执行工作、遵守既定的时间规划、在遇到问题时及时联系发起人，以及帮助发起人理解分析发现、相关建议和所需的行动策略。
>
> 发起人则应承诺：授权工作、预留评估时间、排除障碍、把握方向，以及进行有效沟通并贯彻落实建议。

案例研究“施华洛世奇——寻找‘对’的发起人”，为我们提供了一个极有力的实例，展示了识别并确保一个充满热情的发起人的承诺所能带来的商业价值。该团队的核心经验是：找到“对”的发起人将带来丰厚的回报。

案例研究

施华洛世奇——寻找“对”的发起人

“我们的愿景是让数据和分析为所有人事决策提供依据。”施华洛世奇[①]的人力资本分析、数字人力资源及投资组合战略负责人奥利弗·卡斯帕（Oliver Kasper）在2018年7月与热情洋溢的新团队开会时如是说。当时正值盛夏，这个由三人组成的分析团队，刚刚在施华洛世奇其中一个最大的业务单元完成了关于员工流失问题的统计分析。该项目主要是由一位人力资源负责人发起的，他注意到原本就挑战重重的员工保留问题正在进一步恶化。这位负责人请求人力资本分析团队去“看一看”。出现该问题的业务单元是一个非常重要的市场，规模相当大，因此奥利弗的团队对这个问题相当重视。

分析团队提供的报告质量非常高。该报告用R语言进行统计分析，完整的报告共有53页。他们分析了173个不同的人力数据要素，寻找为何销售顾问的在职时长比预期的要短。这项工作无比卓越，并且在统计学层面十分可靠。但在当时，并没有定义出这项工作对业务的明确影响。分析团队因此陷入深思：“这对企业的营收和利润究竟会产生什么影响呢？”

---

① 施华洛世奇是一家市值27亿欧元的企业，在全球拥有27 000多名员工和大约3 000家专卖店。

施华洛世奇是一家对全球数万顾客有着巨大影响的企业。施华洛世奇用远超顾客期待的卓越品质和服务，点亮他们生活的每一刻。当丹尼尔·施华洛世奇（Daniel Swarovski）在1895年创立施华洛世奇时，他的愿景是“打造适合所有人的完美钻石”。

基于这一历史，奥利弗和他的团队思考了为何员工保留项目如此重要。他们将人力资本分析置于更广泛的商业背景下，并意识到人员保留是可以与业务指标直接挂钩的，比如将顾客转化为商店销售额。

人力资本分析团队确定了要采取的三个步骤：

- 重新将报告聚焦于商业价值——尤其是零售额。
- 提高项目层次，而非进行单纯的数据统计。
- 寻找一位充满激情且具备商业头脑的发起人，在人力资源部门之外转化并推广他们的项目。

奥利弗和他的团队将员工保留研究的洞察和建议呈给业务部门的零售负责人和全球人力资源领导团队。这些建议阐述了在员工通过试用期后调整激励方式，以及对新员工培训课程进行修订等，能够使员工和企业共同受益。有了业务和人力资源部门的支持，推行这些变革建议的过程变得异常顺利。

然而，人力资本分析团队仍有更远大的追求——为了让团队的洞察产生预期的业务影响，他们需要在人力资源部门之外争取到更多关心他们工作的全球利益相关者。

带着大胆创新的精神，奥利弗直接找到了施华洛世奇全球零售负责人，以了解这项工作的成果在哪里最需要。

这位全球零售负责人对探讨各种改进业务的方法有着浓厚兴趣，并且看到了分析团队工作的可靠性，以及他们沟通行动方案的能力。同时，他还注意到，奥利弗的提议涉及他非常热衷的一个管理领域：顾客与员工之间的互动，以及良好的店铺管理能带来的影响。

奥利弗和他的团队牢牢地争取到了他们的发起人。

在短短一个月内，这个项目就从“预测员工保留率”演变成“如何提高商店的顾客转化率”或“如何利用人力资本分析来推动销售额”。有了新的业务目标，人力资本分析项目焕发了新的活力，成为一项战略性的举措。施华洛世奇的转换率分析见图9。

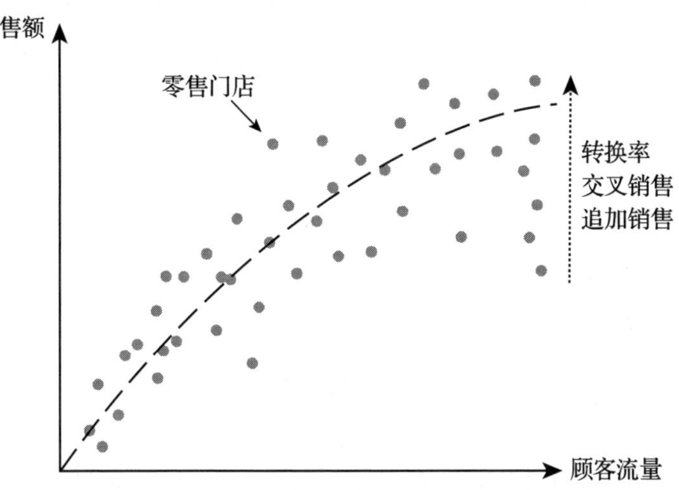

图9 施华洛世奇的转换率分析

资料来源：经施华洛世奇授权转载，2020年8月。

奥利弗和他的团队联手零售管理团队，找出了六大影响访客转化为施华洛世奇首饰和水晶产品消费者的人力因素。

它们分别是：

- 员工保留；
- 人员配备和排班；
- 店长的领导特质；
- 销售顾问的行为、特征和技能；

- 确保员工在正确的时间得到恰当的培训；
- 大中型商店的团队组成。

举个例子，培训分析揭示了学习与发展对员工保留有着积极的正向影响，也表明某些培训课程在提升业务绩效方面比其他课程更有效。

基于这些发现，施华洛世奇对培训产品进行了以业绩为导向的重新设计，将重点放在那些对销售业绩影响最大的课程上。

另一项研究凸显了某些个性特征对业务绩效的影响。因此，施华洛世奇开始与一家供应商合作一个试点项目，运用基于神经科学的游戏和人工智能算法来选拔最佳人才。公司还计划实施新的店长评估机制，以识别差距并采取发展措施。

施华洛世奇的高管对人力资本分析产生了浓厚的兴趣。他们对分析的每个方面都进行了细致的评估，以确认其是否能带来积极的商业效益。

自最初针对这份53页报告的探讨，到现在已经过去了8个月，奥利弗和他的团队学到了几点关键经验：拥有扎实的方法论，有稳定且明确的目标和业务发起人，能让分析具有更强的影响力。

人力资本分析团队迅速吸收了从该项目中学到的经验，并将其运用到后续的工作中。他们创建了一个涵盖人力资本分析全方位工作的路线图，该路线图已成为施华洛世奇零售团队最高级别管理会议的常规议题。

全球零售负责人的月度会议会对人力资本分析项目进行讨论、评估和完善。作为全球零售管理团队异地会议的一部分，人力资本分析团队也会定期受邀，汇报分析结果并探讨业务提升方案。此外，基于六大人力要素的提升店铺转化率项目，也已经在全球多地启动。

“我们工作的成效在于团队从被动的‘推’转变成主动的‘拉’。”奥利弗回忆说，“业务领导者主动来找我们解决他们面临的挑战。对人力资本分析工作的需求已经大大超出我们的负荷。”

奥利弗说：“关键步骤在于识别公司中与人力相关的最关键的业务议题，并且从一开始就找到一个合作伙伴。对于施华洛世奇来说，一旦我争取到了一位高级业务发起人，项目的重要性将迅速提升，零售业务的效益也会大幅提高。”

关键提示

成功的分析需要一位高级业务发起人。

小　结

有效的优先级排序、明确的流程和全力支持的发起人，是人力资本分析成功的三大关键要素。在方法论上，领先的团队会遵循以下建议：

- 在开展任何人力资本分析工作之前，先明确一个问题：“业务价值是什么？”
- 通过与利益相关者沟通、明确界定业务问题并形成强有力的假设，来识别潜在的工作内容。
- 建立一个由人力资本分析负责人以及人力资源、财务和业务部门代表组成的项目优先级排序讨论组，来审查优先级、推动进展并提供指导。

- 运用一套健全的框架（例如“复杂度 - 影响力矩阵”）来挑选项目，优先考虑影响力大的快速取胜项目和大赌注项目，避免投入影响力小的价值低的项目和宠物项目。
- 专注于解决业务挑战，并以最终目标为导向来安排工作优先级，以创造更多的价值。
- 为每项有重大意义的工作寻找一名发起人：他们能够清晰认识到需要解决哪些业务问题，并且有意愿和权威来实施相应的建议措施。

维度三：利益相关者管理

在本章，我们讨论了可以为人力资本分析提供方向、灵感和支持的各类利益相关者，以及如何以结构化和目的明确的方式最佳地与他们互动。

探索……

- 人力资本分析的七类利益相关者；
- 为了成功，如何创建利益相关者地图和参与计划；
- 管理利益相关者的方法。

这些洞察来自……

- 强生（Johnson & Johnson），关于培养高层利益相关者；
- 菲斯曼集团（Viessmann Group），关于成为一名分析型首席人力资源官（CHRO）的价值；
- 先正达（Syngenta A.G.），关于利益相关者参与的重要性。

概　述

利益相关者管理

作为九大维度之一，利益相关者管理深入探讨了人力资本分析团队为了创造影响力和传递价值，需要与之互动的各类利益相关者。它重点指导如何细致地绘制利益相关者地图，如何有效组织会议，并阐述了如何与各利益相关者长期建立稳固且持续的关系。

在我们的研究以及与客户的交谈中，无论公司是希望从0到1搭建团队，还是想转型人力资本分析部门，他们通常都认为应该从建立运营模式、整理数据或购买新技术开始。我们对此并不认同，我们的建议是：无论是否建立了充分且完善的职能，第一步始终都应该是让人力资本分析团队深入接触利益相关者。

与利益相关者会面是人力资本分析最重要的活动，尤其是在转型期间。它有助于明确使命，理解当前的业务挑战，并为整个职能及其工作确定方向。只有在与利益相关者会面并了解他们的需求后，才能围绕技能、运营模式、数据和技术等议题做出决策。本书的多个案例研究都讨论了如何接触利益相关者的问题，本书第三部分的案例研究“全州——在实践中转型”会详细说明这一点。

人力资本分析的交付只有完全融入公司运营，才能发挥最大价值。而能否实现天衣无缝的整合，则完全取决于利益相关者的参与程度：越是聚焦于利益相关者，组织越有可能在人力资本分析上获得成功。

最优秀的领导者深知优先考虑利益相关者管理是多么重要。2020年，皮尤什·马瑟尔（Piyush Mathur）在《数字人力资源领导者》（Digital HR Leader）播客节目中介绍了他的方法，彼时他已加入强生担任劳动力分析部门的主管，谈及如何让利益相关者参与进来，他分享道：“若要了解怎样为人力资本分析职能创造价值，最好的方法就是去会见业务领导者和人力资源领导者。在我入职后的90天里，我见了60多位业务领导者和人力资源领导者，我还有幸见到了我们的首席执行官和他的直接下属，真正试图去了解我们作为一个职能还可以如何进一步增加价值。”皮尤什的具体做法会在案例研究“强生——高层利益相关者管理”中详细呈现——他让团队始终与整个公司的优先级保持一致，并且认定团队要为公司的业务和员工创造价值。

无论从哪一个方面来看，利益相关者管理对人力资本分析都至关重要。尤其是在以下时刻：建立之初要定目标和业务立项；过程中要收集、分析和保护数据，并确保符合数据伦理；事后实施时需要相关建议。与利益相关者的有效合作意味着能够为组织和各级员工创造价值。

识别“对”的人是关键所在。我们将在后面讨论绘制利益相关者分析图的技巧。在此之前，让我们先看看与人力资本分析团队互动的七类利益相关者（见图 1）。

图 1　七类利益相关者

其中的每一类，都能够为人力资本分析的某一特定部分增加价值。在这些利益相关者中，分析团队需要依靠其中某些人来实现项目的成功；其他人将提供指导；还有一些是提供分析数据的重要来源。不过，如果要发挥人力资本分析的潜力，这七类利益相关者都很重要。

现在，我们来一一探讨这几类利益相关者。

利益相关者 1：业务高管

第一类利益相关者是业务高管，包括董事会成员，运营委员会，C 级高管，以及部门、区域或业务线的高级负责人等。他们通常直接负责销售和商务、产品开发、研究和制造等业务板块。

与这些领导者合作可以确保项目和工作的方向是正确的，这将提高企业效率、生产力和未来的竞争力。业务高管通常希望从员工角度获取洞察，以提高企业的盈利、增加收入、增强竞争力并控制风险。因此，与他们直接沟通，探讨他们所面临的问题以及如何从“人的方面”改善其业务，是一个十分合理的选择。与业务高管交流，有助于深入理解各种分析的价值和业务的整体基调。

业务高管也是确保解决方案落地的关键。同时，他们还能提供宝贵的新数据，例如，销售高管能够提供区域、客户及销售相关的数据。

接下来，我们将通过“强生——高层利益相关者管理”的案例研究，一起看看这位新官上任的人力资本分析领导者是如何触达公司高层的。该案例的核心经验是：在一开始就正确地进行利益相关者管理，将大大提高你在各方面成功的概率。

案例研究

强生——高层利益相关者管理

强生[①]是全球最知名的公司之一，如果您有孩子，您大概率使用过强生的婴儿用品。其全球员工总数约为 135 000 人，2019 年

① 强生是一家成立于 1886 年的美国跨国企业，开发医疗器械、药品和消费者包装商品。通过其运营公司，强生几乎在全世界的每个国家都有业务。

在三大领域（药品、医疗器械和消费者包装商品）的收入高达 820 亿美元（Johnson & Johnson，2020）。

强生坚信：健康是激活人生、繁荣社区和不断进步的基础。正因如此，130 年来，公司始终致力于推进健康事业，让人在每个年龄段和每个人生阶段都保持健康。今天，作为一家全球业务分布广泛、综合性的跨国医疗健康企业，强生致力于用广泛的影响力去促进人类健康、建设更美好的社会。在努力提高医药可及性和可负担性、创造更健康的社区的同时，让世界各地的人们都能拥有健康身心，享受健康环境。如今，为了员工利益和福祉，强生的劳动力分析团队正在接受这一挑战。

强生拥有明确的价值观，并且这些价值观已通过信条声明做出了规定①，在这样一家公司里，关系建立和利益相关者管理很可能是其企业文化的一部分。皮尤什·马瑟尔 2017 年加入强生，并担任全球人才管理（企业职能）和劳动力分析部门的主管时，他也明确意识到了这一点。他惊讶地发现，当他渴望尽快与高层利益相关者会面时，他受到了热烈的欢迎。当然，他这样做并不仅仅是受到公司文化的驱动，而是因为他意识到这对人力资本分析的成功至关重要。

皮尤什加入的劳动力分析部门已经成立四年了，该部门在年度敬业度调查、实施战略评分卡以及开展初步研究等方面取得了显著进展。皮尤什也在反思，自己怎样能为一个如此专业的团队带来增量价值，毕竟他上一家任职公司的员工规模只有强生的 1/3。

在前公司，皮尤什曾是执行委员会成员，并作为商务负责人向首席执行官汇报工作，所以他积累了大量与高层利益相关者打

① 1986 年，强生出台了一份正式文件，概述了其帮助社会的信念和使命，称为信条（Credo）。

交道的经验。他非常好奇这些经验将如何为强生带来价值。作为强生的新高管，他需要建立可靠的内部关系网络。他深入研究了关于公司的一切，包括高层管理团队和他新加入的劳动力分析团队。在正式入职时，他已经基本了解公司的人员、历史、战略、价值观和架构，并列出了希望访谈的人员明细。

第一周，皮尤什先了解劳动力分析团队的同事，并从他们那里了解过往是如何与业务部门合作的。他首先想要明确强生的业务重点，以及人力资本分析如何助力这些重点。在最初的90天，皮尤什访谈了60位高层业务领导者和人力资源领导者，包括首席执行官及其直属团队。

从这些访谈中，皮尤什得出了三点对人力资本分析团队的关键认知：第一，当前的人力资本分析团队仍有许多机会点，已经收集上来的数据还能够做出更多分析，以获得更多洞见；第二，团队策略还可以和业务战略做更深度的整合；第三，绝大部分利益相关者主要通过年度员工调查感知人力资本分析团队的价值。

这些访谈揭示了许多机会点，他可以进一步进行优先级排序，并对他的整个新团队做出工作分工。在入职强生的初期，皮尤什通过深入的交谈理解了团队的构成、技能集和目之所及的兴趣点。结合从利益相关者访谈中总结出的认知，他清楚地认识到需要新的团队结构，以加速提升劳动力分析团队在业务中的影响力，并发掘释放蕴藏其中的潜力。因此，他设立了四个专业小组：咨询服务组（Advisory Services）、建模与洞察组（Modeling & Insights）、组织赋能与劳动力规划组（Organizational Enablement & Workforce Planning），以及卓越调查中心（Survey Center of Excellence）。

咨询服务组是这个结构的核心。皮尤什赋予这个小组进行利益相关者管理的核心职责，由于小组成员大多拥有商业洞察或业务人力资源（BUHR）方面的背景，他们完全有能力直接与人力资源执行委员会及首席人力资源官的直接下属进行沟通。皮尤什要求大家将自己融入人际网络，找到关键利益相关者，并与这些人的团队紧密合作，参与他们的领导会议，清楚地了解每个利益相关者的优先级。

咨询服务组的职责是全面捕捉人力资源执行委员会和业务领导者的需求，并将超出“用 15 分钟查询数据库”这类简单需求之外的任何内容，都与建模与洞察组的数据、统计和心理学专家对接。皮尤什希望咨询服务组完全专注于业务，而非由他们自己上手进行数据分析。

最后，皮尤什为劳动力分析确立了新的利益相关者合作准则。他倡导“洞察不产生结果，就是在徒增成本”的理念，并通过四个具体步骤和结构化的方法来加强利益相关者管理。从前，团队与利益相关者的合作都是临时性的，但皮尤什期望咨询服务组能够采用结构化的步骤来加强利益相关者管理（如图 2 所示）。

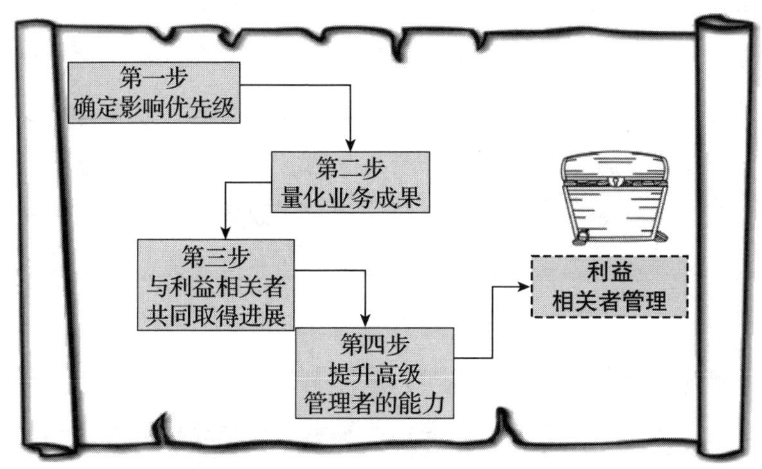

图 2 强生咨询服务“藏宝图”——优秀利益相关者管理

资料来源：经强生公司授权转载，2021 年 2 月。

第一步是对影响进行优先级排序。这一点至关重要，因为团队资源有限，并且在皮尤什过往业务视角的加持下，团队必须始终保持整个企业的大局观。

图5展示了稳健的利益相关者地图模型，团队得以深入了解强生内部的复杂网络，并据此判断项目的影响面有多广泛。2018年，咨询服务组识别出12名关键利益相关者，他们被视为劳动力分析执行委员会，小组收集了他们每个人对接下来一年的工作优先级排序。随即，整个团队一起来评审这些优先级，并起草了一份涉及多个部门和覆盖整个公司的项目清单。在接下来的一年，劳动力分析团队把70%的时间和精力都投在这些项目上，而剩下的30%预留给其他需求。这种选择是基于业务影响来权衡的。

这种方法引起了一些艰难的讨论，但对于那些旨在满足业务需求的项目，在有了明确的约定和承诺之后，整体进展更加顺畅：人们获得了一些关键的信息，包括明确知道哪些项目一定会完成，相信团队会在他们需要时提供支持，并且认识到团队整体的工作量是有限的，因为他们还要关注更加广泛的业务。这一约定也为劳动力分析团队提供了保障。每当某些部门要求团队完成更多任务，或者去开展其他方面的分析工作时，皮尤什和咨询服务组就会介入协调：如果我们接下这项新需求，就需要对一些之前承诺过的工作做权衡取舍。这说明，咨询式的思维模式是利益相关者管理的核心。

现在，团队来到了第二步：量化业务成果。以相关的、基于实证的方式量化业务成果，要始终强调业务优先级的需求和与利益相关者的合作。当咨询服务组要解释为什么选择这个项目而不是另一个项目的时候，这种工作方式会让他们的沟通更有分量。

起初，咨询服务组试图预先评估每项工作的业务成果。这种方法在日常工作中很有效，但在处理大型项目时，团队会向财务等其他业务部门的同事寻求帮助，以获得更准确的估计。例如，项目启动之前，劳动力分析团队评估一国员工留任项目的价值时，如果与财务部门一起组队，就意味着能够推算出员工流失会带来多少业务影响的量化评估结果。拿到明确的投资回报率和潜在效益评估之后，该团队就能够快速明确为何选择这个部分对所有利益相关者来说是价值最大的，并因此获得各业务部门对人力资本分析的信赖和认同。

第三步是与利益相关者共同取得进展。为了持续跟进并与利益相关者保持联系，咨询服务组创建了一个色彩鲜明的 RAG 图标①，以实时追踪与各利益相关者的关系。这种方式高效地集中了团队的注意力，他们可以轻松地辨认哪些利益相关者需要额外的支持。此外，皮尤什每季度都会与 12 名关键利益相关者开展执行委员会会议，持续沟通哪些项目正在推进、哪些暂时被搁置，以及还有什么新想法。

第四步是提升高级管理者的能力。在首席人力资源官的支持下，皮尤什与公司 C 级高管及他们的直属团队一起合作，在 18 个月内完成了基本的人力资本分析能力建设，并通过基于事实的人力决策为业务创造价值。

凭借对公司最高层利益相关者的出色管理，劳动力分析团队持续通过人力资本分析为业务提供真正的价值。皮尤什对此说道："新冠疫情大流行是对我们利益相关者管理能力强弱的一场真正考

---

① RAG（红色、琥珀色、绿色）图标是项目管理中用来指示工作特定元素的进展或当前状态的一种方法。通常，这些颜色对应于标准的交通信号灯，使用户能够一目了然地知道哪些元素是"进行中"、"需要关注"或"停止"。

验。与所有企业一样，我们需要以迅雷之势做出反应。由于我们已经与关键利益相关者携手同行，我发现这不仅使我们能够以周为频率倾听员工情绪，而且几乎能够实时响应他们的需求，这让我们的工作大为改观。”

关键提示

跟着利益相关者“藏宝图”走，解锁人力资本分析宝藏！

利益相关者 2：人力资源领导者

任何人力资本分析工作都需要引入人力资源高管，尤其是首席人力资源官及其直属团队，这是至关重要的。这个团队可能会对人力资本分析团队提出最高的要求，了解他们的工作和目标是关键。

就工作本身而言，如果每个环节都能有高级人力资源领导者的投入，这将是人力资本分析的宝贵资产。当需要争取投资时，他们可以提供准备业务价值论证的建议。高层领导者甚至可以提供预算。当需要适当沟通时，他们可以化身为支持者和倡导者。当落地实施解决方案时，他们也可以指导工作并提供变革管理建议。

首席人力资源官自身也应该是人力资本分析团队的有力支持者。往小处说，他们是非常重要的客户；而往大处说，他们是老板和投资者。除了汇报关系，首席人力资源官还能深入了解企业和组织文化，以及人力资本分析在业务中扮演的重要（或不重要）角色。

作为 C 级高管的一员，首席人力资源官可以接触到高级业务负责人，并了解到其他重要业务信息，这些都可能影响或加速关键的人力资本分析工作。最后，一位全力投入的首席人力资源官还能支持最终成果的落地。

案例研究“菲斯曼集团——成为一名分析型首席人力资源官的价值”描述了一位与众不同的高级人力资源领导者斯蒂芬·布斯。他在利用数据、产出洞见以解决复杂问题方面很有见地。该案例的核心经验是：分析型思维模式是人力资源的未来。

案例研究

菲斯曼集团——成为一名分析型首席人力资源官的价值

分析型思维模式现在已经成为人力资源成功的先决条件。2015 年斯蒂芬·布赫（Steffen Buch）对此便有清晰认识：“我想摆脱人力资源部门常见的‘直觉’方法，即人们会说‘我觉得我们应该做什么’，却没有实证来支撑自己的想法。”那一年晚些时候，斯蒂芬迈出了开发分析驱动型人力资源（analytics-driven HR）模块的第一步，最开始是收集基本数据和确定关键绩效指标（KPI）。但是他的终极愿景是领导一个以分析为核心的人力资源组织。

斯蒂芬于 2017 年加入菲斯曼集团[①]，担任人力资源高级副总裁，负责人力相关的所有事务。最开始，斯蒂芬认为人力资源部门能够为其他部门提供管理支持，这一点比别的都重要：“我想改变游戏规则，并且要非常迅速地做到这一点。对我来说，人力资本分析是一个即使资源有限也能做出一番成就的完美领域。”作为一个具有商业头脑的人，斯蒂芬有着强烈动机去帮助企业在市场上取得成功，并坚信人力资本分析可以使企业脱颖而出。

① 菲斯曼集团是世界领先的供暖、工业和制冷系统制造商之一。总部位于德国阿伦多夫，截至 2017 年，该公司在 86 个国家拥有 12 000 名员工。

在建立人力资本分析部门时，斯蒂芬一直在寻找三个重要的胜任力：分析理解能力、商业敏锐度和心理学理解能力。斯蒂芬聘请马克·克里斯蒂安·施密特（Mark Christian Schmidt）加入他的团队，担任人力资本分析部门主管，他解释道："虽然马克当时从事的是完全不同的工作，但他展现出了上述三种能力。"

这两位领导者会面讨论了人力资本分析如何改变菲斯曼集团的游戏规则。如果要在整个公司建立数据驱动的人力文化，他们首先要回答的问题是：人力资源部门如何才能既自上而下又自下而上地开展工作？斯蒂芬说："如果把企业想象成一条河流，有许多小溪流入或流出，我们希望将人力资源部门置于这些小溪交汇的中心。我们希望关注业务，向员工提供服务，并在过程中借助分析来影响整条河流。"

斯蒂芬和马克开始考虑自下而上的方法：如何对员工产生影响。通过相关数据，他们发现：在已经离职的菲斯曼员工中，近50%的员工离职决策的重要驱动因素是"缺乏职业和个人发展"。考虑到个人发展可以提高满意度并吸引高潜力人才，领导者认识到了个人和职业发展将对员工产生巨大影响，激励他们产生在公司建立长期职业生涯的动机。

与此同时，菲斯曼集团的联席首席执行官兼第四代创始人马克斯·菲斯曼（Max Viessmann）正在为公司制定新的战略。他在与斯蒂芬讨论时提出了一个问题：我如何知道是否找到了"对"的人来实现这一战略？这个问题和随后的对话让斯蒂芬意识到，员工发展和职业提升都是一个自上而下的话题。他找到了小溪的交汇点（见图3）。

斯蒂芬和马克斯意识到，利用人力资本分析技术，他们可以建立一个可扩展的系统，以应对来自河流两个方向的发展、技能

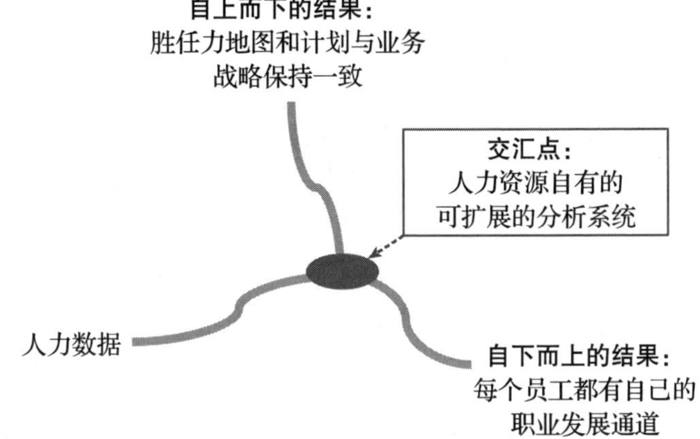

图 3　菲斯曼集团希望将人力资源置于人力数据的交汇点

资料来源：经菲斯曼集团授权转载，2020 年 11 月。

和战略层面的挑战。改变“游戏”的将是一个由分析驱动的胜任力模型，它由人力资源部开发，最终归属于员工。如果想要让这项工作产出有用的产品，就需要开展复杂的分析项目，以确定其中的组成部分。斯蒂芬记得意识到这一点的那一刻：“监事会认为这是人力资源部要做的事情——定义实现战略所需的胜任力，并帮助员工和公司战略共同成长。”

斯蒂芬回忆道：“我怎么知道热泵开发领域需要哪些能力？我不是工程师！但我不能去问工程师，因为他们也不一定知道未来会发生什么。”斯蒂芬意识到，他需要一个分析系统，既能汇集在职员工、高管及管理者的信息，又能参考外部研究对未来工作的预测。

人力资本分析团队还结合发展规划、过往绩效、战略和当前技能组合信息，绘制出了菲斯曼首个胜任能力模型。这是一个跨职能共创的产品，凸显了人力资源部在小溪交汇处的位置，并且对每个人都很有用：员工喜欢它，因为它能帮助他们看到未来；

管理者需要这些数据来与员工进行良好的对话；而高管则希望了解职业发展如何帮助企业实现战略目标。

该平台在内部被称为“ViGrow”。ViGrow 从“工卡”中提取数据，这些数据详细记录了员工职位、薪酬、培训记录和反馈。截至 2020 年，平台已经提取了 4 000 多张工卡数据，占菲斯曼集团职位总数的 1/3 以上。ViGrow 正在成为既定系统，服务于以技能为基础的带教计划、个性化培训和新绩效评估。

ViGrow 的广泛数据提供了一个整体概览，在里面能够看到基于业务目标的全景信息，包括发展、成本、技能差距和战略方向等各个方面。斯蒂芬坚信 ViGrow 正是他一直寻找的分析系统，它将人力资源带入了一个数据驱动的世界，员工和企业都受益于此。

斯蒂芬还意识到，要想做到分析驱动，就得自始至终做好沟通和利益相关者管理。“变革管理和实施不是在真空中进行的，”斯蒂芬补充道，“因此，我们将 50% 的时间用于人力资本分析的开发，另外 50% 的时间用于利益相关者管理和沟通。收集反馈意见和分享我们的想法只会激发更多的想法，例如当我们为 ViGrow 给出使用案例时，只会使平台变得更强大、更有用，无论是自上而下还是自下而上，都是如此。”

通过演讲、全员大会和全球路演等细致缜密的活动（见图 4），世界各地的员工都能参与到 ViGrow 的发展中，并为之做出贡献。斯蒂芬的足迹遍布中国、土耳其和美国等多个国家，在三个月的时间里，他收集了近 25% 的员工的意见，并与他们进行了互动。

除了与马克斯持续对话，斯蒂芬还致力于获得整个企业高管的支持。通过让他们渐进地、反复地深度参与，斯蒂芬得以研发

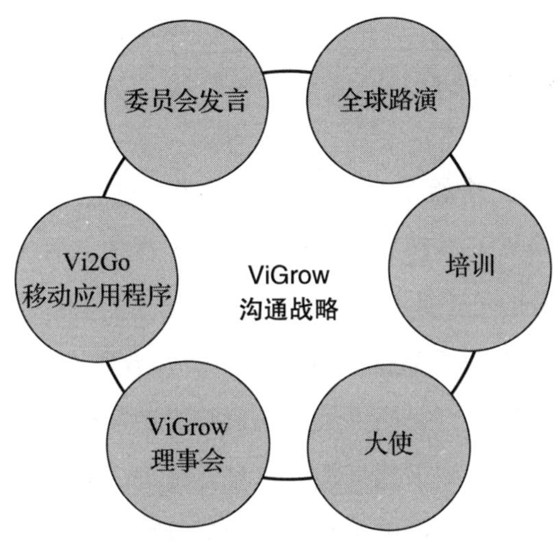

图 4　维斯曼集团 ViGrow 沟通战略的要素

资料来源：经菲斯曼集团授权转载，2020 年 11 月。

出一系列原型和模块，直观地展现人力资源部意欲解决战略问题的决心。

工卡和职业档案是员工发展的核心，从群体汇总层面来看，它们也是高管制定决策的基础。ViGrow 是一个以结果为导向的、由人力资源部门管理的超级平台，它建立在简化的流程基础上，使员工个人和企业都能从中受益。

但比产品更重要的是，斯蒂芬坚信要建立一种人力资源文化：围绕自上而下和自下而上的优先级，并以分析为基础的文化。人们常说，获得首席人力资源官的认同很重要，但更关键的是让他们参与到推动数据分析的过程中。

关键提示

大胆尝试，基于分析去思考，让利益相关者参与进来，那么剩下的事都很简单！

利益相关者 3：管理者

我们可以从三个视角来考虑“管理者”这类利益相关者：管理者、员工和消费者。本部分主要讨论第一个视角，后文将会讨论第二个视角，本部分的员工体验维度将讨论第三个视角。

企业的所有管理者都越来越希望借助人力资本分析来管理团队、提升个人和团队绩效，并提供关于他们自身的洞察。因此，管理者通常对人力资本分析的结果感兴趣，这也是情理之中的事。这些利益相关者需要接触数据，获得更多有利于他们管理员工的相关洞见，也需要时常寻找更专业的方法来指导员工个体在组织中获得更大的成就、有更好的表现。

在为人力资本分析项目收集意见时，几乎不可能让所有管理者都参与进来。因此，一个可行的方案是召集一部分管理者作为“管理者代表小组”，让他们成为给人力资本分析团队提供输入、洞察和反馈的主要群体。另一个方案是通过员工倾听技术或文本分析来收集反馈，详见本部分的数据维度。

利益相关者 4：员工

作为利益相关者，员工的作用非常重要。归根结底，受到人力资本分析工作直接影响的人是员工。我们从三个视角来加以考虑：作为数据来源的员工、人力资本分析相关的员工职业道德和作为消费者的员工。本部分的员工体验维度将展开讨论第三点。

现在，让我们来看看第一个视角：作为数据来源的员工。只有高质量的数据才能实现人力资本分析。数据越多，分析结果便越好。我们已经讨论了不断增长的非结构化数据，以及可以用于收集、管理和分析这些数据的现有技术。借助这个机会，将员工视为数据来源至关重要。关于数据本身的内容会在本部分的数据维度进行讨论，但是员工最关心的话题还是“公平等价交换”。如果员工看到了对他们的好处，接下来他们就更有可能贡献数据。

第二个视角则是员工职业道德问题：伦理和隐私问题。我们已在前面的治理维度的案例研究“劳埃德银行集团——伦理之重”对此进行了详细讨论研究。关键在于要让员工参与制定人力资本分析的伦理规范。这样的话，他们就更有可能参与到数据收集的情境中，无论是主动的还是被动的。这也是埃森哲在其2019年的研究中提到的“信任红利”（Shook，Knickrehm and Sage-Gavin，2019）。

管理如此多元化的全体员工是一项复杂工作。前沿的人力资本分析部门会结合多种方法，包括焦点小组、正式的“员工代表团队”、使用调查和文本分析来进行主动数据收集，以及越来越多地通过公司协同系统来进行被动数据收集。

利益相关者5：职能部门利益相关者

与运营或职能部门合作带来的价值是无价的，比如营销、财务、法务、基础设施和IT部门，因为这些职能部门利益相关者在他们的领域都很专业。高效的伙伴关系总能让人力资本分析工作做得更好。

从各方面来看，都应该让职能利益相关者参与进来：确定项目的范围并了解项目对业务的影响，推进遇到问题的项目，以及在特定领域提供支持，比如创建伦理章程（法律领域）、投资案例或投资回报率模型（财务领域）。

正如本部分数据维度所述，这些利益相关者尤其可以成为数据共享的来源。我们信奉“共享的数据就是力量”的原则，这一原则最好能拉着其他职能部门的同事共同维护。

作为职能部门之一，确保人力资源部门并不会局限于人力资源议题，将极大促进人力资本分析工作，并带来更有影响力的产出。为此，与这些职能利益相关者合作至关重要。

利益相关方 6：技术和数据所有者

与这类利益相关者会面时，通常能够涌现出新的想法。技术和数据所有者，比如 IT 部门、企业分析团队和签约的供应商等，他们肯定有对整个企业的技术和数据的访问权限与深刻理解。

对于获取和存储人力数据而言，技术人员和数据拥有者是不可或缺的。认真听取技术人员和数据拥有的建议，比如他们关于如何获得自动分析的解决方案的推荐，以及在采购新工具和技术上的帮助，可以提升人力资本分析的效率和产出结果。

我们的建议是：尽可能地对新技术和新数据源保持开放态度。正如本部分的技术维度和数据维度所述，可以将人力资本分析提升到新高度。与企业或专门的 IT 和分析团队保持紧密的沟通与合作关系，将使人力资本分析团队迅速响应请求，并长期紧跟技术市场的趋势。

利益相关者 7：工会与员工团体

出于监管或法律原因，人力资本分析有时必须涉及工会与员工团体。即使不是出于这种原因，让这些利益相关者参与进来也是非常值得的，因为他们可以提供有效的建议，让分析项目更加恰当，并在工作完成后协助进行员工沟通。

如前所述，作为集体性利益相关者，他们尤其能够帮助收集关于劳动力的意见。工会与员工团体在困境中也能发挥重要作用。他们能够主动处理难以解决的议题并有效应对错综复杂的方面，在跨多国运营时，凭借对当地文化和法规的深入理解，还可为企业提供宝贵的支持。

制订利益相关者计划

绘制利益相关者分析图是一种用于帮助确定需要与哪些利益相关者取得联系最为重要的方法。绘制完成之后，利益相关者分析图能够为企业在与利益相关者的会面频率、会面原因以及会面主题等方面指明方向。

绘制利益相关者分析图主要分为两个步骤：

列出利益相关者 从组织层面的分析开始，凡是能够助力人力资本分析做出业务价值的利益相关者，都可以列出来。上面七类利益相关者都要关注。要大胆，不要有选择性。这一步是列出个体，或者至少列出这些重要角色，即使还不知道他们具体是谁，叫什么名字。

如果有所遗漏，或者七类利益相关者中有一个类别是空的，又或者对某个利益相关者属于哪个类别有任何疑问，可以让同事或人力资源领导者帮忙看看这份清单，向他们寻求指导。另一个可选方案是以团队的形式来完成这项工作。因此，这是一张源自集体努力的人力资本分析利益相关者分析图。

确定重要性的优先级 第二步是确定清单的优先级。为此，我们使用“靶心”方法。将目标视为一系列同心圆或七边形——这就是我们说的利益相关者分析图（见图 5）。

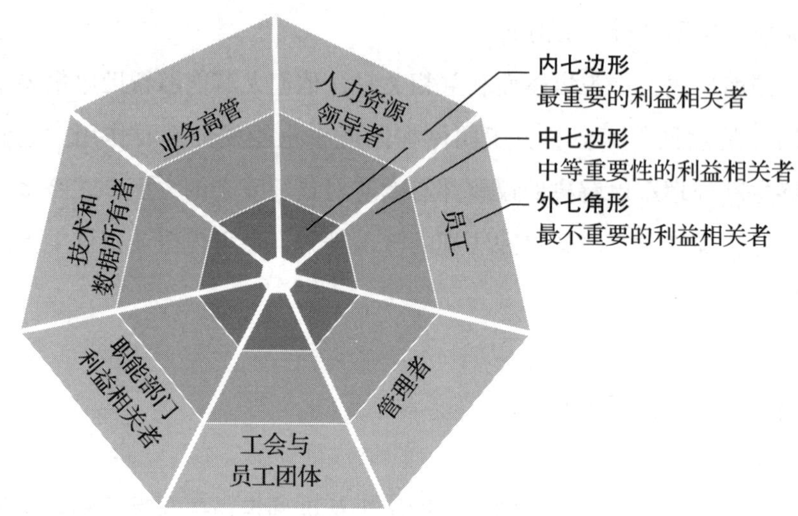

图 5　利益相关者分析图

将分析图放在手边，讨论并决定每个已确定的利益相关者的重要性：考虑到如何使人力资本分析创造更大影响力和做出更大的价值，他们处于什么程度的重要性。接下来，将他们排列在分析图上，最重要的放在内环，最不重要的放在外环。如果使用七边形图，就可以立即看出是否缺少一些类别，或者某个类别中是否有太多的利益相关者。

该图直观地展示了应触达的利益相关者，以及与他们接触的顺序。它是一份动态文档，帮助人力资本分析创造价值。

在这个活动收尾时，我们可以得到一份完整的利益相关者分析图，所有需要的利益相关者都被识别出来，并且根据他们对人力资本分析或某个相关项目的重要性进行排列。这有助于理解业务优先级，其中根植于利益相关者所讨论的内容，详见本部分的方法论维度。

利益相关者分析图绘制完成后，就可以开始组织与利益相关者的会议。利益相关者会议是一个能够确定业务优先级、人力资源优先级、当前人力资本分析工作做什么以及成功的衡量标准的理想机会，也是一个向领导者宣贯人力资本分析潜在和实际业务优势的好机会。

在安排与业务高管的任何会议之前，很重要的一点是了解关于此人的更多信息，包括他的业务目标、在这家公司的工作经历。如果是刚任命的高管，还需要了解他之前的任职经历。

与任何类型的利益相关者会面，都会是一次非常令人兴奋且收获满满的经历。案例研究“先正达——业务利益相关者对成功至关重要”就是一个强有力的例子。该案例的核心经验是：倾听业务利益相关者的意见是成功的基础。

案例研究

先正达——业务利益相关者对成功至关重要

2018 年 12 月，一个阴冷潮湿的日子，几乎是英国一年中白昼最短的一天。阳光勉强透过云层照下来，我们庆幸于当天没有下雨。这一天让人格外难忘，因为我们正在与马杜拉·查克拉巴蒂（Madura Chakrabarti）进行视频会议，讨论她在先正达[①]的新角色。马杜拉此时在瑞士巴塞尔，当时她刚到瑞士一个月，处于担任全球人力资本分析主管这一新职务的初期。

我们正在讨论如何制定她的人力资本分析的使命和目标。凭借作为前顾问和研究科学家的多年积累，马杜拉擅长通过收集信息使业务战略逐渐成形。

“在最初的 30 天里，你会见了多少业务利益相关者?”

她的回答让我们大吃一惊。马杜拉早期的讨论重点是收集整个人力资源部门的输入，并会见了许多人力资源业务合作伙伴和

① 先正达是全球作物保护产品的领导者，也是世界上最大的种子开发商之一，总部设在瑞士巴塞尔。公司于 2000 年由诺华农化公司和先正达农化公司合并而成。该公司 2019 年的销售额为 136 亿美元，在全球 90 个国家和地区拥有 28 000 名员工。

专家中心（CoE）[①] 的领导者。她的讨论为她提供了大量信息。然而，我们不禁感到她在数据收集方面缺失了一个宝贵的部分，因为直到那时，她还没有会见过任何一个业务利益相关者。

我们探讨了从广泛的利益相关者光谱，特别是从业务领导者中获取洞察的重要性。马杜拉对此进行了深入思考。

我们的下一次对话是在 2019 年 1 月。这一天同样令人难忘，当阳光照进窗户的时候，我们开始了视频会议。马杜拉再次从她位于巴塞尔的办公室接入会议。

“在过去的 30 天里，我会见了大约 15 位业务高管，”她感叹道，“与这些业务高管的深度对话让我兴奋不已。这改变了我的视角。与人力资源领导者对话让我深入了解了公司内部情况，而现在倾听那些对业务盈亏负责的人，又给了我一个全新的、不同的视角。”

到目前为止，马杜拉的“首个 100 天”[②] 计划已经过去了 2/3，在业务、职能、IT 和人力资源专业人士和领导者的广泛参与下，她形成了人力资本分析战略。

“与业务高管的对话让我对先正达有了更深的了解，”马杜拉解释道，“他们向我讲述了关于自己业务的故事。一位高管谈到了我们在南美的业务。他说这项业务不仅支持了当地农场主，也与市政府合作实施了高效的培训项目。他还谈及寻访稀有人才是多么富有挑战性，因为这样的人才既要精通作物科学，又要能够与

---

① 专家中心是为某一重点领域提供领导、最佳实践、研究、支持和培训的团队或实体。通常指在学习、人才招聘、奖励等专业领域具有专长的人力资源职能部门。——译者

② 富兰克林·罗斯福（Franklin Roosevelt）在 1933 年 7 月 24 日的一次广播讲话中使用了“首个 100 天”这一术语。在这一时期，美国通过了 13 项重要法律。从那时起，总统任期的前 100 天开始具有象征意义，被视为衡量总统早期成功的一个标准。此后，“首个 100 天”这一术语被广泛用于多个领域，包括商业领袖在就任新职时应当做的事情。

地方政府良好合作。深入了解他们在世界各地真正产生影响的细节，这令我感到振奋。这些帮助我理解了先正达是如何改变人们的生活、促进农民增收致富、助力企业发展壮大的。”

此外，马杜拉还谈到了热爱：“业务高管与人力资源或其他职能领导者的热爱有所不同。他们对业务的看法是不一样的，我从这些对话中获得了极大的动力去助力他们，这也影响了我的思维方式。”

马杜拉将对话总结为四个主题，这些主题都集中在业务成果上（见图6）。她惊呼：“战略几乎是自发形成的。”

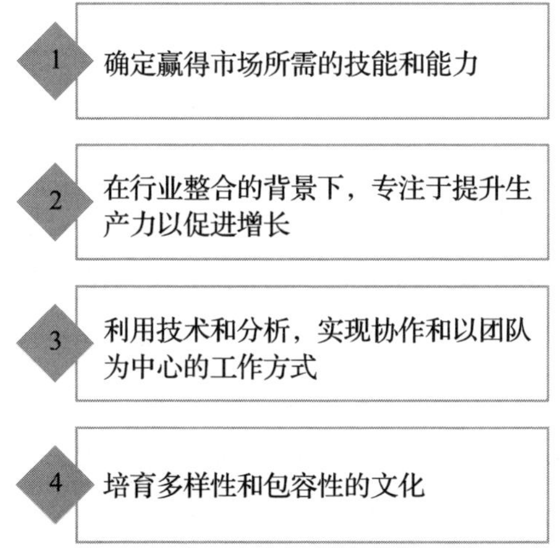

图6　与先正达业务高管这类利益相关者讨论后得出的人力资本分析主题

资料来源：经先正达授权转载，2020年4月。

2019年2月，随着“首个100天”计划接近尾声，马杜拉试图巩固她的人力资本分析战略。她与人力资源领导团队（HRLT）会面，以确保获得对该战略和优先主题的支持。领导团队对投资人力资本分析职能感到非常兴奋，因为马杜拉列出了业务高管所期待的主题，还列出了哪些主题得到了人力资源领导团队的认同。

马杜拉让人力资源领导团队参与实时投票，以确定主题的优先级排序。她不仅获得了对人力资本分析战略的支持，还展示了实时分析在确定优先主题方面的力量。尽管只是一个小团体，这种即时投票却清晰地表明：通过收集数据并让员工参与到解决方案中，是激发行动的有效方式。

同年 3 月，马杜拉制定了“业务第一”的人力资本分析战略，并得到了人力资源领导层的全面支持。“最后，我在‘首个 100 天’计划里会见了大约 70 位专业人士和高管。这些都有助于我制定战略，尤其是 15 位业务高管为我提供了关于先正达业务运营方面最重要的洞察。”

回顾“首个 100 天”计划，马杜拉反思并分享了她的学习心得。

“我已经在人力资本分析领域工作多年，我了解市场，也与各个行业的供应商和客户打交道，”她反思着，停下来回忆她之前的生活，“在加入先正达的最初三个月，我学到的最宝贵技能就是‘倾听’。”“我学会了如何倾听而不是反应。我学会了如何提出有见地的开放性问题，然后吸收故事内容。只有这样，我才能提炼出主题。倾听是最伟大的技能。”

在先正达的人力资源领导者和从业者的对话中，马杜拉发现能够学到非常有用的东西。“当然，不能仅仅与业务高管对话，或者只倾听业务高管的意见，因为我还需要去影响人力资源议程，以推动变革。因此，与人力资源业务合作伙伴和专家中心领导者的交谈也至关重要。正是与不同利益相关者的组合对话，让我在最初几个月收获颇丰。”

当问及如何总结她的“首个 100 天”计划时，马杜拉陷入了沉思。最后她这样回答：“倾听、诊断问题、利用‘新人牌’的优势尽可能多地提问、引入外部视角、制定自己的战略、对变革保持灵活性，并且在与高管对话时要勇敢。”

关键提示

倾听业务利益相关者的意见，让人力资本分析工作聚焦业务成果。

小 结

与利益相关者有效合作是人力资本分析中最重要的活动，它能够为职能及其工作确定方向。我们可以采取全面周到的方法来管理利益相关者，具体做法如下：

- 与利益相关者会面，清楚了解他们的需求，这是人力资本分析职能发展或转型的第一步。
- 与所有七类利益相关者互动。
- 列出公司所有相关人员的名单，按高、中、低优先级对他们进行排序，从而建立有目的性的利益相关者分析图。
- 在与利益相关者会面之前，要了解他们的工作和风格等。
- 提出好问题，并记住要广泛倾听业务利益相关者，这会影响人力资本分析工作，且有助于建立长期成功所需的关系。

维度四：技能

在本章，我们将探讨人力资本分析所需的技能，审视人力资本分析领导者和语言转换者（translator）[①] 的特定角色，以及成功所需的运营模式。

探索……

- 成为人力资本分析领导者需要具备的技能与承担的责任；
- 为了实现价值而规模化扩展人力资本分析规模的运营模式；
- 为什么语言转换者能为成功带来更多机会、赋予更清晰的图景。

这些洞察来自……

- 渣打银行（Standard Chartered Bank），关于人力资本分析的团队领导者；
- 美国第一资本金融（Capital One），关于规模化扩展人力资本分析的团队规模；
- 皇家加勒比游轮（Royal Caribbean Cruises Ltd.），关于优秀语言转换的重要性。

---

① “translator”一词通常指的是专业译员，但在本章，其含义并非指不同语言之间的翻译，而是指将人力资本分析的专业语言与业务问题之间的话语体系相互连接，确保双方在沟通过程中能够相互充分理解。因此，在本部分的语境下，“translator”被理解并翻译为“语言转换者”。——译者

概 述

技能

作为九大维度之一，技能侧重于人力资本分析团队本身。它探讨了人力资本分析领导者自身所必须具备的技能和承担的职责、团队的运营模式，以及将业务和人力资源语言与分析语言相互转换的关键技能集。

过去几年，人们对人力资本分析需要具备的技能进行了广泛讨论（Marritt，2014；Andersen，2016；Sharp，2019）。《HR 的分析力：人力资源数据分析实践指南》（Guenole，Ferrar and Feinzig，2017）提出了成功所需的六大技能（见图 1），我们认为这仍然是人力资源高管在建立和发展人力资本分析团队时应当参考的一个简明模型。

商业敏锐度
- 财务知识
- 政治敏感度
- 内部认知
- 外部认知

咨询
- 定义问题
- 提出假设
- 项目管理
- 设计解决方案
- 变革管理
- 利益相关者管理

人力资源管理
- 人力资源子模块
- 人力资源各模块间的相互关系
- 国际化人力资源
- 隐私与伦理
- 人力资源“第六感”

工作心理学
- 工业心理学
- 组织心理学
- 研究设计与分析

数据科学
- 定量技能：数学和统计
- 计算机科学：数据库和程序
- 数据认知

沟通
- 讲故事
- 可视化技能
- 书面沟通
- 演示
- 市场营销

图 1　成功所需的六大技能

资料来源：Guenole，Ferrar and Feinzig (2017).

尽管成功所需的六大技能广泛适用于所有人力资本分析团队，但在价值阶段，新兴的其他技能正在出现（详见本书第一部分“为什么要做人力资本分析”）。

例如，一些技能已经涉及数据工程方面的深层技术专业知识。虽然这些大体上属于“数据科学”的技能集，但我们注意到，一些领先的实践已经在根据需要招聘具有认知科学和人工智能专业知识的人才了。

越来越受重视的技能集也体现在治理领域的角色上，包括负责伦理、数据隐私、数据管理和风险管理框架的应用等。例如，在一些公司，数据监督已经成为人力资本分析部门的职责，我们将在本部分数据维度的案例研究“汇丰银行——管理数据，提升业务价值”中看到这一点。

微软也分享了一个例子。人力资源业务洞察总经理道恩·克林霍弗（Dawn Klinghoffer）在 2019 年的一篇文章中解释道，“我们之前就意识到，在团队中设立一名隐私管理员，对我们的成功至关重要。他的工作重点是保障人力资本分析的数据隐私和安全，并与微软人力资源之外的其他领域协同使用人力数据”（Green，2019）。

人力资本分析团队的最后一项新技能，是与人力资本分析产品化相关的技能。在企业内部规模化扩展解决方案时，掌握以人为本的设计、用户体验设计（UX）[①] 和专业产品管理技能，意味着人力资本分析团队能够更有效地实施更具影响力的解决方案。本章后续将把这些技能作为人力资本分析新运营模型的一部分进行探讨。

尽管上述所有成功的六大技能和新技能都很有价值，但在谈论技能和角色时，我们将重点着墨于我们认为对人力资源领导者最重要的

① 这是在数字和移动时代发展起来的一套特定技能，设计师利用这些技能来了解人们与数字流程、移动设备和桌面设备的交互体验。

三个主题。它们分别是：

1. 人力资本分析领导者——人力资本分析领导者最需要的六大成功技能（见图 1），以及该角色的关键职责。

2. 人力资本分析的运营模式——如何组织人力资本分析团队以最有效地大规模实现价值。

3. 语言转换者——这是近几年出现的一种专业角色，在人力资本分析中的作用日益重要。

人力资本分析领导者

在过去几年的研究中，以及与企业领导者和人力资源高管的对话中，我们得出一个结论：拥有一位能够“完成任务”的有能力的领导者是人力资本分析团队最重要的要素之一。这是成功与不成功的人力资本分析团队的关键区分点（Green，2017）。

我们与许多人力资本分析领导者就这一话题进行了深入研究和讨论，还与一位经验丰富的领导者就相关的具体问题合作撰写了两篇文章（Green and Chidambaram，2018），得出了人力资本分析领导者应该承担的关键职责：

1. 建立并领导人力资本分析团队；

2. 确保伦理、信任和隐私始终是人力资本分析工作的核心；

3. 实现大规模的价值创造；

4. 在整个企业中培养人力资本分析文化；

5. 塑造人力资本分析领域的未来。

我们发现，人力资本分析领导者来自多种背景。传统上，许多研究者，包括我们遇到的几位首席人力资源官，都认为拥有一位数据科学专家或者一位工业 / 组织心理学专家是人力资本分析领导者的关键要求。但我们的观点是，一个由技术人员和科学家组成的团队的领导者，确实应该懂得这些领域的语言，并让他人信赖自己的这些技能。但他们并不一定需要具有这些背景。依据我们的经验，这样的人有可能经常过于"陷入细节"，以至于无法管理好各种类型的利益相关者。

另一个选择是由一位熟悉人力资源职能、懂得如何在需要时争取人力资源领导团队支持的人力资源专家来组建团队。这同样是一种可靠的方法，并且有案例可以证明其合理性。

再者，可以考虑从人力资源组织之外引入一位咨询顾问（"内部"顾问），甚至从专业咨询公司聘请顾问（"外部"顾问）。这将是一位在利益相关者管理和项目领导方面都具有丰富经验的人。这种方法也是可行的。

然而，决定人力资本分析领导者是否成功的最关键因素，并不是其过往经验或最近担任过的职务。

我们基于自身经验和研究所得出的结论是，更重要的因素是技能和汇报线。

人力资本分析领导者的技能

人力资本分析领导者应在某些技能上拥有比其他人更高的专业水平。尤其是在商业敏锐度、咨询和沟通方面（见图 2 中的深色阴影部分）。下文将对这些技能进行概述，并在后续的案例研究"渣打银行——人力资本分析领导者"中进行详细讨论。

商业敏锐度

人力资本分析领导者应深入理解整个企业的核心服务、产品、客户和流程。他们需要能够与各种业务领导者对话，并能够用对方的语言参与到讨论中。

商业敏锐度

- 财务知识
- 政治敏感度
- 内部认知
- 外部认知

咨询

- 定义问题
- 提出假设
- 项目管理
- 设计解决方案
- 变革管理
- 利益相关者管理

人力资源管理

- 人力资源子模块
- 人力资源各模块间的相互关系
- 国际化人力资源
- 隐私与伦理
- 人力资源“第六感”

工作心理学

- 工业心理学
- 组织心理学
- 研究设计与分析

数据科学

- 定量技能：数学和统计
- 计算机科学：数据库和程序
- 数据认知

沟通

- 讲故事
- 可视化技能
- 书面沟通
- 演示
- 市场营销

图 2　商业敏锐度、咨询和沟通是人力资本分析领导者的必备技能

资料来源：Adapted from Guenole，Ferrar and Feinzig (2017).

此外，了解如何高效完成任务，并拥有必要的勇气、胆识、同理心和社交手段的综合素质，也是具备政治敏锐性的基本要素。人力资本分析领导者必须引导其团队正确地避开政治“地雷”，以确保成功。

这需要与广泛的利益相关者建立良好的关系，比如首席隐私官和财务高管等。

最后，强大的财务素养也有助于人力资本分析领导者理解并实现价值，使他们在其他高管眼中成为值得信赖的负责人。

咨询

有时，领导者需要以咨询顾问的身份与某些利益相关者打交道，例如与首席人力资源官甚至首席执行官。在这类情况下，人力资本分析领导者扮演的咨询顾问角色至关重要，并且要能够根据情况运用适当的问题分析技能或利益相关者管理技能，而不是仅仅扮演一个“听命行事”的服务者角色。

此外，人力资本分析领导者还应掌握项目管理技能。他们将负责管理多个项目，需要具备指导团队应对项目领导挑战和变革管理计划的能力。

沟通

人力资本分析领导者尤其应该具备高级的演讲技巧，包括数据可视化和讲故事等专业技能。他们需要向广泛的利益相关者呈现复杂业务情境中的复杂分析洞察，而其中一些利益相关者可能没有什么时间和耐心。

领导者应能够运用多种讲故事的技巧，将复杂的主题整合为有效的故事，并利用这些技巧来激发管理者采取行动。

另一项沟通技能是掌握如何向员工传达人力资本分析的能力。这在传达敏感话题，比如伦理道德和数据隐私的处理方式时非常有帮助。例如，通过发布的伦理章程（见本部分的治理维度）或营销成果，以及推广产品化解决方案时，向员工传达人力资本分析。

人力资本分析领导者在商业敏锐度、咨询和沟通这三个方面所具备的技能和能力，将决定其职能的成败。

人力资本分析领导者的汇报线

理想情况下，人力资本分析领导者最好向首席人力资源官或者其他高层领导者如首席分析官汇报。至少，应当确保此职位向一个与首席人力资源官有直接接触的人汇报。

在人力资本分析领域，汇报线一直是领导者们热议的话题。例如，亚历克西斯·芬克（Alexis Fink）和基思·麦克纳尔提（Keith McNulty）在 2018 年发表的文章中写道："最成功的人力资本分析团队通常能够持续被首席人力资源官或首席人事官看见。在许多成功案例中，人力资本分析领导者直接向首席人力资源官汇报。而当人力资本分析团队被嵌套在不合逻辑的组织架构中时，或者由于团队没有得到对其角色和价值的认同而被像“踢皮球”一样传来传去时，就会感到非常挫败。”

合适的领导者汇报结构，在很大程度上取决于公司的规模和复杂度。在我们的研究中，60 家全球人力资本分析组织中有 22% 的领导者直接向首席人力资源官汇报，而 53% 的领导者向首席人力资源官的直属下级汇报（如图 3 所示）。在后一种情况下，最好的汇报对象是负责战略或变革的高级职位，如人力资源战略副总裁或数字化人力资源副总裁等。

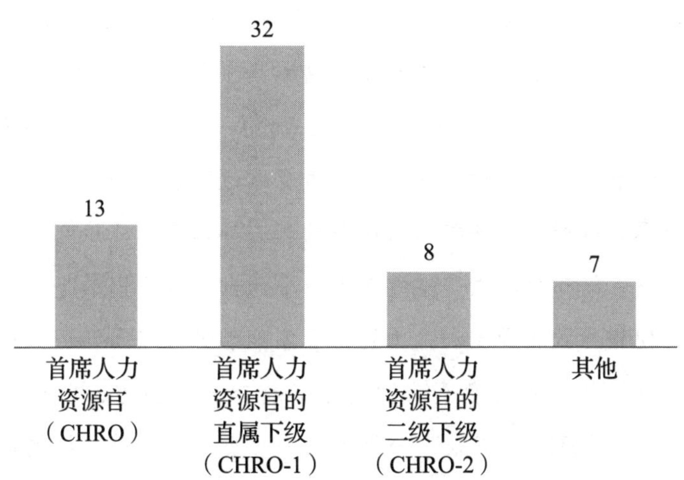

图 3　提问：人力资本分析领导者向谁汇报？（受访者数量：60）

资料来源：经 Insight222 授权转载，2020 年 11 月。

人力资本分析领导者向谁汇报，以及他们与首席人力资源官的接近程度，是向企业其他部门展示人力资源部门对人力资本分析重视程度的最佳指标。

寻找合适的人力资本分析领导者可能需要时间。要在整个企业中推行创新的、全新的分析文化并取得成果，需要一套复杂的技能集和强大的推动力。正如我们在渣打银行的案例研究中将看到的，人力资本分析的雄心壮志取决于其领导者的能力。该案例的核心经验是：一开始就找到“对”的人，非常关键！

案例研究

渣打银行——人力资本分析领导者

渣打银行[①]是全球资产规模排名前50的银行（Ali，2020），也是历史最悠久的银行之一，其历史可追溯到160多年前。渣打银行在欧洲、美洲、亚洲、非洲等地拥有1 000多家分行，共有85 000名员工。渣打银行是一个真正多元化的机构，业务遍及60多个市场，其员工是服务当地消费者和企业的核心力量。

作为人力资源管理团队的一员，汤姆·豪伊（Tom Howie）作为首席运营官，负责管理集团的人力资本运营、风险、商务和人力资本转型，以服务于渣打银行所需的客户导向型人才战略的设计和实施。这一战略的核心是在整个人力资源部门确立以数据为中心的方法，使银行的领导者和人力资源专家能够做出基于实证的决策。

因此，汤姆一直负责人力资本分析职能的转型，以帮助实现这一愿景。“2017年以来，分析团队一直负责根据需求提供员工相关的计分卡和报表。这些报表至今仍然非常有用，我们在印度拥有一支技术精湛的团队，负责将这部分业务落到实处。”汤姆反思道，“然而，我们对分析团队一直怀有更高的期望，希望能为关键业务挑战带来更深入的洞察、高级分析和商业价值。”

汤姆明白，人力资本分析转型一个最重要的方面，是引进一位能够将人力资本分析提升到新水平的领导者：“团队需要一种不一样的方法，我们决定必须从领导者开始：一位经验丰富的、曾

---

① 渣打银行是一家英国跨国银行及金融服务公司，总部位于英国伦敦。

有亲身经历的人力资本分析从业者。”

在开始寻找人选之前，汤姆花了很多时间来精确评估他对人力资本分析职能的具体需求，以及什么样的人选才能在业务中蓬勃发展，并推动企业所需的变革。

“我们花了几个月的时间，仔细考察了我们的业务作为一个整体要取得成功需要哪些条件。”汤姆回忆道。渣打银行的运营结构与大多数竞争对手截然不同，因为它的业务主要集中在亚洲和非洲，总部却在伦敦。这种全球/区域性质的运营结构，是管理整个企业的利益相关者时需要考虑的一个特殊维度。“因此，这一领域的领导者必须能够熟练地管理一大批多元化的利益相关者，并具备强烈的文化意识和敏感性。”汤姆补充道。

经过研究，汤姆明确了他希望人力资本分析领导者拥有的三项关键技能：强大的商业敏锐度、理解业务问题的咨询方法，以及高超的沟通技能。这些技能比仅仅拥有数据分析或技术背景，或仅有在人力资源领域工作的经历更重要。

渣打银行人力资本分析领导者的理想特质（见图4），是基于对研究资料的深入阅读和与业务各领域众多利益相关者的讨论而制定出来的。

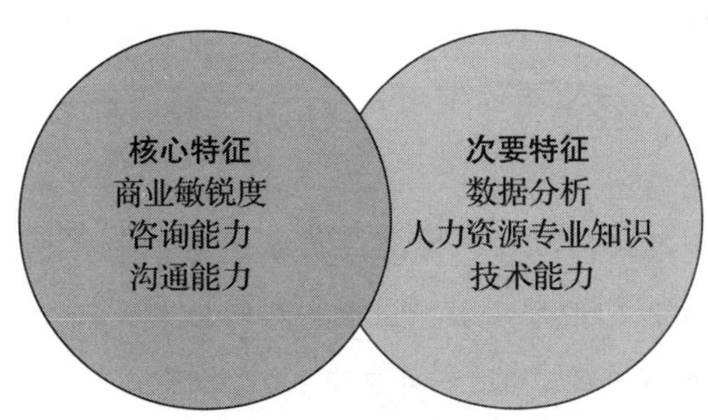

图4　渣打银行人力资本分析领导者的理想特质

资料来源：经渣打银行授权转载，2020年10月。

其中的核心特征是：

商业敏锐度

渣打银行首先要寻找的是那些以客户（即企业本身）为中心的领导者，帮助企业理解人力资本分析为提升业务、职能和工作所带来的价值。实际上，这意味着要寻找一位对财务领域有深入理解、能够自如运用商业语言的领导者。理想的候选人还应在组织内建立并管理利益相关者网络，在人力资本分析领域拥有广泛的资源，并能为组织引入外部的先进实践经验。

"在理想情况下，"汤姆回忆道，"我们要找的人力资本分析领导者应是该领域的领军人物：一个成果丰富的会议演讲者，一个人脉广泛的行业实践者——他是顶尖人力资本分析领导者中的一员。此外，他还应热衷于向他人学习，能将先进的实践和理念带入组织。对于渣打银行来说，我们需要一个拥有丰富业务和商业经验的人，一个曾担任过多种业务角色的人。"

咨询能力

剖析业务问题的能力是渣打银行的核心要求。"我们需要一个能够挑战现有团队、专注于应对业务挑战的人。"渣打银行明确了实现这一目标所需的特定技能：高超的问题分析能力和假设构建能力，强大的与多方利益相关者进行讨论、辩论并深度破译他们观点的能力，以及出色的谈判技巧，能够对众多需求进行优先级排序的能力。

"我们认为，新任人力资本分析领导者能为团队带来最宝贵的价值，将是他们管理广泛利益相关者群体的方式——敏锐细致、坚定不移、协调合作。"汤姆补充道。

沟通能力

鉴于所需的变革规模巨大，这位新任领导者需要精湛的沟通、讲故事和变革管理的技能。“我们知道，一位沟通能力出色的领导者能让工作与每个利益相关者建立联系。”汤姆说道，“我们面临众多任务，而卓越的沟通技巧在与关键利益相关者及其团队的互动中至关重要。这位领导者需要赢得他们的认同和追随，以推动人力资本分析的转型。”

渣打银行希望人力资本分析作为一项职能，能够超越当前的角色，成为高价值、以影响力驱动的业务部门合作伙伴。要实现这一目标，人力资本分析团队需要迈向更高一层——确保复杂的分析解决方案在相关市场和团队中得以广泛实施与应用。这需要通过提高数据民主化程度、提升自助服务水平，并增强业务领导者在使用人力数据方面的能力和信心来实现。

这一整套方法需要一系列完备的沟通技能，其中有些技能简单直接，比如演讲技巧；而有些则较为复杂，比如讲故事和数据可视化技能。解读数据、将其转换为一个故事，并向庞大的利益相关者网络传达，是其中最重要的必备技能之一。

在明确了成功的人力资本分析领导者所需的三个核心特征后，汤姆对找到“对”的人很有信心。经过严格而广泛的搜寻，汤姆及其同事面试了主动投递简历或经专业人员推荐的众多内外部候选人。

汤姆表示，在整个招聘过程中，他特别关注候选人的现有能力和在渣打银行长期发展的潜力：“我们希望找到一个能在未来数年内持续贡献活力、在人力资源部门培养数据驱动型文化的人。这个角色将是我们未来几年制定、衡量和实施人才战略不可或缺的组成部分。”

2019 年 10 月，渣打银行宣布聘用史蒂夫·斯科特（Steve Scott）。史蒂夫之前在另一家大型金融机构引入和实施人力资本分析方面积累了宝贵的经验。他在人力资本分析社群中建立了良好的人脉，并在外部活动中就这一主题多次发表演讲。

史蒂夫在金融服务领域有着20多年的多元化职业生涯，曾担任财务、关系管理、运营、产品管理和商业智能等方面的职位。史蒂夫符合渣打银行和汤姆所寻找的人选标准：他具备以业务为中心的战略思维模式，以及天生的咨询能力和沟通能力。

“史蒂夫首先是一个以客户为中心的商业伙伴，”汤姆回忆道。“他已经结识了大量的利益相关者，并与他们探讨了面临的业务挑战，以及人力资本分析如何帮助解决这些挑战。他已经为渣打银行的人力资本分析制定了令人信服的多年愿景、战略和计划，现在已开始实施。”

到了2021年初，史蒂夫已经改变人力资本分析职能，他开始减少报表需求，转而开发更多针对关键业务挑战的高级分析职责。同时，他与利益相关者共同成立了人力数据与分析委员会（People Data & Analytics Council），让团队能够专注于最重要的议题，推动人力资本分析在整个组织中的发展。

渣打银行正在持续推进职能转型和人才战略实施。它已经证明，“对”的领导者能够带来的变革令人惊叹。汤姆总结道：“史蒂夫正迅速地在整个人力资源部门确立我们前所未有的数据驱动方法。他还与业务利益相关者紧密合作，使渣打银行成为运用人力数据推动业务成果的先驱力量。”

关键提示

人力资本分析领导者最核心的特征是商业敏锐度、咨询能力和沟通能力。

人力资本分析的运营模式

首席人力资源官及其战略和人力资本分析领导者普遍关注的一个议题是：人力资本分析业务所需的组织架构。核心问题是："我应该如何组织我的团队？"以及"人力资本分析的最佳运营模式是什么？"

由于大多数人力资本分析团队正在成长中（见图5），并且人力资本分析是一个相对年轻的职能（见图6），因此存在这些问题并不让人意外。

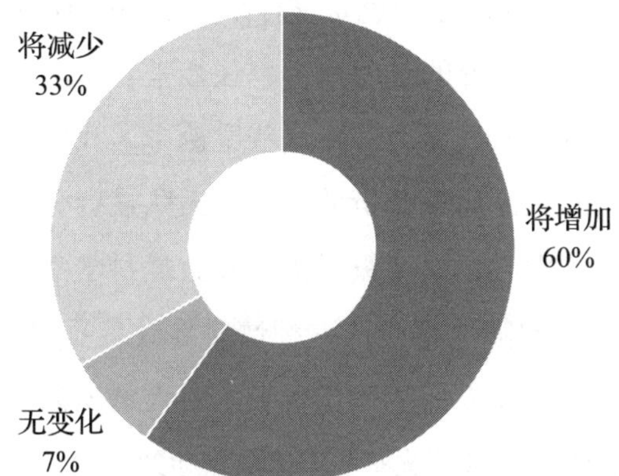

图5 问题：相对于人力资源部门，您的人力资本分析团队在接下来18～24个月内预计规模将如何变化？（受访者数量：60）

资料来源：经Insight222授权转载，2020年11月。

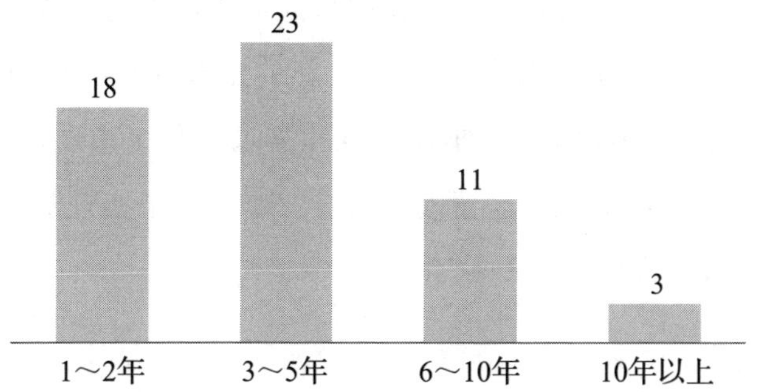

图6 问题：人力资本分析在贵公司的"年龄"是多少？（受访者数量：60）

资料来源：经Insight222授权转载，2020年11月。

本书的研究表明，现有的系统和运营模式并不适合人力资本分析，难以实现业务领导者所期望的价值。

举例来说，我们看到一些团队被“隐藏”在人才管理部门，或者向薪酬福利团队和其他人力资源专家中心汇报。

我们还观察到，在某些公司中人力资本分析团队并非单一团队。在一些公司，与人力资本分析团队相关联的活动通常分散在人力资源、IT 和企业分析等不同部门。正如案例研究“全州——在实践中转型”（见本书第三部分“人力资本分析的下一步”）所讨论的，在团队领导者决定合并分析团队之前就是这种组织架构的典型例子。

团队分散在组织各处的主要原因，往往是首席人力资源官没有充分认识到人力资本分析的潜力。在这些案例中，我们看到他们选择提升报表效率，而非关注高级分析的价值。团队被拆分开来，报表团队通常设在卓越服务中心，而高级分析师和数据科学家组成的其他团队则设在人力资源部的其他部门。这种情况导致数据科学家离开公司，去其他地方寻求更激动人心的工作，加入更大的团队。如此一来，人力资本分析便形成了一种“失望循环”，并导致价值流失。

然而，在其他组织中，我们看到首席人力资源官充分认识到了人力资本分析的影响力和潜力，他们渴望了解如何释放这种价值。

在本部分的业务成果维度，我们将详细描述人力资本分析的价值链。这为人力资本分析提供了一种全新的由外向内、以价值驱动的方法，它需要一种能将客户驱动因素和需求转化为重要成果的架构。图 7 展示的人力资本分析运营模式通过三个引擎来实现这一目标：需求引擎、解决方案引擎和产品引擎。

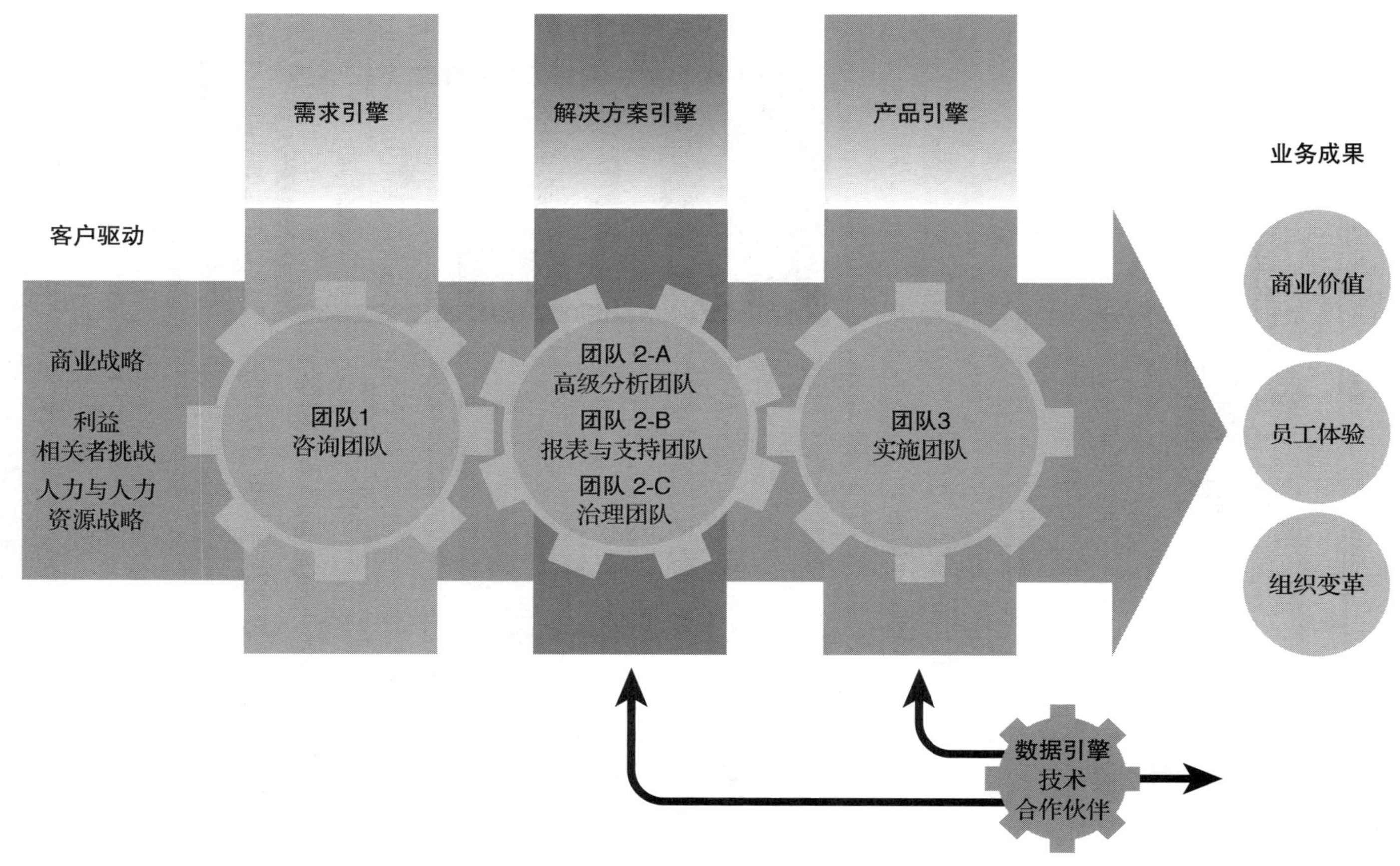

图 7　人力资本分析的 **Insight222** 运行模式

资料来源：Ferrar，Styr and Ktena（2020）.

需求引擎

需求引擎确保人力资本分析工作专注于业务的优先级、挑战和战略。需求引擎的咨询顾问负责理解、优先级排序，并激发对人力资本分析的需求。其工作内容包括：

- 与利益相关者沟通，识别和界定与人力相关的业务挑战；
- 提出业务问题，定义假设；
- 在整个分析项目中，不断让利益相关者评估进展；
- 与利益相关者分享见解，并提出行动建议；
- 与产品引擎合作，规模化扩展解决方案。

需求引擎由具有不同专业水平的咨询团队构成，这些团队可能根据组织的不同，按业务单元或地理区域进行划分（见图 8）。由于业务挑战决定了人力资本分析所需的技能，该团队必备的基本技能包括成功所需的六大技能中的“商业敏锐度”、“沟通”和“咨询”等方面（见图 1）。

图 8　需求引擎

资料来源：改编自 Ferrar，Styr and Ktena（2020）.

解决方案引擎

解决方案引擎通过分析问题、提供见解和管理人力资本分析的治理体系，将客户需求转化为可以规模化扩展的解决方案。如图 9 所示，解决方案引擎分为三个子团队。

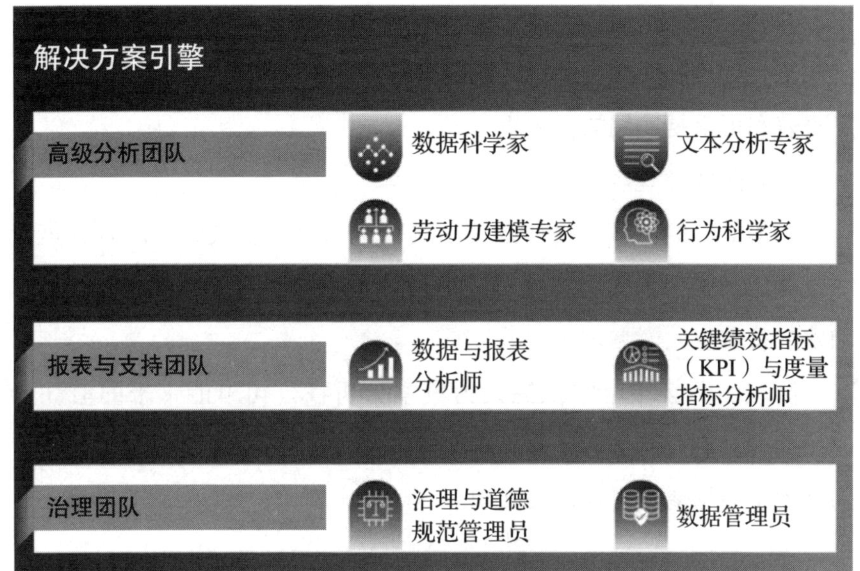

图 9　解决方案引擎

资料来源：Ferrar，Styr and Ktena（2020）.

高级分析团队

与咨询团队合作的科学家和分析师，利用各种数据源，使用最先进的技术对人力相关的复杂业务挑战进行假设检验与方案测试。

这个团队应具备统计、编程、研究设计、劳动力建模和行为心理学等方面的技能，并了解最前沿的数据科学技术。其中一个新出现的特殊角色——文本分析专家，在人力资本分析中变得越来越重要，因为新的非结构化的数据正在增加，这一点我们在本部分的数据维度进行讨论。

报表与支持团队

这是一个由对公司的人力数据、数据结构以及数据元素、数据字典等复杂资产非常熟悉的数据分析师组成的团队。

报表与支持团队应具备构建关键绩效指标和度量指标的专业知

识，并有支持人力资源业务合作伙伴和建设商业智能平台的经验。他们通常会处理临时数据需求（通常来自高层管理者），为利益相关者开发报表和可重复使用的仪表板。

治理团队

如本部分的治理维度所述，这是一个由专家组成的小团队，负责制定和维护整个人力资本分析的治理体系。这个团队对该职能的形态和发展有着重大影响。

治理团队必须牢牢把握人力资本分析在公司可能带来的潜在价值，掌握调解技巧，并了解该领域内法律和技术发展的最新知识，特别是关于数据使用和存储的知识。

产品引擎

产品引擎负责将分析性的解决方案转化为可以使用的产品，并在整个组织中推广实施。其工作通常包括：

- 理解解决方案引擎的分析建议，并将其转化为可扩展的产品；
- 利用敏捷产品管理框架和以用户为中心的设计技巧，构建可持续使用的产品；
- 为实施解决方案部署高效的变革管理计划；
- 评估人力资本分析的影响和价值。

对于大多数人力资本分析职能部门而言，构建产品引擎需要掌握一些全新的技能。该团队的成员并不直接进行分析，而是将科学家、分析师和心理学家的原始数据见解与个体员工、管理者、高管和员工群体的实际生活联系起来（见本部分的员工体验维度）。

由于产品引擎需要的是非典型的人力资本分析技能，比如产品设计、产品实施和变更管理等，因此该职能可能需要引入新的资源。实施团队的关键角色列表见图 10。同样，应该根据业务挑战和人力资本分析工作的需求，合理调整团队的人员构成。例如，某些项目可能需要专业的用户体验设计师或网页开发人员。

成功的人力资本分析涵盖以上三大引擎中所有的技能和结构，并采用由外而内的视角，以便将解决方案规模化扩展至所有员工。上述运营模式的三大引擎方法，应当作为人力资本分析组织架构的指导框架。

美国第一资本金融便是一个例子，它运用了类似的运营模式，成功规模化扩展了其人力资本分析团队的规模。就像我们将在下面这个案例研究中看到的，为了实现规模化创造价值而发展团队，需要同时进行多项工作。这也意味着，人力资本分析领导者需要采取有目的的方法和行动。该案例的核心经验是：招募优秀人才，并让他们充分发挥价值。

图 10　产品引擎

资料来源：Ferrar，Styr and Ktena（2020）.

案例研究

美国第一资本金融——规模化扩展人力资本分析的团队规模

美国第一资本金融[①]的人力战略与分析团队规模在四年内翻了两番，达到近 100 人。到 2021 年初，该团队已被公认为最先进的职能部门之一，能够提供复杂的业务洞察。

管理副总裁、人力战略与分析部门负责人古鲁·塞图帕（Guru Sethupathy）博士从 2017 年起一直在扩大和发展这个团队。

① 美国第一资本金融是美国最大的信用卡发行商之一。该公司成立于 1994 年，总部位于弗吉尼亚州麦克莱恩，在全球拥有近 52 000 名员工。

作为曾经的学院派经济学家和咨询顾问，古鲁还记得首席人力资源官交给他的任务："与人力资源管理高层合作，把人力资本分析打造成公司人才管理的未来和标杆。"

古鲁讲话时总是深思熟虑、旁征博引，展现出敏锐的商业思维。

到目前为止，这个团队的发展之路已经定义出了与业务挑战紧密相关的四项使命（见图 11）。

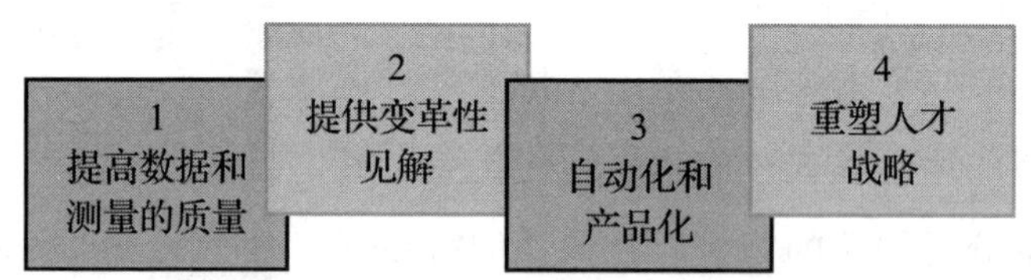

图 11　美国第一资本金融规模化扩展人力资本分析团队规模的四项使命

资料来源：经美国第一资本金融授权转载，2021 年 3 月。

要实现这四项使命的宏伟目标，古鲁面临着巨大的挑战：他需要精心拼凑出人力资本分析所需的多样化技能组合、建立合适的运营模式，并界定他自己作为领导者的角色。完成所有这些工作的关键，在于招募"卓越的人才"。从古鲁的行动顺序中，我们可以汲取一些特殊的经验。

> 我们首先专注于招募数据质量、管理和运营方面的专家，从而在短时间内显著提高了数据质量。当领导者开始"信任数据"后，我们就朝着价值链的更上游进发。于是，我们招募了工业组织心理学家来帮助我们提升测量质量，同时还有数据科学家、统计学家和高级分析专家来提升我们的科学声誉和洞察力。最近，我们还聘用了工程师和产品专家来开发相关产品，以及咨询顾问来领导人才战略。通过这种方式，

我们在价值链上更上一层楼，现在我们已经拥有了一支专注于为整个企业制定人才战略的团队。

“在早期，我要求团队‘只要实用就好’，因为我知道数据能够一直支持他们的工作。”实用带来了利益相关者的高度参与，并且可以利用数据讲故事，从而激发了他们对更高价值的需求。

作为与美国第一资本金融的高级业务与人力资源领导者紧密合作的人，古鲁热衷于发挥影响力，并希望团队中的领导者也能够影响他人。他解释说：“在高级领导团队中，我特别需要那些懂得管理利益相关者和影响高管的人。我们想要在整个业务中有效地发挥影响力，就必须能够影响各类利益相关者。我们有非常多的管理者，能够用他们的视角看世界非常重要。”

如今，这个职能涵盖了一系列技能人才。咨询顾问、商业分析师和战略家从业务中提取问题、得出见解，并提供建议和战略咨询。数据监督员、软件工程师和分析师则负责管理数据生态系统的治理与运营。统计学家和工业组织心理学家提供测量、调查，以及关于组织最佳实践研究的专业知识。“我们的团队拥有多元化的技能，我不能说哪种技能更重要。”古鲁说，“这是自上而下整个团队的努力。”

古鲁接下来面临的一个重大挑战，是将这些人才整合成一个高效的团队。从数据输入系统开始，一直到将见解传递给利益相关者，他的团队需要对整个过程负责，包括基础设施、向技术伙伴和云端存储并迁移数据、将数据与见解进行产品化及授权，以及提供咨询和制定战略。古鲁表示，将这些多元任务整合到一个单一团队是巨大的进步，因为它减少了摩擦，提高了协作效率，也加快了优先级排序和行动速度。

在美国第一资本金融，人力资本分析团队分为咨询、数据、创新和产品几个领域（见图12）。

咨询团队	数据团队	创新团队	产品团队
提取见解和建议，与业务部门协商并让战略逐渐成型	管理和维护数据基础设施、数据模型、数据仓库和云服务	开发多年期项目，在业务和人力资本分析领域展开变革	交付描述性、规范性和预测性产品以及自动化服务

图12 美国第一资本金融的人员战略与分析职能结构

资料来源：经美国第一资本金融授权转载，2021年3月。

这也是古鲁最为自豪的工作之一："我们的团队结构允许人才灵活流动，学习不同的技能，并在专业知识、高级分析、模型构建、产品化、咨询和战略等方面锻炼不同的能力。直到今天，这些仍然有助于我们吸引并留住优秀人才。"

古鲁最近在扩展规模方面面临的挑战是关于他自己的：在一个规模化扩展的分析职能中，领导者的角色定位是什么？

古鲁将自己的角色描述为一个多面手（见图13）。"对于领导者来说，选择少数高价值的项目并持续投入是非常重要的，即便是在一个大型组织中也是如此。这能让他们在更广泛的公司范围内产生巨大影响，而这种影响将逐渐渗透到其他团队，"古鲁说，"因此，我的职责之一就是领导和推动创新工作。同时，我们也真实地拥有人力资源活动某些部分的实施权，比如某个关键岗位序列的招聘流程。因此，我不仅仅是提供建议，我还是负责流程实施的执行者。"

古鲁认为，领导该职能的另一个要素是全力参与团队各级优秀人才的招聘、留存和培养，并确定其人才理念和实践方法。

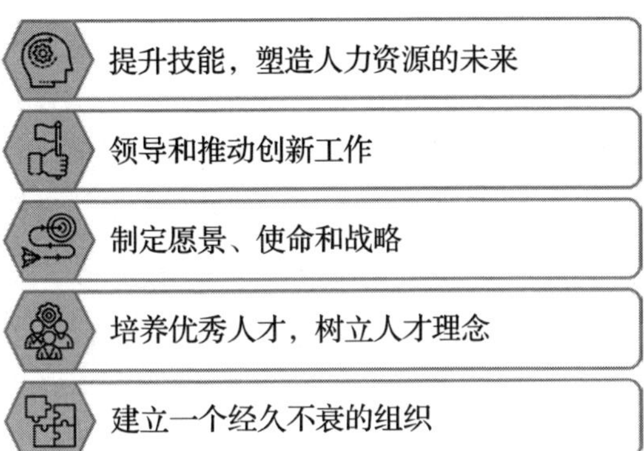

图 13　美国第一资本金融快速规模化扩展的人力资本分析团队所需的领导力

资料来源：经美国第一资本金融授权转载，2021 年 3 月。

在古鲁的角色中，有两个要素是每个愿景型领导者都应具备的，这两项也被写入了领导者手册，那就是："制定愿景、使命和跨年度战略，"古鲁强调道，"以及建立一个超越你任职期限的组织。"

最后一个要素是："提升人力资源技能！"古鲁感叹道："领导一个已经规模化扩展的人力资本分析组织，意味着我们不仅要支持人力资源常规地运用我们的洞察和产品，同时还要帮助他们打造未来的人力资源部门。"

人力战略与分析团队为业务提供了复杂的人力资本分析工作，对人才战略和政策产生了影响，也与美国第一资本金融的业务负责人一起制定了战略与政策议程，让团队层面和个人层面的决策制定能力得到了提升。"我们同时获得了业务和人力资源的认可，因为我们所做的工作对他们而言是真正有用的。无论一个项目表面上多么光鲜亮丽或令人兴奋，但我们终归要回到那些真正能产生影响的实际行动上。"

经过对自己领导团队这四年的回顾，古鲁为其他人力资本分析领导者提出了建议。

“首先，从最有趣、最重要的问题入手，然后倒推数据建设：围绕业务问题构建数据生态系统。”他接着说道，“构建出有价值的案例和验证点。一定要做到有用，并且有价值。一旦你展示出了影响力，你就会获得信誉，这样你才能够改变合作伙伴和客户的战略，甚至产生更大的影响。”

人力资本分析并不是什么“人力资源的边缘小项目”，正如古鲁所强调的：“要学会与人力资源部门合作，但要记住，业务部门才是人力资本分析的最终客户。你不希望把与人力资源部门的关系搞僵，也不希望他们觉得这会削弱他们的能力，或者妨碍他们的职能运作。但与此同时，也不要躲在人力资源咨询顾问的背后。我们要建立信誉，成为人力资源和业务部门值得信赖的合作伙伴，与他们站在一起。”

关键提示

要有目的地招募专家，因为人力资本分析并不是什么“人力资源的边缘小项目”。

语言转换者

语言转换者正在迅速成为人力资本分析领域的关键角色。他们通常很会讲故事，有着对数据的深刻理解和卓越的沟通技巧，理想情况下还具备扎实的商业敏锐度。

语言转换者在整条人力资本分析价值链中都非常有用（见本部分的业务成果维度）。他们的主要职责是沟通和转换：将业务挑战转换为数据问题，并将数据带来的见解和建议分享出去，从而提高产品的价值，并把产品推广到整个业务中去（见图 14）。

语言转换者和咨询顾问有何不同

咨询顾问最擅长的是咨询，而语言转换者更擅长将数据科学和分析转化为可以传播给各类受众的故事。

尽管语言转换者和咨询顾问在某些技能上有所重叠，但这两者的角色有几个关键区别：

- 咨询顾问的工作由业务推动，因此他们对利益相关者和工作的背景信息了解得更为深入；而语言转换者专注于赋予数据生命，注重培养公开演讲和数据可视化等技能。
- 语言转换者通常比专业咨询顾问更擅长讲故事。
- 咨询顾问通常属于需求引擎，而语言转换者可以是人力资本分析团队中任何一个具备高超的讲故事技能的人。他们会根据需要，时不时地作为语言转换者参与到对话和工作中。

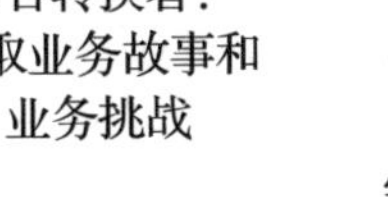

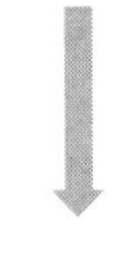

图 14　语言转换者能让人力资本分析工作贯穿整条价值链

人力资源业务合作伙伴的定位是什么

优秀的人力资源业务合作伙伴同样可以成为出色的语言转换者。

他们有着将分析进行转化并融入日常工作的需求。我们将在本部分的文化维度探讨人力资源业务合作伙伴如何利用这种能力，在整个企业中培养分析文化。

现在，让我们来看一个高度强调语言转换者的角色并用其创造价值的案例研究。来自皇家加勒比游轮公司的这个案例的核心经验是：语言转换者将商业语言转换为分析语言，再将分析语言转换为商业语言。这个案例研究表明，语言转换者的角色有时与咨询顾问的角色有所重叠。正如前文所述，我们认为这是两个不同的角色，但两者的一些技能有所重叠也很常见，因此语言转换者有时也可以担任咨询顾问的职责。皇家加勒比游轮公司正是这种情况，它把这种复合角色称为“人力资本分析顾问”。

案例研究

皇家加勒比游轮——优秀语言转换的重要性

“我不是‘人力资源’科班出身”，皇家加勒比游轮①的人力资本分析与数据治理部门负责人拉梅什·卡帕加维纳亚甘（Ramesh Karpagavinayagam）说：“我一直是商业与战略团队的一员，同时也对人很感兴趣，想要知道人的行为是如何推动业务绩效的。”

拉梅什曾经是一名杰出的软件工程师，后转行从事金融和人力数据建模工作，他深知出色的分析工作所需要的过程，及其所能带来的价值。拉梅什曾就职于美国第一资本金融和摩根大通等公司，凭借着十多年专门从事薪酬和分析工作的经验，他对于如何支持劳动力发挥最大潜能、如何将这些知识转化为战略，有着

① 皇家加勒比游轮是一家拥有四个全球品牌的游轮度假公司，这四个全球品牌是：皇家加勒比国际游轮、名人游轮、阿扎玛拉游轮和银海游轮。

独到的见解。

“在业务领域，”拉梅什指出，“决策制定往往基于庞大的商业分析师团队所提供的数据证据。大多数商业分析师都很擅长用数据讲故事，但很少有人能将故事中‘人’的因素凸显出来。”

拉梅什研究了许多组织的决策制定过程，观察人们在不同规模的组织中如何互相交流，以及数据和信息是如何传递的。“我经常看到，一些大型的国际产品交付团队没有任何支持者，没有人愿意将这些产品当作解决方案，这要么是因为产品与业务没有真正产生关联，要么是使用者根本不理解产品对自己究竟有什么用处。”拉梅什说：“分析服务的交付模式主要侧重于技术技能。我们有很多能做分析的人，但真正能讲好故事的人却很少。我们意识到，仅仅提供现成的产品和服务是不够的，我们还需要解释它们。俗话说：“你可以把一匹马领到水边，可你无法硬让它喝水。”

拉梅什于2019年加入皇家加勒比游轮，他建立的人力资本分析团队的宗旨是将业务与人力战略相结合，通过以实证为基础的人力决策来提供卓越的员工体验。为此，他依据过往的经验，构建了一个以强大的咨询和沟通技能为核心的组织（见图15）。具备这些技能的人在公司内部被称为“人力资本分析顾问”，占人力资本分析团队的40%。他们充当语言转换者的角色，成为数据科学家与商业领导者之间的桥梁。

要保持人力资本分析团队与广泛的业务团队之间的沟通渠道畅通，语言转换者至关重要。他们负责解释内部客户的需求，并帮助客户理解人力资本分析产品和工具的好处。此外，他们还将公开的数据分析成果反馈给业务部门。

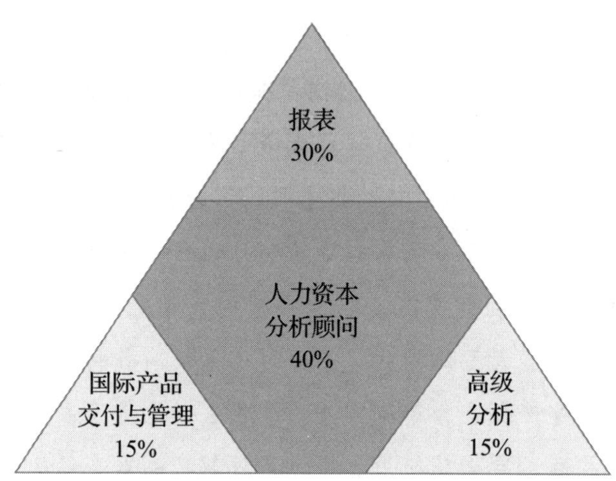

图 15　皇家加勒比游轮的人力资本分析团队结构

资料来源：经皇家加勒比游轮授权转载，2020 年 5 月。

“培养客户更有信心地使用产品和流程，确保其正确使用以提高准确性，同时优化简便性并提高使用效率，对于提升人力资本分析团队的信誉和实现我们的使命至关重要。”拉梅什解释道，“我们的团队需要胜任这些工作的人。”

通过组建这样一个特别定制的团队，语言转换者推动了皇家加勒比游轮的文化转型，使公司认识到人力资本分析可以提供前所未有的全新业务和人力解决方案。

理想的语言转换者应具备的技能包括咨询技能、技术技能以及项目和变更管理技能（见图 16）。

首先也是最重要的，语言转换者必须具备高超的咨询技能：“随着一系列倾听和提问技巧的运用，他们必须能够感知、读懂和理解客户的所思所想。他们必须善于建立关系，并能够与人讨论人的问题。”

咨询技能	• 探询并理解“我们要解决什么业务问题” • 与利益相关者建立联系，促进高管认可 • 与项目发起人达成一致，并明确最终目标
技术技能	• 构建业务问题的框架，并建立假设 • 思考解决问题的统计方法 • 与数据科学家合作，建立模型并得出洞察
项目和变更管理技能	• 推动和维护多个项目 • 制订需求变更管理计划，并评估其影响 • 推动实施和使用

图 16　皇家加勒比游轮人力资本分析顾问的必备技能

资料来源：经皇家加勒比游轮授权转载，2020 年 5 月。

此外，语言转换者还应该至少具备以下两项技能中的一项：

● 技术技能：有能力并且有意愿“撸起袖子”干活，分析数据、理解模式和过程，并掌握足够的专业技术知识，知道怎么制订分析解决方案。

● 项目和变更管理技能：对构建有黏性的分析解决方案有敏锐的认知，并了解将其嵌入组织所需要的条件。

拉梅什发现，很少有人同时具备这三项技能。“只要候选人具有良好的咨询技能和其他两项技能中的一项，他们就能成为一名优秀的语言转换者。”

语言转换者最多同时负责三个高优先级的项目，因为他们需要在人力资本分析团队、人力资源业务合作伙伴、业务负责人以及 80 000 多名员工之间进行沟通。

拉梅什创造了一套运营模式，用于指导语言转换者发挥作用（见图 17）。“这个运营模式既简单又实用，”拉梅什说，“高效的人力资本分析顾问会倾听客户及其面临的挑战，并将他们的人力问题转化为分析问题。”

通过高频接触的服务建立深厚的客户关系

- 成为人力资源业务合作伙伴在战略业务讨论中值得信赖的伙伴
- 积极主动地寻找机会，解决业务问题

担任人力资本分析的切入角色

- 优先处理最具影响力的工作
- 使用敏捷技术制订和测试解决方案

在业务线和卓越中心之间建立无缝连接

- 连接人力资源部
- 寻找在整个企业范围内实现规模化扩展的机会

图 17　皇家加勒比游轮人力资本分析顾问的原则

资料来源：经皇家加勒比游轮授权转载，2020 年 5 月。

人力资本分析顾问通常从与客户进行一对一咨询开始。这样的对话基于一系列预先定义好的问题。顾问解释说，他们首先需要理解业务挑战，其次是人力挑战，然后思考数据驱动的解决方法。

顾问需要注意避免使用复杂的行业“黑话”，而应使用更适合客户的语言。“调整对话方式的能力，再加上对业务的理解，是一个优秀语言转换者的标志，”拉梅什补充道，“我们在招聘过程中寻找的是能够理解并运用业务语言的全能型人才。”

一旦他们对问题有了整体的了解，人力资本分析顾问就会与团队中的其他成员重新组合，讨论在咨询过程中得出的“答案”。然后再由团队一起评估解决方案的影响力，将其分为影响力“低、中、高”三类，并在敏捷框架中形成简化的流程。

开发团队通过一系列定制的、为期一周的冲刺，开发出最小可行产品。然后，人力资本分析顾问会与客户讨论这些解决方案，并不断迭代。

"与客户建立牢固的个人关系，意味着人力资本分析顾问有机会向他们介绍并推销分析解决方案，"拉梅什描述道，"他们可以向客户解释解决方案的好处，并将其与客户当前面临的问题相联系，始终把这些问题作为关注重点。"

"最关键的是，人力资本分析顾问能够倾听客户的心声，并向他们解释这些解决方案将如何促使他们的决策或流程变得更加高效和简便。这样能够确保客户的长期认同，并建立更深厚的关系，帮助团队开发定制化的产品。人力资本分析团队还可以利用从顾问的探讨中所获得的信息来预测问题，在挑战出现之前为客户提供前瞻性的解决方案。"

在拉梅什完善他的团队、扩大影响力的同时，他也希望人力资本分析顾问聚焦于高影响力的工作和最重要的业务挑战。为了实现这一目标，他的策略或许就是最优秀的语言转换者：人力资本分析团队正在将皇家加勒比游轮的人力资源文化转变为数据驱动型文化。

关键提示

在人力资本分析团队中培养语言转换技能。

小　结

一个成功的人力资本分析职能所需的技能涵盖了 14 种不同的角色。作为指挥官，人力资本分析领导者在组织团队、确保团队成功，以及吸引业务方参与等方面扮演着至关重要的角色。需要特别注意的几点包括：

- 聘用并培养一位能够高效“完成任务”的能干的领导者：这是区分人力资本分析团队是否成功的关键因素之一。
- 将领导者培养成为一位咨询专家、沟通高手和业务影响者。
- 鼓励首席人力资源官将人力资本分析领导者纳入其直属团队，并作为人力资源领导团队（HRLT）的一员，而不要将人力资本分析隐藏在组织结构深处。
- 采取一种由外而内、价值驱动的人力资本分析策略，将客户需求转化为可规模化的解决方案和实用产品，从而推动业务成果的产生。
- 在人力资本分析团队中加强语言转换技能——培养能够将业务挑战转换为分析任务，并将洞察结论转换为行动建议的人员。

维度五：技术

在本章，我们将探讨人力资本分析的技术选择，讨论这些技术为什么能增强业务价值、提升员工福利，并让大家更加信赖人力资源。此外，还涉及自研和外购技术、分析产品化等相关议题。

探索……

- 人力资本分析的三波技术浪潮；
- 自研和外购技术时需要考虑的问题；
- 在对数据分析进行规模化扩展和产品化时需要思考的因素。

这些洞察来自……

- 福泰制药（Vertex Pharmaceuticals），关于采购外部技术；
- 博世（Bosch GmbH），关于自研一套劳动力规划的技术架构；
- 微软（Microsoft Corporation），关于在整个企业范围内规模化扩展人力资本分析工作。

概　述

技术

作为九大维度之一，技术涵盖了成功人力资本分析所需的各类分析技术。尤其是阐述了关于“自研还是外购”的争论，以及使用新兴技术来规模化扩展分析解决方案，加快数据的收集、分析与洞察，并推动数据民主化。

技术和高科技企业一起主导着当今世界。苹果、微软、亚马逊、谷歌和脸书等科技巨头，在当前全球市值最大的 10 家公司中占据了 5 家[①]。在过去的 10～15 年间，随着智能手机、平板电脑和社交媒体愈发成为全球焦点，科技的主导地位令人瞩目。这些公司及其首席执行官对全球的公众和政治家产生了深远的影响，以至于《纽约时报》在 2020 年的一篇文章中将其中的四家公司称为“科技垄断四骑士”[②]（Swisher，2020）。它们以不可思议的速度实现了这一切：上述公司中只有两家是成立于 1990 年以前的。

技术不仅主导着消费领域，而且主导着人力资源领域，甚至整个世界！人力资源技术是整个人力资源领域中最受关注的话题之一，也是许多问题和讨论的源泉。在《人力资源周刊》（*HR Weekly*）评选的“人力资源领域最具影响力的 100 人（2021）”这样的顶级影响力人物榜单中，也不乏人力资源技术及其相关话题的影响人物。因此，首席人力资源官也受到科技巨头的影响。

大型人力资源专业技术企业，例如甲骨文（Oracle）[③]、SAP

---

① 根据 https://companiesmarketcap.com，截至 2021 年 2 月 7 日。

② “科技垄断四骑士”这一表达借鉴了《圣经》中的“四骑士”典故。在《圣经》中，四骑士代表着征服、战争、饥荒和死亡，象征着末日来临前的灾难和毁灭。将科技公司比作“四骑士”，意在形象地表达这些公司在科技界的强大影响力和潜在的破坏性，暗示它们在全球范围内对经济、社会和政治等方面产生了深远的影响，可能带来重大的变革或挑战。——译者

③ 甲骨文是一家美国跨国计算机技术公司，总部位于得克萨斯州奥斯汀，成立于 1976 年。

SuccessFactors[①] 和 Workday[②] 等，都已经开发或正在开发用于支撑人力资本分析工作的产品。而其他技术企业，例如微软，在整个人力资源技术市场上的份额也在不断扩大，因此也重点关注人力资本分析的解决方案。

随着人力资本分析领域的发展，一个新的人力资源技术类别应运而生：人力资本分析技术市场。越来越多的技术公司开始涌现，并将自己归类为“人力资本分析”，这不仅标志着该领域的整体增长，也表明技术是人力资本分析中的重要维度。

RedThread Research 在 2020 年对人力资本分析技术市场的研究中发现（Garr and Mehrotra，2020），尽管大流行病造成了不利的经济形势，但该市场在 2019—2020 年仍然增长了 35%。该研究还发现，120 多家人力资本分析技术公司的市场估值达到了 20 亿美元。

新的人力资本分析技术层出不穷，推动了市场的激烈竞争，近年来出现了多起重大的并购交易：据报道，微软在 2016 年以 262 亿美元收购了领英（Microsoft，2016）；SAP 在 2018 年斥资 80 亿美元收购了 Qualtrics（SAP，2018）；同时，领英在 2018 年以 4 亿美元收购了 Glint（LinkedIn，2018）；Workday 也宣布计划在 2021 年初以 7 亿美元收购 Peakon（Somers，2021）。

Insight222 在 2020 年对 60 家全球性组织进行的研究中，调研了“您目前是否正在使用以下技术？”这个问题（Ferrar，Styr and Ktena，2020）。该研究让我们了解了企业如何应对利益相关者最复杂、与业务休戚与共的议题。图 1 展示了分析结果和对人力资本分析技术及其市场发展的三波浪潮的回顾。

---

① SuccessFactors 是一家总部位于美国的公司，提供基于云的人力资本管理软件，成立于 2001 年，于 2011 年被 SAP 收购。

② Workday 是美国一家按需提供财务管理和人力资本管理软件的厂商，成立于 2005 年。

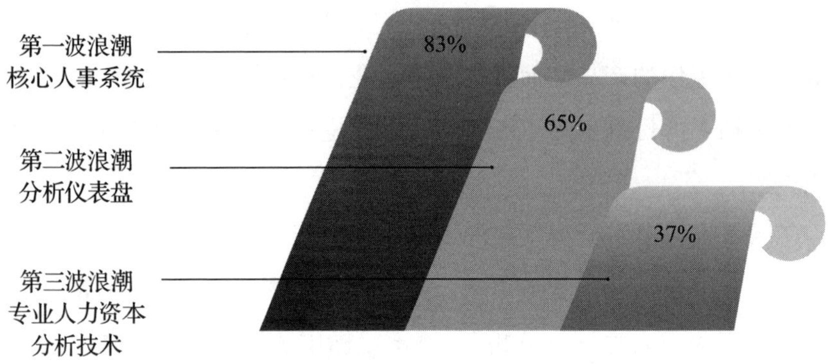

图 1　人力资本分析技术应用的三波浪潮

资料来源：Ferrar，Styr and Ktena，（2020）.

接下来，本章将讨论每种技术分别能够解决哪些业务主题、如何采购这些技术、内部研发流程需要注意些什么，以及如何规模化扩展人力资本分析，而所有这些都根植于这三波浪潮。

虽然这些技术是人力资本分析工作的重要组成部分，但本书并不会针对数据模型或统计分析所需的底层技术进行详述，因为在基思・麦克纳尔蒂（Keith McNulty）等于 2020 年出版的《人力资本分析的回归建模指南：R 和 Python 实例》中已对此进行了详尽的介绍；本书也不涉及数据可视化的内容，这方面的知识可以通过科尔・努斯鲍默・纳福利克（Cole Nussbaumer Knaflic）的著作《用数据讲故事》（2018）及其续作《用数据讲故事：实践篇》等学习。

人力资本分析技术的三波浪潮

第一波浪潮：核心人事系统

在探索阶段后期和认知阶段（见本书第一部分“为什么要做人力资本分析”），技术的应用主要以基于云的核心人事系统（Core HR）

的兴起为特征。许多公司纷纷从“本地部署”转向了基于 SaaS 的核心人力资源技术，以便能够利用定期的软件更新服务。我们在上述调查中发现，截至 2020 年，在 60 家全球性企业中，有 83% 已经实现了向云端技术的转变。令我们吃惊的是，这个比例居然没有达到 100%！

在第一波浪潮中，核心人事系统提供商（主要包括甲骨文、SAP 和 Workday）引起了众多首席人力资源官的注意，并在行业活动中占据了显眼的专栏版面和报道空间。对这些技术的大量宣传，使人们产生了一种观念：这些系统可以做任何事情，甚至有些人认为它们无所不能，因此没有必要再在其他技术——尤其是分析技术上做额外投资。

然而，实际情况是，尽管基于云的核心人事系统毫无疑问为人力数据和分析提供了基础，但单凭它本身仍然是不够的。使用这些核心人事平台的人力资本分析专家通常会遇到以下障碍：

数据模型 就像漂亮的房子建在糟糕的地基上一样，基于 SaaS 的核心人事系统缺乏高质量的数据模型。

不完整的故事 难以快速获取数据，也无法将其他的外部人力资源系统数据整合到报表和仪表盘中，这意味着管理者、人力资源领导和高管对自身人力情况的了解是片面的。

预测分析 缺乏预测分析能力意味着洞察能力有限，几乎无法提出行动建议。这些核心人事技术在设计之初通常并不会将预测分析结果作为核心解决方案。

数据包容性 核心人事技术通常无法添加来自新兴技术平台的专业数据，这意味着仅凭核心人事平台难以承担以业务为重点的复杂课题。

拥有基于云的核心人事系统的人力资源部门能够提供统一的人力

资源流程，并为员工的各类流程提供一种类似于消费者的服务体验。然而，尽管有些说法认为这些核心人事系统在分析视角上已经足够了，但根据我们的经验仍然是严重不足的。除了报表、仪表盘和一些计分卡之外，这些系统通常不具备提供分析的能力——而且即便是有这些功能，通常也只限于自身系统内部的数据。我们经常从人力资源高管和人力资本分析领导者那里听到这些抱怨。

人力资本分析领导者的另一个常见痛点是，他们的首席人力资源官在被“推销”核心人事系统时，往往会产生这个系统可以解决所有问题的误解。唯一的解决办法是，提出“第二波”和“第三波”浪潮中的核心话题。

简而言之，要实现卓越的人力资本分析，仅凭核心人事系统这一项技术是远远不够的。

第二波浪潮：分析仪表盘

21 世纪的第一个十年末期，也就是探索阶段的尾声（见本书第一部分“为什么要做人力资本分析”），用于人力资源的计分卡、报表和仪表盘通常是由技术人员根据需求，使用“本地部署”的技术拼合而成的。对于首席人力资源官和其他 C 级高管而言，整合数据和制作报表的过程基本上是个黑箱。他们只需要能提供报表，而对于制作报表所需耗费的时间、费用和技术，几乎没人感兴趣。

遗憾的是，一些领导者至今仍然不了解这一领域的复杂性，他们的公司还在“按需”进行人力资本分析。我们仍然能听到人力资本分析部门的领导抱怨：只是为了向首席执行官展示最新的离职率，更有甚者，只是为了提供准确的公司在职人数，他们就要花费大量时间，

“通宵达旦”[①]地来整合这些报表。

第二波浪潮在一定程度上缓解了这一问题。在整个认知阶段和创新阶段，包括甲骨文、SAP 和 Workday 在内的头部人力资源技术公司加速发展，并针对其系统中的人力数据开发了仪表盘功能。然而，事实证明这样仍然是不够的，因为组织需要的是能够汇总所有人力数据的人力资源仪表盘——无论这些数据是在哪个系统创建的。这促使新的供应商进入了市场，包括 Crunchr[②]、One Model[③]、Panalyt[④]、PeopleInsight[⑤]、SOLVE[⑥]、SplashBI[⑦] 和 Visier[⑧]。

虽然将所有人力数据汇总到一起，并由强大的可视化功能来支撑仪表盘，这种能力是可圈可点的；但供应商以及寻求采购这些解决方案的人力资本分析领导者还是面临许多挑战：

成本 采购这些平台所涉及的额外成本通常被认为是附加的，并且是昂贵的，即使它们的成本远低于核心人事系统。要说服人力资源和 IT 部门的高管认识到这些技术的必要性，可能是一个复杂且漫长的过程。

价值 第二波浪潮的技术带来了巨大的价值，但企业往往仅从人力资源的角度来看待这种价值，而不关注业务效益。例如，如何让

① 这里是指由于需求方不理解或不关心的问题所涉及的期限和复杂性的压力，或者由于其他紧迫的期限，而导致工作人员不得不通宵达旦地工作，以完成相关任务和活动。

② 在线 Crunchr 平台（The online Crunchr platform），成立于 2015 年。Crunchr 是荷兰阿姆斯特丹人力资源咨询公司 Focus Orange 的一部分。

③ One Model 总部位于美国得克萨斯州，成立于 2014 年。

④ Panalyt 总部位于新加坡，成立于 2017 年。

⑤ QuIRC（以“PeopleInsight”为名开展业务）总部位于加拿大渥太华，成立于 2002 年。

⑥ SOLVE 是 HCMI 的一部分，总部位于美国加利福尼亚州洛杉矶，成立于 2008 年。

⑦ Splash BI 总部位于美国佐治亚州，成立于 2014 年。

⑧ Visier 总部位于加拿大温哥华，成立于 2010 年。

管理者动动手指就能在一个集成平台上实时看到员工管理所需要的信息，并且看到附加的洞察和行动建议，从而转化为实质性的、可量化的业务效益。遗憾的是，许多企业领导者都将这些视为“软效益”（例如节约管理者的时间），而不是量化的“硬效益”，例如提升销售业绩、提高生产力，或者通过提高员工留存率和降低招聘量来提升利润等。

人力资源能力 人力资源专家通常缺乏使用这些工具所需的专业技术知识。尤其是对于人力资源业务合作伙伴，这会极大地阻碍他们与业务方的利益相关者展开对话，也会减损人力资本分析的潜在效益。

在采购和搭建第二波浪潮中的技术时，建议同时在人力资源部门培养分析文化。这将在本部分的文化维度进行探讨，并在案例研究“德国默克——规模化扩展人力资本分析的应用范围”中详细介绍。

搭建成功的分析仪表盘能够为企业带来巨大效益。例如：

高管洞察 C 级高管能够实时获取一致且准确的劳动力信息。

数据民主化 有机会将数据民主化，让所有业务管理者都能获得数据，并更好地做出关于人员和团队的决策。

决策速度 随着人力资源的专家能够实时获取人力数据，并引导基于实证的对话，而不是依靠一小部分擅长数据分析的“极客”按需处理和分析数据，决策速度能得到大幅提升。

提升信誉度 随着数据一致性的提高，人力资源作为一个职能部门，在内部客户中的影响力和信誉度也会随之提升。这得益于能够从所有系统（包括核心人事系统、非核心人力资源系统和企业业务应用）汇总所有人力数据的能力，高管无须再在数据工程上投入大量的时间、金钱和资源，而只需“一键点击”就能获得洞察。

节约成本 减少技术专家和分析师在整合报告过程中的无谓时间

消耗，可以显著降低成本。

已经采用第二波浪潮技术的组织（约占 65%，如图 1 所示），它们为人力相关数据规模化地提供计分卡、仪表盘和报表的能力得到了大幅提升。

我们还遇到一些公司通过研发自己的第二波浪潮技术，而不是购买供应商的解决方案，获得了上述好处。在这些组织中，大多数人力资本分析团队已有 10 多年的历史，在许多第二波浪潮技术的供应商出现之前就已存在。通常情况下，我们更建议人力资本分析部门着重考虑通过外部采购第二波浪潮的技术，来实现卓越的人力资本分析。

第三波浪潮：专业人力资本分析技术

正如本书第一部分“为什么要做人力资本分析”所描述的，人力资本分析创新阶段的一个关键特征是专业技术的兴起，例如劳动力规划、人才市场洞察、行为技能、人际关系、生产力与组织网络分析（ONA）等。这些技术正在迅速获得认可：研究表明，截至 2020 年，有 37% 的公司正在使用这些技术，另有 44% 的公司计划在 2022 年投入这些技术。

除了上述几类技术之外，诸如测评、员工敬业度调研和人才管理等其他技术，也因一批基于云的新兴公司而焕发出新的活力。虽然其中一些技术已经由人力资本分析团队负责了多年，但正是这些新公司的出现，为解决“老”问题、满足新的业务需求注入了新的方法。

下面是创新阶段涌现的一些知名供应商的列表[①]：

1. 测评分析：Arctic Shores[②]、Hirevue[③]、pymetrics[④]。

---

① 数据截至 2021 年 2 月 7 日。

② Arctic Shores 总部位于英国曼彻斯特，成立于 2013 年。

③ Hirevue 总部位于美国犹他州南乔丹，成立于 2004 年。

④ Pymetrics 总部位于美国纽约州纽约市，成立于 2013 年。

2. 员工敬业度与员工倾听：Culture Amp①、Glint②、Humu③、Medallia④、Peakon⑤、Perceptyx⑥、Qlearsite⑦、Qualtrics⑧、Reflektive⑨。

3. 员工文本分析：Workometry by OrganizationView⑩。

4. 劳动力和人才市场洞察：Burning Glass⑪、Claro⑫、Emsi⑬、Faethm⑭、Gartner TalentNeuron⑮、Horsefly⑯、LinkedIn Talent Insights⑰。

5. 关系分析与组织网络分析（ONA）：Cognitive Talent Solutions⑱、Microsoft Workplace Analytics⑲、Polinode⑳、TrustSphere㉑、Worklytics㉒、

---

① Culture Amp 总部位于澳大利亚里士满，成立于 2009 年。

② Glint 总部位于美国加利福尼亚州桑尼维尔市，成立于 2013 年，2018 年被领英收购。

③ Humu 总部位于美国加利福尼亚州山景城，成立于 2017 年。

④ Medallia 总部位于美国加利福尼亚州旧金山，成立于 2001 年。

⑤ Peakon 总部位于丹麦哥本哈根，成立于 2015 年。

⑥ Perceptyx 总部位于美国加利福尼亚州特梅库拉，成立于 2008 年。

⑦ Qlearsite 总部位于英国伦敦，成立于 2015 年。

⑧ Qualtrics 在美国华盛顿州西雅图和犹他州普罗沃设有联合总部，成立于 2002 年，2020 年被 SAP SE 收购。

⑨ Reflektive 总部位于美国加利福尼亚州旧金山，成立于 2013 年。

⑩ Workometry 隶属于总部位于瑞士圣莫里茨的 OrganizationView GmbH 公司。OrganizationView GmbH 成立于 2010 年。

⑪ Burning Glass 总部位于美国马萨诸塞州波士顿，成立于 1999 年。

⑫ Joberat（以“Claro 劳动力分析”为名开展业务）总部位于美国新罕布什尔州纳舒亚，成立于 2014 年。

⑬ Emsi 或称 Economic Modeling LLC，总部位于美国爱达荷州莫斯科市，成立于 1987 年。

⑭ Faethm 总部位于澳大利亚悉尼，成立于 2016 年。

⑮ Gartner TalentNeuron 是高德纳公司（Gartner）的一个部门，总部设在美国康涅狄格州斯坦福德。TalentNeuron 于 2012 年由位于班加罗尔的管理咨询公司 Zinnov 孵化。该公司于 2014 年被 CEB 收购，CEB 又于 2017 年被高德纳咨询集团收购。

⑯ Horsefly 隶属于 AI Recruitment Technologies Ltd，后者成立于 2011 年，总部位于英国利物浦。

⑰ LinkedIn Talent Insights 隶属于领英，领英总部位于美国加利福尼亚州森尼韦尔，成立于 2002 年。

⑱ Cognitive Talent Solutions 总部位于美国加利福尼亚州帕洛阿尔托，成立于 2018 年。

⑲ Microsoft Workplace Analytics 隶属于微软，微软总部位于美国华盛顿州雷德蒙德，成立于 1975 年。

⑳ Polinode 总部位于澳大利亚悉尼，成立于 2014 年。

㉑ TrustSphere 总部位于新加坡，成立于 2011 年。

㉒ Worklytics 总部位于美国纽约州纽约市，成立于 2015 年。

Yva.ai[①]。

6. 人才管理与技能诊断：Clustree（Cornerstone）[②]、Cobrainer[③]、Degreed[④]、Gloat[⑤]、TechWolf[⑥]。

7. 劳动力规划与组织设计：Anaplan[⑦]、Dynaplan[⑧]、eQ8[⑨]、orgvue[⑩]。

第三波浪潮中这些技术所带来的潜力无比激动人心！在这些技术的加持下，人力资本分析专家能提出深刻见解，以应对最有价值、最有趣味性的商业机遇和商业挑战。如果运用得当，这些技术将提升人力资本分析师和数据科学家的工作，并促进业务领导者采取行动。但如果使用不当，它们会成为代价高昂的错误。

因此，在进行投入之前，我们建议考虑以下几点：

从业务问题出发 人力资本分析的首要规则仍然适用。在不清楚"问题是什么"的情况下，不要急着购买技术，不然可能会导致一些技术"为了解决问题而寻找问题"，更糟的是，这可能会损害人力资本分析和人力资源部门的信誉度。第三波浪潮中的技术工具可以提供一些新的洞察，比如通过网络分析提供生产率、销售效率的洞察，通过倾听工具提供包容性、企业文化相关的洞察等，但领导者必须对所做的选择进行优先级排序，并将重点放在那些支持主要业务挑战的工具上。

使用正确的技术组合 借用一个比喻：你不可能用瑞士军刀来

---

① Yva.ai 总部位于美国加利福尼亚州圣克拉拉，成立于 2016 年。
② Clustree 总部位于法国巴黎，成立于 2014 年。
③ Cobrainer 总部位于德国慕尼黑，成立于 2013 年。
④ Degreed 总部位于美国加利福尼亚州普莱森顿，成立于 2012 年。
⑤ Gloat 总部位于美国纽约州纽约市，成立于 2016 年。
⑥ TechWolf 总部位于比利时根特，成立于 2018 年。
⑦ Anaplan 总部位于美国加利福尼亚州旧金山，成立于 2006 年。
⑧ Dynaplan 总部位于挪威芒格，成立于 2004 年。
⑨ eQ8 总部位于澳大利亚悉尼，成立于 2020 年。
⑩ orgvue 隶属于 Concetra Analytics，后者成立于 2011 年，总部位于英国伦敦。

制作实木衣柜，而是需要螺丝刀和其他专业工具，如凿子、锤子和锯子等。尽管第三波浪潮的一些技术供应商正在扩展其产品组合，但其中许多都是高度专业性的。就像制作衣柜一样，相较于单一的多功能核心人事系统，解决复杂的分析问题往往需要更多的工具。甚至，有可能需要用到多种技术组合，才能解决复杂的业务问题。这听起来可能很费力，但使用一组专业工具来解决重要挑战，能够带来非凡的价值。

注意隐私和伦理问题 第三波浪潮中的某些技术所收集和分析的数据，可能会被认为是具有侵犯性的。因此，思考是否使用这些解决方案不仅是一个技术问题，而且是一个涉及员工关系、隐私、道德和法律的问题。在员工数据的收集和使用方面，能够对组织中固有的观念和假设提出质疑，是测试、验证并重新确立公司隐私与伦理治理方法的有效途径。第三波浪潮中的技术要求对数据采取健全而稳定的治理和监督方法。更多指导方法，请阅读本部分的治理维度和数据维度。

外购人力资本分析技术

关于采购和搭建第一波、第二波、第三波浪潮技术的内容非常多，甚至写一整本书来探讨都不足以涵盖所有内容！

根据我们的经验，采购人力资本分析技术会面临若干挑战。其中有五个需要考虑的关键因素：

1. 哪些迹象表明需要采购技术。
2. 如何应对错综复杂的供应商市场。
3. 如何与采购团队合作。
4. 采购技术时需要考虑的十个关键问题。

5. 在与供应商合作中需要注意的关键点。

哪些迹象表明需要采购技术

需要采购技术的典型迹象包括：

缺乏现有解决方案 对于方法论维度中描述的界定清晰且优先级高的业务问题，现有的技术无法直接用于分析。

缺乏技术专家 人力资本分析团队或公司内部的其他部门无法提供所需的专业技术能力。

时间紧迫 由于问题的重要性或紧迫性，没有足够的时间去基于项目发起人的需求由内部自研合适的解决方案。

如何应对错综复杂的供应商市场

人力资本分析和更广泛的人力资源技术市场非常复杂，并且仍在持续增长。市场上有数百家供应商，并且随着数量和种类的增加，市场的复杂性还会进一步增加。对于需要应对错综复杂的供应商市场的人力资本分析领导者来说，采取积极主动的方法至关重要。这可能包括：

追踪市场动态 人力资本分析的领导者至少应该研究一些资料，例如 RedThread Research 的《人力资本分析技术市场研究》（Garr and Mehrotra，2020），以及乔希·伯尔辛（Josh Bersin）的《人力资源技术市场年度报告》（2021）。此外，领导者还应在团队中指定一名成员，负责日常的、定期的供应商市场分析，并向团队提供最新信息。

与其他组织的同行建立良好网络 我们收到来自人力资本分析领导者最常见的请求之一，就是帮助他们联系已经与某些人力资源技术公司建立合作的同行。拥有与同行的沟通网络，可以帮助他们对每家供应商的优缺点形成全面、实际的了解，总结出可能要与这些供应商探讨的重点。

按类别列出中意的供应商名单 如果在企业需要解决方案之前，领导者就已经了解了供应商的优缺点，就能够节约大量的时间。一份现成的候选名单、现有的合作关系以及对市场的理解，也能提高人力资本分析团队和人力资源部门的信誉度。

如何与采购团队合作

用心维护好与采购团队的关系非常重要。采购专家在构建投资案例、识别和挑选最合适的技术供应商，以及处理复杂谈判过程等方面，具有极为宝贵的价值。此外，采购高管通常还与财务部门有着非常稳固的合作伙伴关系。

本章后面的案例研究“福泰制药——采购外部技术”提供了一个非常有用的与采购团队合作的模板。其中包括以下三个要点：

善待采购同事 摆脱基于“紧急需求”的关系。与采购部门的合作要建立在信任和伙伴关系的基础上。这不仅有利于维护和谐的内部关系，还有助于提升采购质量，更有可能采购到对公司整体而言最合适的解决方案。因此，在“用到他们”之前就应该开始建立关系。

让采购部门参与挑选供应商 充分发挥采购专家的作用。不要颐指气使地告诉他们应该采购什么。术业有专攻，他们应该像所有员工一样，因他们为企业带来的技能而受到尊重。

让采购部门参与解决业务问题 帮助他们理解人力资本分析工作的细节、需要解决的具体问题，以及需要引入外部供应商的原因。

采购技术时需要考虑的十个关键问题

当然，在与任何技术供应商签订合同条款时，都会遇到一些成本、许可证和商务相关的常见问题，更多的内容一般会在需求招标书（RFP）中体现。

以下是需要额外补充的十个重要问题：

1. 该产品是否满足企业范围内所有国家的需求？

2. 隐性成本是什么？

3. 处理隐私问题的方法是什么？

4. 人力资本分析团队需要投入多少时间和资源？

5. 供应商所收集的原始数据的访问政策是什么？

6. 开展试点和在整个企业实施的实施阶段分别是什么？

7. 技术整合到核心系统的速度如何？

8. 产品 / 解决方案曾遇到哪些问题？从中汲取了哪些教训？

9. 提供哪些客户服务和技术支持？

10. 供应商的财务稳定性如何（如果是小公司）？

在与供应商合作中需要注意的关键点

根据我们的经验和研究，在与新的人力资本分析技术供应商建立合作关系时，有三个关键方面需要重点关注：

1. 真正的伙伴关系。这包括对供应商产品发展路线图的影响、在实施过程中及“上线”后将提供的支持水平，以及供应商是否会在不额外收费的情况下提供原始数据（如果他们负责数据收集的话）。请记住，所收集的任何数据都是员工的个人信息和公司的整体数据。因此，在确保合适的访问权限、安全性和免责声明的前提下，这些数据应该能够用于分析和整合。

2. 开展试点项目。供应商对于进行初期试点是否持开放态度？仅在公司的部分部门开展试点项目，只分析所需数据的一小部分，就有助于评估潜在合作伙伴及其解决方案的适用性。如果试点项目实现了预期效益，那么它将有助于支持更大规模的投资。

3. 重视隐私问题。了解供应商在数据安全、隐私、存储和所有权等方面的政策至关重要。必要时，应该让公司的数据隐私团队和本部分的治理维度提到的伦理与隐私委员会参与进来。在某些情况下，供应商对于共同设计与道德规范和技术使用相关的政策与流程持开放态度，将大有裨益。

福泰制药的案例研究为我们提供了一个关于如何外购技术的实用范例。它所采取的方法和结构，与我们观察到的许多寻求采购更专业的分析技术的人力资本分析团队的情况相吻合。该案例的核心经验是：不要盲目采购技术。

案例研究

福泰制药——采购外部技术

在采购任何技术时，都应考虑这几个因素：用途、价格、安全性和售后服务。福泰制药[①]的人力战略与分析团队也不例外。该团队在采购人力资本分析技术方面兼具艺术性和科学性，擅长精明地购买、有效地运用技术，并将其用于实现投资回报。

福泰制药是一家创新驱动的公司，在制药行业取得了巨大成功。尽管公司仅有 3 000 名员工，但 2019 年实现了 41.6 亿美元的收入。公司的人力战略与分析团队秉持着同样的创新和研究的组织价值观，是一个提供巨大价值的创新职能部门。

人力战略与分析高级总监吉米·张（Jimmy Zhang）于 2018 年加入福泰制药时，公司正面临着两大挑战：数据匮乏和人力资本

① 福泰制药成立于 1989 年，总部位于美国马萨诸塞州波士顿，拥有约 3 000 名员工，分布在南波士顿和伦敦，以及北美、欧洲、澳大利亚和拉丁美洲的研发基地和企业办事处。

分析资源有限。

数据匮乏主要是因为公司员工人数较少，没有足够的数据，更不用说需要干净的数据来进行深入的人力资本分析。人力战略与分析团队迅速打下了坚实的基础，与第三方供应商建立新的合作关系，共同构建了一个用于收集更全面、更多样的员工数据的技术结构和数据库。

这种合作也激发了第二个问题的解决方案：用有限的资源建立可规模化扩展的人力资本分析功能，需要一个崭新的、合作型的结构。福泰制药有多次收购专业解决方案供应商并与之合作的经验。吉米认为，与这些朝着共同成功目标努力的合作伙伴携手，是进行团队能力建设的最佳途径。如今，团队将采购的和自主研发的解决方案结合起来，将两者融合并实现了规模化扩展，以应对各种业务挑战。

将技术采购与业务战略相结合，是团队进行一项新的采购时考虑的三个关键要素中的首要因素（见图2）。

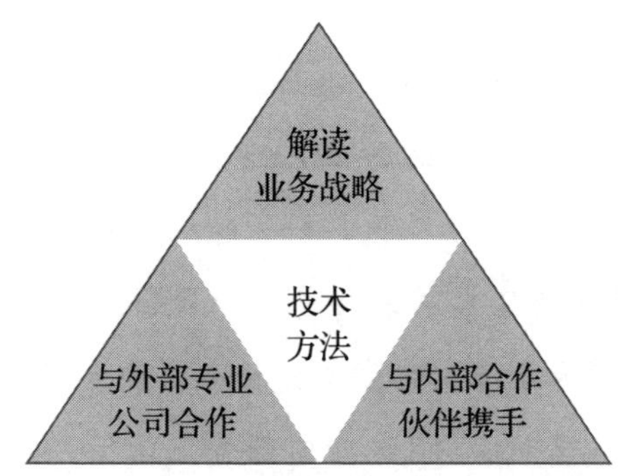

图2　福泰制药技术分析的三个关键要素

资料来源：经福泰制药授权转载，2020年12月。

一个典型的例子是，为了更好地理解外部人才环境，公司需要具备外部感知能力。如吉米所说：“我们的业务战略需要一个强有力的10年计划。因此，我们希望通过‘抓取’建立一种内部能力，用来收集外部劳动力市场数据。但我们很快意识到，从外部专业公司购买这项技术更有性价比，因为它们能提供我们所需的市场数据。”

福泰制药决定利用自主研发的技能匹配算法，在内部打造以人工智能驱动的人才市场。吉米解释道：“我们的策略是先扫描市场，寻找可以合作的外部供应商，但我们很快就发现，我们的内部技能算法比现有供应商的解决方案表现更好。于是团队决定延续之前的道路，自行研发一个‘职业发展中心’，以帮助员工留在福泰制药持续成长和发展职业生涯。”福泰制药决定采用自研算法和技术平台，并携手专业供应商共同开发定制的用户界面，以此来构建其职业发展中心。

福泰制药技术分析方法的第二个特征其实也已浮现：面对技术战略需求时，积极寻求内部合作伙伴，以支持各项相关举措的实施。吉米建议与IT、隐私保护、战略采购、数据科学等部门建立联系，以确保取得成功。

该团队与内部合作伙伴一起研究外部数据，并利用这些数据来决定何时自主研发，何时外部采购。这一次，他们选择了外部采购。

不过吉米并没有亲自联系供应商，而是让采购专家参与进来。“人力战略和分析专家是人力资本分析方面的专家。我们知道自己有哪些需求，”吉米说，“但这些内部合作伙伴才是理解供应商市场和技术采购机制方面的专家。此外，一切都要经过严格的安全审查和隐私审查。”

吉米说：“如果带着我们心目中已有的供应商名单去找内部合作伙伴，那就失去了与他们合作的全部意义。我们真正需要的是他们用专业知识来帮助挑选供应商，而这要求在流程开始时就与他们合作。”

与内部合作伙伴建立关系需要时间。吉米制订了一个“五点计划”来指导对话（见图3）。“我们必须用他们能理解的语言来阐述外部感知解决方案的相关信息——投资回报率、对业务战略的影响、我们正在解决的业务挑战类型，以及，”吉米强调，“我们为什么需要他们的帮助。”

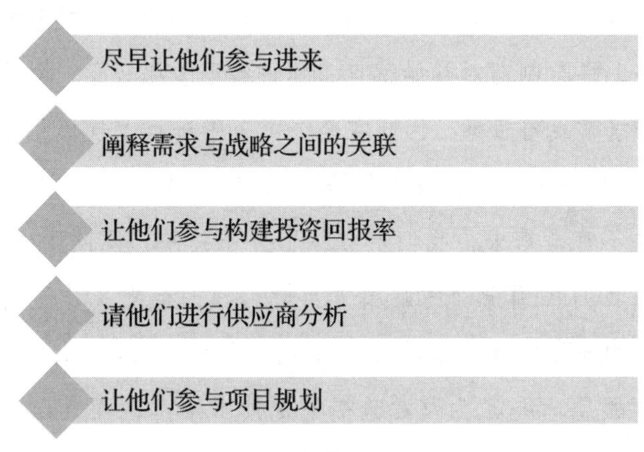

图3 吉米与采购专家合作的“五点计划”

资料来源：经福泰制药授权转载，2020年12月。

“我将我们的内部合作伙伴视为关键的协作方，他们对我们所做的一切都有重要的发言权。在流程开始时就把他们纳入讨论，并花时间解释这些工作在业务背景下的价值——尤其在涉及前沿领域且他们从未听说过的情况下，这是与他们合作的最佳方式。”强有力的跨职能协作，有助于以敏捷的方式处理供应商提案和制定选择标准。

这就引出了福泰制药在技术分析方面的第三个要素（见图2）：与外部专业公司合作。

选择外部人才市场数据技术合作伙伴的过程如下：首先通过

与这些公司的一系列讨论，确认他们能否提供吉米和团队所需的解决方案。然后，要求这些公司分析样本数据——过去三年公司发布的所有招聘职位公开信息。供应商交付样本数据后，由数据科学家对结果进行验证，并将其与福泰制药自己的数据进行比对，以评估准确性。

最终，有一家供应商与福泰制药的需求更为匹配。整个过程的时间成本和采购成本都低于内部研发。此外，该供应商还能为团队提供来自福泰制药以外的原始数据，这有助于团队的数据收集工作。很快，福泰制药对初始试点工作进行了效果评估，结果完全满足业务需求和战略目标，因此在全公司范围进行了规模化扩展。

“我们行动迅速，并尽可能进行试点，”吉米反思道，“如果解决方案并不符合需求，我们就会终止合作关系，团队则继续前进。不过，当我们找到正确的解决方案时，我们会对工作进行验证并建立深入的合作伙伴关系。”

有趣的是，决定性因素通常不是技术本身，而是与供应商的合作方式。吉米说：“我们只投资于那些想与我们建立真正合作伙伴关系的供应商——而不仅仅是提供一个工具。我们是一个由创新者和专业领域专家组成的团队，我们希望与合作伙伴紧密合作。如果供应商邀请我们的内部开发团队会面，并为与我们合作开发他们的产品而兴奋，那么我们知道这将是一段成功的合作关系。”

自从最初的项目以来，人力战略与分析团队在采购和自研技术方面进行了大量投资，以巩固其作为增值职能部门的地位。其中一些例子涉及采购分析研究、员工倾听、数据整合与可视化等技术，以及开发旨在支持员工持续成长及职业发展的“职业发展中心”等技术。

他们在组织网络分析（ONA）方面的工作尤其体现了团队这种三管齐下的技术采购方法。“企业希望深入了解员工是如何影响生产力的，这是基于人际关系网络十分重要的假设。”吉米解释道。

“我们在开展这个项目的第一周就与内部合作伙伴进行了协作。我们一如既往地以‘我们希望为企业做好事，需要你们的帮助’来开启对话。”团队向我们解释了每个职能部门如何支持这项工作、如何确保选择正确的工具，以及如何制定正确的流程。

战略采购部和 IT 部门提交了三家与福泰制药战略和目标相一致的先进公司的名单。“他们甚至给了一些我们之前不熟悉的名字！”吉米回忆道。

吉米在福泰制药研发和采购多项技术的过程中获得了宝贵的经验。在关于采购新技术方面，他提出了五条建议（见图 4）。

1

技术的采购或研发应始终遵循统一的战略指导。不要因为“感觉喜欢”而采购，而要因为它符合战略原则，并与你的工作相吻合。

2

与专家合作。聘请他们来完成你希望的工作。如果一家技术供应商在相关的工作领域缺乏深入的专业知识，就不要试图与他们妥协。

3

在采购任何东西之前，先进行试点测试。如果行得通，就继续。如果它不能满足你的需求，那就迅速放弃它。

4

不要仅仅局限于“自研”或“外采”的单一策略，而应保持策略上的灵活性。

5

不要把技术供应商仅仅视为一个提供方，而应将其视为合作伙伴。在进行分析时，要与他们的技术团队、产品管理团队、数据科学家进行交流，努力去了解他们。

图 4　吉米对采购技术的五条建议

资料来源：经福泰制药授权转载，2020 年 12 月。

吉米说："解读业务战略并与内部团队协作，这为我们选择正确的技术提供了框架。正是这种三管齐下的方法，使我们的工作得以更上一层楼。"

关键提示

仅在合理的情况下采购技术。

自研人力资本分析技术

为了将人力资本分析解决方案产品化而开发或"构建"技术，是一项非常复杂的工作。但由于在某些情况下这是唯一的途径，所以是必要的。

这里重点讨论在自研而非外购支持人力资本分析工作的技术时应考虑的四个因素：

1. 哪些迹象表明需要自研技术。
2. 如何与企业和人力资源技术团队合作。
3. 自研技术时需要考虑的十个关键问题。
4. 在内部技术伙伴合作中需要注意的关键点。

哪些迹象表明需要自研技术

可能导致选择自研而非外购技术的典型迹象包括：

用例复杂 一旦完成了供应商市场评估，接下来的关键就是判断他们是否能满足必要的用例。如果不能，那么在内部自研技术就成了可能的选择。例如，本章后面的案例研究"博世——技能世界的架构之道"提到，在已确定的40个用例中，没有一家供应商的"预置"解决方案能够解决两个以上的用例问题。

长期企业战略 如果业务需求复杂且对企业的长期战略非常重要，那么在内部构建长期的技术基础设施可能是更明智的选择。尤其是当分析工作和相关建议得到大力支持时，因为在这种情况下，通常会有充足的资源和强有力的投资来支持这一决策。例如在前面的案例研究“菲斯曼集团——成为一名分析型首席人力资源官的价值”中，菲斯曼集团基于集团战略，在首席执行官的支持下，开发了自己的 ViGrow 产品，以推动技能培养和员工保留。

投资论证[①] 结构清晰的投资论证表明在整个项目分析和产品化过程中，深厚的技术功底是必须的。如果投资论证的结果是，公司内部自研技术不仅可以获得更高的投资回报，还能提供更高效、快速、经济的解决方案，并为员工带来更多益处，就可以选择自研技术。

如何与企业和人力资源技术团队合作

无论是进行分析还是产品化，在内部为分析工作研发技术都非常复杂，这可能需要整个人力资本分析团队投入大量的时间和精力。

以下是与企业和人力资源技术团队合作时应考虑的问题：

学习他们的语言 投入时间去理解技术领域的语言。如果因为技术“黑话”而无法理解讨论的关键点，那么最终设计出的解决方案就可能无法满足项目的实际需求。

让他们参与业务评审 把来自企业和人力资源技术团队的同事纳入整个分析项目团队。从分析方法论（参见本部分的方法论维度）的最初阶段开始，就让相关人员参与讨论是明智的选择。同时，也让技术团队能够直接听取项目发起人和其他关键利益相关者的意见。

---

① 投资论证（investment case）是一种详细阐述投资项目合理性、盈利潜力和预期回报的文档或报告。——译者

培养人力资本分析和人力资源团队内的专业知识 尽管技术可能是在人力资本分析团队外部进行开发或交付的，但数据管理和数据模型应该由人力资本分析团队负责。分析产品化工作也是如此。分析解决方案的产品管理责任应归属于人力资本分析领导者，而不是技术团队。这些角色和职责在技能维度的“产品引擎”部分已有过探讨。

自研技术时需要考虑的十个关键问题

内部技术团队通常会收到很多问题，但由于人力资本分析团队和企业技术团队都是公司内部的，因此预估在战略和行动上会有较强的一致性。不过，仍有许多问题需要深入探讨。

一旦决定在内部自研人力资本分析技术解决方案，就需要考虑以下问题：

1. 项目的关键业务发起人是谁？（有关发起人的更多细节，参见本部分的方法论维度）

2. 投资论证是否经过验证，以及是否已由财务和技术部门相关人员“审批通过”？

3. 人力资源、技术、隐私和财务部门是否都有适当级别的代表参与，以提供高管支持和做出决策？

4. 是否需要一个治理委员会（参见本部分的治理维度）来进行项目管理？

5. 技术、人力资源和法律部门指派了哪些人来负责产品研发？

6. 是否有以人为本的设计技能，来支撑分析解决方案的实施？

7. 如果开发的产品涉及数据收集和存储，是否考虑了数据隐私问题？

8. 如何对员工间的沟通进行管理？

9. 如何长期维持技术方案的实用性？

10. 技术如何适应业务不断变化的潜在需求？

在内部技术伙伴合作中需要注意的关键点

有趣的是，我们之前在本章关于“在与供应商合作中需要注意的关键点”所强调的三个方面，同样适用于在内部发展技术合作伙伴关系，只是表述方式略有不同。这三个方面包括：

1. 真正的合作伙伴关系。内部技术团队是否在分析项目/产品期间投入了精力？他们是否对要解决的问题充满激情，且准备好共同参与分析、实施、产品路线图的规划以及产品的长期开发和维护？

2. 开展试点项目。是否提供了足够的灵活性？技术团队应当愿意在整个企业或重要的业务部门进行试点。无论是在分析阶段还是实施阶段，进行的任何试点都将有助于解决方案的迭代更新和共同创造。内部技术同事也需要具备坚持到底的韧性和规模化扩展解决方案的勇气。

3. 重视隐私问题。内部技术合作伙伴是否会支持这项工作，并准备共同应对任何数据隐私挑战？还是会以“项目审批不通过”而直接“停工”？与技术和法律同事合作，对克服与数据隐私相关的障碍非常重要。

博世为我们提供了一个关于自研技术的实践案例。具体来说，该公司的人力资本分析团队让我们有机会探讨一个涉及技能与战略性劳动力规划的项目。在讨论过程中，该团队领导者强调了一个核心观点：“技术是为了实现战略。技术本身不会成为战略。”

案例研究

博世——技能世界的架构之道

这是博世[①]如何将战略置于技术能力之上，实现人力资本分析技能管理领域的技术新高度，并在业务价值上取得实质性增长的故事。

博世的技能平台有点像电影《阿凡达》。据说，导演詹姆斯·卡梅隆（James Cameron）早在20世纪60年代就开始构想《阿凡达》中的蓝色异星世界，但由于当时缺乏实现这一构想所需的技术，影片直到2009年才得以制作完成（Johnson，2009）。事实上，这部电影之所以能够呈现在银幕上，是因为卡梅隆和他的团队自行研发了必要的技术。

博世的人力资本分析负责人斯特芬·里森贝克（Steffen Riesenbeck）向我们解释道："在执行博世公司的新战略时，我面临40个用例，但每个供应商最多只能处理其中两个。因此，我们不得不自己研发技术。"

2019年，在与斯特芬的前任上司、时任博世全球人力资源管理高级副总裁的罗莎·李（Rosa Lee）交谈时，我们强烈地感受到人力资本分析对于博世而言是一项全新的、不断扩展的能力。

"我们应该与业务战略保持完全一致，"罗莎说，"无论业务挑战有多复杂，我们都需要在所有工作中采取以数据驱动的方法。"

---

① 博世是一家工程技术公司，总部位于德国格灵根。这家私营企业成立于1886年，由60个国家的约400 000名员工组成，大部分股份由罗伯特·博世慈善基金会持有。

斯特芬的突破源于博世向人工智能物联网（AIoT）公司的转型。这一转型要求博世将其运营的规模化扩展和自动化程度提升到先进水平。这将影响到业务的方方面面。作为人力资本分析团队的领导者，斯特芬知道他需要将自己的团队以及整个组织转型为一家人工智能物联网公司。

2019年，斯特芬与公司的数十名利益相关者进行了会谈，讨论一旦转型之后需要哪些技能。他的调研显示，许多员工对于业务的快速变化，以及自己在新战略和博世未来中的定位感到担忧。斯特芬意识到，将人力资本分析与数字化解决方案相结合，不仅能为员工和企业带来价值，还能规划、促进并推动博世的转型。斯蒂芬为人力资本分析制定了一个愿景：团队将实施一个覆盖全企业、以分析驱动的、可即时访问的、可操作的战略技能解决方案。博世的每位员工都将能够访问自己的个人数据和综合数据，来了解目前拥有哪些技能，以及如何为了适应新的业务而发展这些技能。

斯特芬和他的团队在开展这个高度复杂的项目时，对项目的优势、劣势、机会和威胁（SWOT）进行了全面评估（见图5）。SWOT分析揭示了团队面临的一大主要挑战：团队只有五名成员，并且其中大多数都没有参与过如此大规模项目的经验，因此迫切需要帮助。为了快速推进项目，并与业务战略的时间节奏保持一致，采购必要的专业知识和技术能力来完成工作似乎是最顺畅的途径。

在与供应商接洽之前，团队需要明确项目的愿景，并理解项目对业务的影响和潜在价值。通过与不同职能部门的利益相关方协作，斯特芬成功为平台制定了清晰的规划，并详细描述了企业

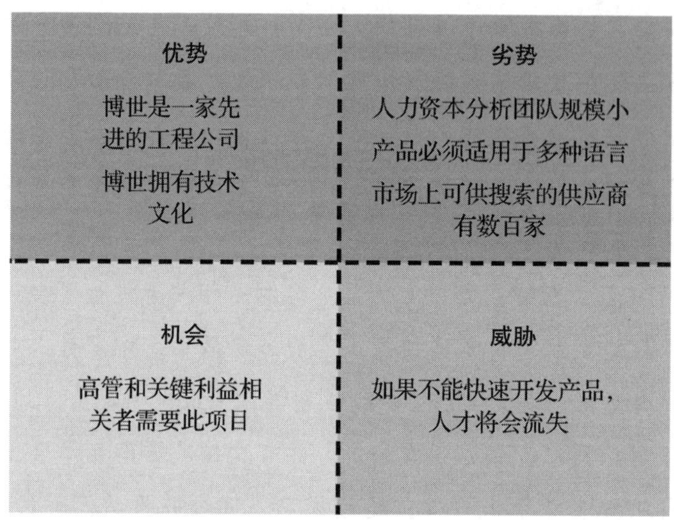

图 5 博世人力资本分析团队定义的技能管理平台的优势、劣势、机会和威胁

资料来源：经博世授权转载，2021 年 2 月。

和员工在未来技能平台上的 40 个需求用例。定义好这些用例后，斯特芬开始接触供应商市场。

与供应商的会议一个接一个，但每次对话都千篇一律：斯特芬会分享项目规划以及 40 个用例，而供应商会回应："是的，我们可以帮您……也许是其中的一两个！"

很明显，团队开始意识到，采购技术解决方案来支持该平台将导致两种情况：要么在为业务创造价值方面做出妥协，要么将不同的技术拼合起来，而这不仅耗时耗资，而且可能无法有效解决挑战。"这两个选择都不对，因此我们选择坚持基本原则。我们不会为了适应技术而牺牲我们的战略。"

"我们希望能够忠于我们的愿景，"斯特芬说道，"我们不需要一个只是在博世转型期间修补漏洞的局部解决方案，而是需要一个全面而强大的平台，它不仅能支持当前的博世，还能在未来数年支持博世成为一家人工智能物联网公司。”最终他们得出结论，为博世量身打造基于分析的技能平台至关重要，因此斯特芬确定团队需要自行研发技术，来满足所有的40个用例。

回想起内部利益相关者的反应，斯特芬不禁面露微笑：“博世的消费产品和对外业务已经在内部研发的技术上运行。我们想做的事已经有许多成功的先例。”对于博世的人力资源和人力资本分析团队而言，这是一个转折点，它使得组织与业务转型保持一致并逐步实现数字化。

2020年中期，团队在博世以技术为中心的消费产品和营销职能部门等内部合作伙伴的支持下，开始研发自己的技能管理平台。该平台架构稳健，并且真实地贴合博世的战略目标。

如图6所示，该平台基于自然语言处理和机器学习算法构建，并根据各类用户和关键利益相关者的反馈不断迭代开发。在实际使用中，该平台就像一个搜索引擎。输入一个问题或诸如“B2C销售”之类的术语，平台就能提供有关该技能或技能组合的所有见解，包括个体的信息、团队或组织的信息（如果有访问权限的话）。这个平台简洁易用，且由于它与大多数流行的互联网搜索引擎的用户体验相似，因此无须培训就能学会使用，目前该平台已在整个公司得到推广。

这个新的技术项目与业务战略完全保持一致，但工作还没有结束。“在一个以人工智能物联网为重点的大型企业中，研发技术是一个需要持续下去的项目，”斯特芬说道，“我现在意识到，我们可能永远无法到达解决方案的尽头。但我们可以根据利益相关者的反馈不断迭代，也就意味着该解决方案将始终能够带来价值，尤其是我们在设计时就始终把战略作为考虑因素。”

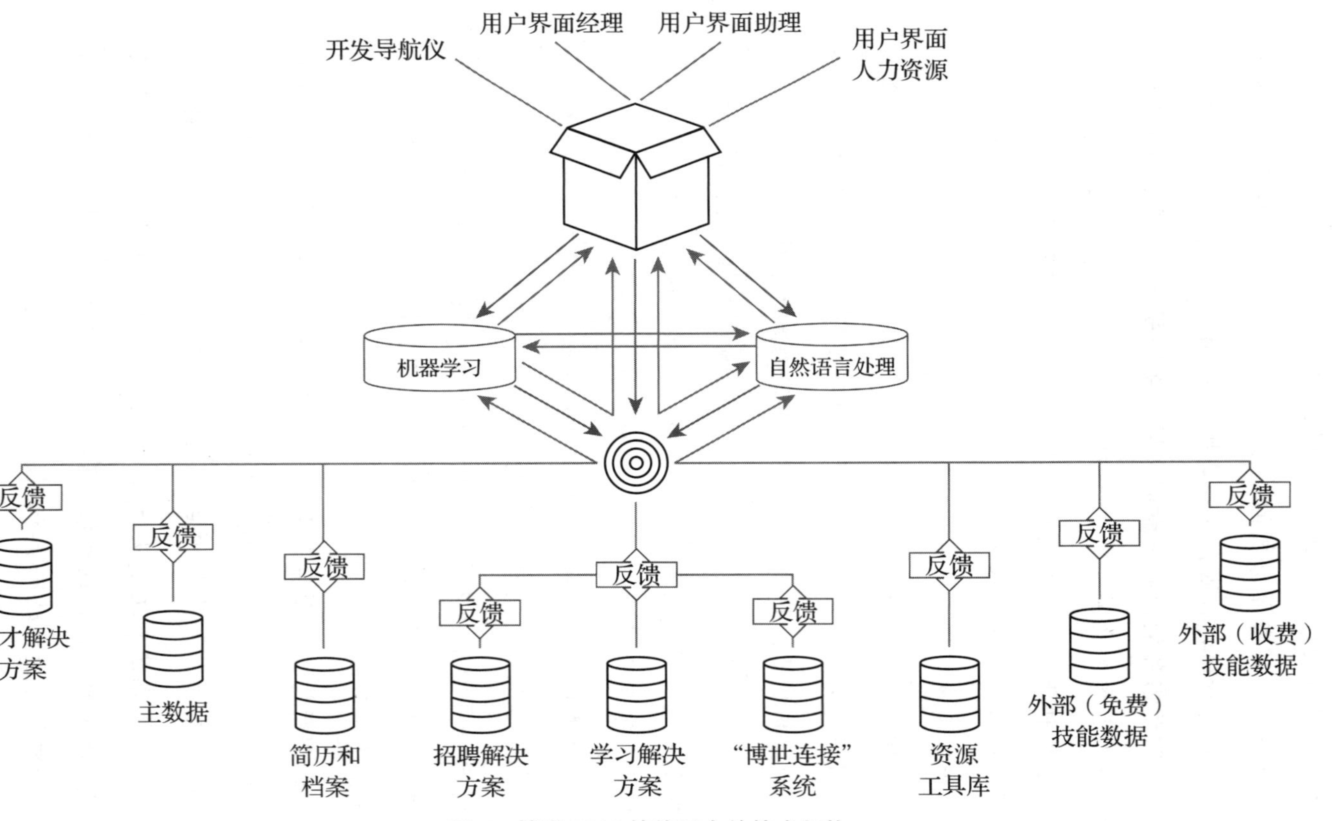

图 6 博世 2020 技能平台的技术架构

资料来源：经博世授权转载，2021 年 2 月。

关键提示

在必要的时候，不要怯于自研技术。

利用技术实现分析的规模化扩展和产品化

分析工作并不会因为分析完成、预测计算结束或向利益相关者提供了建议而停止。如果分析提供了有价值的见解和强有力的建议，并且组织有意愿实施下去，那么接下来就要开启艰巨的产品化工作了。正如英国前首相温斯顿·丘吉尔（Winston Churchill）所说："现在，这还远非结束，甚至连结束的序幕都算不上。但或许，我们已经完成了开始的一步。"

这些话也适用于分析项目，当验证了假设、创造了解决方案、完成了结果预测和提出了建议之后，真正艰巨的任务才刚刚开始。而技术是实现人力资本分析规模化扩展、产品化和个性化的基础。它使得解决方案能够从仅仅惠及 1 000 名员工，扩展到惠及数万或数十万人的整个组织。

本部分的技能维度已经讨论了我们对人力资本分析运营模式的建议。这一模式以由外向内、价值驱动的方式为基础，将客户驱动和需求转化为具有重要业务影响的成果。如图 7 所示，这是通过三个引擎来实现的：需求引擎、解决方案引擎和产品引擎。

其中，产品引擎负责将分析解决方案转化为可供使用的产品，然后在整个组织内应用并进行规模化推广。这要求将人力资本分析的重点从传统的一系列"实验"和"项目"转移到"产品"和"服务"上来。

这种变化需要思维模式的转变——不能只考虑实验，还要将实验视为产品化的序幕。这种转变不仅依赖于技术，也依赖于人才，因此需要一系列非典型的人力资本分析技能，比如产品管理和以人为本的设计。

产品管理

在以客户为核心的产品设计、开发与规模化扩展领域，产品经理的角色是企业的常规配置，但在人力资本分析领域却一直缺席。我们观察到，只有极少数人力资本分析团队开发了“产品”，并引入了技术软件组织中常见的“产品经理”角色。

由于大多数人力资本分析解决方案的产品最终都会落实为移动端或桌面端应用程序，因此将产品引擎视为一个软件工厂尤为重要。在这个软件工厂里，“产品”会被转化为“一款软件”，它的用户是企业员工，他们会欣然使用它并与之互动。

然而，这一过程非常复杂，特别是这个“产品”实际上可能指的是为了响应众多解决方案的建议而形成的一系列产品。例如，我们在之前的案例研究“施华洛世奇——寻找‘对’的发起人”中，就提出了六项建议来作为客户转化率的解决方案。这六项建议包括：员工保留，人员配备和排班，店长的领导特质，销售顾问的行为、特征和技能，确保员工在正确的时间得到恰当的培训，以及大中型商店的团队组成。

这些建议中有一些相对简单，例如为人力资源专业人员提供培训指南，用以评估店长的新领导特质；而另一些则更为复杂。例如，可以为店长设计一种应用程序，用于向他们展示员工排班是否符合“良好排班”的标准。或者为店长开发一款应用，用于帮助他们了解哪些员工需要培训来提升员工保留率。要将这些通知和提示类的应用程序优化到完美，需要在软件工程方面投入相当多的努力。

换句话说，需要对如何实现分析解决方案进行深思熟虑，并思考将“项目”作为一种“产品”或“服务”引入工作需要用到哪些技能和流程。本书后面关于桑坦德巴西银行和IBM的案例研究可能会有所帮助。

想要了解更多关于产品管理的信息，只需在网上搜索“产品管理技能”一词，就能找到超过9亿条相关结果。可以从一些通俗易懂的文章开始了解，比如茱莉亚·奥斯汀（Julia Austin）在《哈佛商业评论》上发表的《成为一名优秀的产品经理需具备的条件》（2017），以及奥利维亚·塔努威迪加亚（Olivia Tanuwidjaja）的《分析型产品经理介绍》（2020）。

以人为本的设计

消费者体验以产品化模型为基础，辅之以直观的用户界面和高度个性化的体验。人力资本正在迈向这一旅程。

正如产品经理对于解决方案的开发是不可或缺的一样，以人为本的设计也是非常复杂且必需的，尤其是在软件应用领域。

设计是确保员工真正使用产品的关键——如果产品对用户不够友好，那么它根本不会被使用。优秀设计的关键在于：不是以传统意义上的人力资源流程去考虑产品，而是基于具体的应用程序，将其视为能够改善员工、管理者和高管体验的交互界面。

用户设计在前面的技能维度关于产品引擎的主题中有所提及，它是人力资本分析运营模式的一部分。

最后，我们将重点介绍一个关于微软的案例研究，用实际案例来说明为什么对分析进行规模化扩展非常重要。该案例的核心经验是：当分析规模化扩展至整个企业时，才能创造价值；而要实现这一点，则需要依赖技术。

案例研究

微软——规模化扩展人力资本分析

从20世纪90年代末至今，道恩·克林霍弗（Dawn Klinghoffer）一路引领着微软的人力资本分析走到了聚光灯下。道恩说："从过去到现在，我一直在寻找具有创造性的、以数据驱动的方法，始终坚信它们能够对人力决策产生重大影响。"

如今，道恩是微软人力资源业务洞察团队的总经理，即人力资本分析的领导者。她最初是一名精算师；在微软任职初期，负责制定人力资本损益表，这成为启发她灵感的时刻。道恩意识到，人员对于企业来说不仅仅是一笔成本，高效的人力管理能够促进企业创新、影响业务发展并带来高速增长的机遇。从那一刻起，她的热情和远见驱使着她将职业生涯投入现今商界所熟知的人力资本分析领域。

用最简单的语言来说，人力资本分析需要良好的数据、可靠的分析和高效的流程。但要真正对员工和企业产生影响，人力资本分析就必须进行规模化扩展。就像许多事情一样，除非员工、管理者和高管都能够真正地应用这些分析，否则其价值必定是有限的。

带着这些思考，道恩阐释了她所在组织的思维模式（见图7），这种思维模式围绕"员工不仅是企业的成本，更是企业影响力的象征"这一愿景展开。这个愿景通过四个要素实现：对数据在道德和法律层面的坚定承诺；一个由科学、数据、行为和人力资源领域资深专家组成的团队；一个集成了简单与复杂技术的工具库；强有力的、能够确保工作成果透明度和投入度的内外部沟通。

道德理念 ➕ 专家团队 ➕ 伟大的技术 ➕ 透明和相关的沟通 ＝ 规模化扩展的人力资本分析

图 7 微软的人力资源业务洞察团队如何规模化扩展人力资本分析

资料来源：经微软授权转载，2020 年 9 月。

道恩说，所有这些要素共同推动了人力资本分析的规模化扩展。但在这四个要素中，“技术”是迄今为止最关键的：“我们是一家拥有超过 150 000 名员工的企业。几乎所有人——包括 20 000 名管理者在内，都在与我们的洞察互动，并受到这些洞察引发的行动的连带影响。

2020 年的双重危机，即新冠疫情大流行和追求黑人人权的“黑人的命也是命”运动，使得规模化扩展人力资本分析的必要性比以往任何时候都更加突出，因为企业需要迅速了解员工对这些情况的反应、感受和工作状态。

在 2020 年之前的几年，道恩意识到，为了听到员工的所有声音，她需要的不仅仅是“一刀切”的员工敬业度调查。道恩及其团队与一家外部伙伴合作，开发了一款新的员工倾听工具。他们构建了一种每日脉冲调查，即每天向随机抽选的员工提出开放性问题，收集他们的见解，监测组织文化。

当 2020 年初新冠疫情暴发时，员工被迫转向居家办公。道恩此刻非常庆幸他们此前实施的员工倾听技术。因为事实证明，现在是时候规模化扩展这项技术了，这将给他们自身、整个组织以及其中的每位员工都带来好处。

此时此刻，员工的声音和影响变得史无前例地重要，但同时也变得前所未有地难以捕捉。在新冠疫情暴发的头三个月，病毒传播的速度前所未有。再加上“黑人的命也是命”运动，使得倾听员工的声音变得尤为关键。

通过每日脉冲，人力资源业务洞察团队以一种非侵入性且极具价值的方式，在全球范围内对具有代表性的员工样本进行了调查。2020年3月，每天都有1 500名随机抽样的员工受邀参与调查。在新冠疫情期间，每日脉冲作为一种了解组织情绪的方式变得越来越重要，道恩团队从2020年4月起每天发送2 500份调查邀请。

这些调查既包含定量问题，也包含定性问题。通过提出开放式问题，例如“请就新冠疫情向微软高层领导提出您的任何意见或问题”，以及“当提及微软当前的内外部环境，您认为这里正在发生什么”，员工能够就微软和全球时事提供真实的见解。

此外，道恩及其团队还可以在24小时内增加、删除和编辑问题。这种敏捷性，再加上每日脉冲的简洁性，使得企业能够紧跟大流行病的蔓延和“黑人的命也是命”运动的动向。问题和答案始终紧跟当下趋势且切中要害。在危机时刻，反馈比以往任何时候都更为重要。这些来自每日脉冲的洞察，每周都会汇总并呈报给人力资源领导团队。

收集上来的回答经过了人工与机器的双重分析处理。道恩的团队最开始是对评论进行人工编码，并开发出了一套全面的编码系统来对评论进行分类。然后，利用这个编码系统，他们开发了数个有监督能力的自然语言处理模型，这些模型使得在最低限度的人工干预下对评论进行扩展分类成为可能。

首席人事官凯瑟琳·霍根创建了一个专属账号，定期发送电子邮件与微软的20 000名管理者共享这些洞察和建议。而对于员工，该团队协同学习与发展部门密切合作，围绕洞察结论和成果来开发完整的内容。道恩希望，不久的将来能为员工补充一个专门的学习平台，让他们能够访问自己所有的个人数据和分析洞察。

团队从每日脉冲调查中收集的信息，有助于企业为全体员工提供恰当的支持，并不断为项目提供信息、促进协作与团队合作。通过每日脉冲收集到的评论，还额外促成了一项按地区进行的关于办公地点的调研，用于制订从远程办公向回到公司职场办公的过渡计划。“事实证明，能够如此大规模且细致地倾听员工的声音并做出回应，是非常有价值的，这帮助我们了解如何在每个国家为员工提供支持，以适应新的灵活办公条件。”

“如果说2020年双重危机带给我的经验是什么，那就是人力资本分析是一切的核心。”道恩回忆道，“我很高兴我的团队在员工倾听尤其是脉冲调查方面的大力投入，因为它给予我们一项技术，让我们能够大规模地倾听员工声音并与之沟通。”

也许有人会说，微软作为一家大型的全球性科技公司，能做到这一点并不奇怪。但道恩发现，无论公司的技术水平有多强，核心问题始终是一致的：如果没有一个能够适应规模化扩展的技术模型，你就无法获得成规模的分析洞察。因此，微软之所以能做到，并非因为它恰好是一家科技公司，而是因为道恩预见到了规模化扩展分析工作的问题，当危机来临时，她已经打好了基础。

凭借着正确的技术和流程，当世界发生变化时，道恩已经做好了准备，用与时俱进的洞察帮助企业做出反应。这应该成为每个人力资本分析领导者的目标。

关键提示

大胆使用技术，实现分析的规模化扩展。

小 结

技术是推动人力资本分析的关键因素，它有助于数据收集与分析、支持数据民主化，并奠定将分析解决方案规模化扩展至整个企业的基础。关于技术的关键信息包括以下几点：

- 持续广泛追踪人力资本分析技术市场最新的研究和同行动态，但只有当技术能够帮助解决明确的业务问题时，才考虑采购它。
- 在隐私和道德方面坚持健全且可靠的处理方法，尤其是针对一些新兴技术。
- 培养与采购团队的关系，帮助他们理解业务问题，并邀请他们参与供应商选择。
- 重点关注那些寻求合作伙伴、在产品路线图和试点项目上具有灵活性并对数据隐私有明确策略的供应商。
- 为了自研技术解决方案，应不断确保相应的支持，与财务部门合作完成投资论证，并以透明的方式与企业和人力资源技术团队合作。
- 尽可能地在整个企业内实施分析技术，实现分析的规模化扩展和产品化。在人力资本分析团队中培养产品管理技能和以人为本的设计技能。

维度六：数据

在本章，我们将探讨：为何人力资本分析领导者应同时担任人力资源首席数据官，为何他应当是数据管理中最重要的因素，以及如何运用其他新兴技术中的内外部数据来增加最终实现业务成果的价值。

探索……

- 为什么数据监督非常重要；
- 如何让数据管理成为一项助力而非干扰因素；
- 为何来自新兴技术的数据能让人力资本分析如虎添翼。

这些洞察来自……

- 汇丰银行（HSBC），关于将人力资源首席数据官的角色与人力资本分析相结合；
- 诺基亚（Nokia Corporation），关于利用“燃烧平台”进行数据管理；
- 利乐（Tetra Pak），关于与财务部门协作以实现关键业务目标的数据标准化。

概　述

数据

作为九大维度之一，数据包括数据监督、数据管理，以及怎样利用数据为企业创造更多价值。其中，数据源的使用非常重要，尤其是大量涌现的新兴数据，它将形成增量价值，把人力资本分析的关注范围延伸到人力资源政策和流程之外，从而深入解决那些最为复杂的业务问题。

数据无处不在。根据五年的复合年增长率（CAGR）计算，2020—2024 年创造、抓取、复制和消费的数据量可能会超过之前 30 年所创造的总数据量（International Data Corporation，2020；Press，2020）。

数据量如此庞大！数据的指数级增长既给企业带来了挑战，也给企业提供了获得竞争优势的机遇。

数据是所有分析工作的基础，因此也是分析工作能否成功的关键。甚至在“分析”一词成为通用词之前，它就已经是数据的本质特征了，正如 20 世纪 70 年代《公共管理评论》中描述的数据 – 信息 – 知识金字塔所示（Henry，1974）(见图 1)。

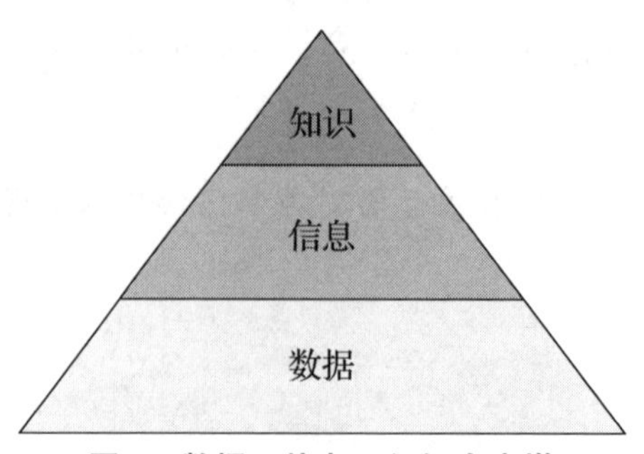

图 1　数据 – 信息 – 知识金字塔

资料来源：Henry（1974）.

然而，数据也可能成为人力资本分析团队的“阿喀琉斯之踵”①，因为根据我们的经验，许多此类职能部门都坚信，在分析工作开始之前，所有人力数据都应被“固定”下来。诚然，组织良好的数据是重要的——可以说非常重要，但在开始人力资本分析项目之前先创建完美的数据，这种想法是不明智的。

更为明智的做法是聚焦于能够提升数据可用性、质量和可访问性的关键议题。以下是几个关键点：

- 了解哪些数据是可用的；
- 掌握理解、计算和软件技能，从而能够进行数据抓取、清洗、处理、分析和呈现；
- 熟知构建、管理、治理和保障人力数据安全的方法；
- 识别应寻求哪些新的数据源，以应对日益增长的需求、挑战和机遇。

本书不对上述的前两项进行讨论。在《HR的分析力：人力资源数据分析实践指南》（Guenole，Ferrar and Feinzig，2017）一书中，有一整章聚焦于人力数据的实际应用，包括理解什么是足够好的数据、缺失的数据、过时的数据，面对数据不可用、数据非正态分布、数据异常值和数据定义不一致等问题时应该如何应对，以及关于人力资源内外部和非传统数据源的简明介绍。因此，我们不在此对这些主题的内容进行赘述。

不过，在接下来的内容中，我们将继续探讨上述关键点中的第三点和第四点。

① “阿喀琉斯之踵”是指一个人的性格或本性中最薄弱的部分，也是最容易被他人攻击或批评的地方。在商业领域，它被用于指代系统、流程或团队中的薄弱环节，这些弱点可能导致漏洞或潜在的活动终端。

作为人力资源首席数据官的人力资本分析领导者

首个公认的首席数据官（CDO）职位由美国第一资本金融于 2002 年创设（Forbes Insights，2019）。如今，大多数大型企业均已在公司层面设立了该职位。

人力资源首席数据官的角色是 21 世纪才出现的，在本书的研究中，我们发现只有 28% 的人力资本分析领导者承担了一定程度的首席数据官、数据治理或数据监督的职责。

我们坚信，人力资本分析领导者也应该是人力资源的首席数据官。汤姆 · 达文波特（Tom Davenport）和兰迪 · 比恩（Randy Bean）在 2020 年发表的题为《你是否对首席数据官要求过高？》的文章中，定义了七种类型的首席数据官。在人力资本分析的情境下，其中的三种角色类型应整合为人力资本分析领导者要承担的首席数据官关键职责，即首席数据与分析官、数据治理员和数据伦理专家。我们接下来逐一加以讨论。

首席数据与分析官

数据是人力资本分析取得成功的关键因素之一。因此，将数据管理、数据科学和数据分析的职责结合起来，能够让人力资本分析领导者掌控自己的命运。鉴于人力数据的敏感性，人力资本分析领导者需要全权负责对这些数据的治理，以及在组织中明智且合乎伦理地使用这些数据。

本部分的治理维度阐述了人力资本分析的方式、益处和整体治理结构，展示了数据监督是实现卓越人力资本分析所需的六大治理类型之一。我们建议将数据治理与分析治理相结合，这也与技能维度所描述的人力资本分析领导者的角色不谋而合。

数据治理员

若想获取更多关于首席数据官角色的洞察，并理解它是如何随着时间的推移而演变的，我们推荐你阅读波士顿咨询公司（Boston Consulting Group）的文章：《“要展示，不要叙述”的数据治理方法》（Aractingi et al.，2020）。这篇文章阐述了首席数据官如何从最初阶段的“执行者”，通过设定愿景并打好基础，转变为确保数据治理遵循最佳实践的“促进者”。

制定明确的人力数据战略

对于担任数据治理员的人力资本分析领导者来说，其中一大好处是，他们可以为组织内人力数据的使用战略制定明确的愿景。

图 2 强调了一个推荐的人力数据战略的组成要素及其重要性。我们来探讨这一战略的关键要素：

> 一个好的人力数据战略，是合理利用所有数据来激发业务价值、保护企业和员工，并鼓励和促进创新。

图 2　推荐的人力数据战略

所有数据　包括整个企业的所有人力数据，以及在适当情况下涉及的非人力数据（如财务、客户、运营、销售、固定资产数据等）。

业务价值　人力资本分析应致力于为业务创造价值。它不应局限于部门或团队层面。这需要强有力的合作伙伴和“数据共享，力量之源”的理念。

保护　以明智和合乎伦理的方式使用人力数据是最重要的，在与数据隐私相关的所有方面都要有严格的流程。这不仅是对法律法规的遵守，更是要“做正确的事”。

创新　在组织内跨部门合作和数据共享，将有更多机会提高创造力、提供新的解决方案，为企业及其员工带来更好的成果。

严格的人力数据战略和方法将带来三大关键成果（见图 3）。首先，它将推动业务价值、提升业绩的责任与相关方的职责相关联；其次，在提供强有力的伦理治理方面，它能够保护企业和员工，并为员工营造一个通过共享数据而获得个人利益的环境。最后，它有助于营造一种围绕人力数据的使用、推动整个业务创新的健康文化，并为人力资本分析的成长与繁荣创造动力。

图 3　人力数据战略和方法的关键成果

构建强有力的治理框架

作为数据治理员，人力资本分析领导者在制定整个人力数据治理的框架方面扮演着重要角色。我们为此提出一个模型，其中包含若干子组件，分别围绕着三个关键类别，如图 4 所示。

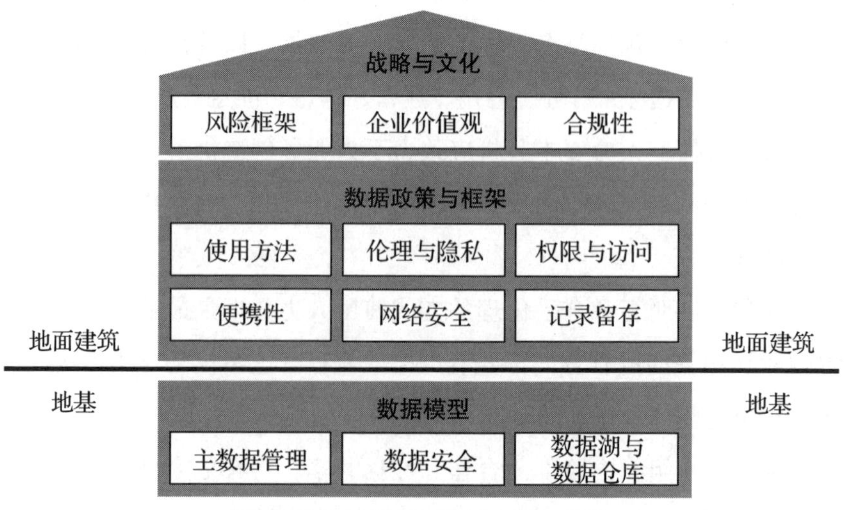

图 4　人力数据治理的“房屋”架构

这个模型就像一栋房屋，其中一些元素是在地基下的，而另一些元素是在地面上可以看见的。与之类似，人力数据治理的某些元素也是基础性的，通常不为人所见也不被人欣赏；而地面上的元素则更常与其他利益相关者共享。

战略与文化 这一类别涉及将人力数据治理与组织的价值观、合规性以及风险管理框架结合起来，有助于整体公司的治理。就像屋顶保护着室内免受风雨侵袭一样，这些治理层面的元素能够为整个数据政策、框架和模型提供保护。

数据政策与框架 这一类别确保人力数据治理的具体内容符合法律规定，以及公司对数据隐私的伦理、法律及监管要求。它同时包括数据使用与转移、权限、访问、记录留存等方面相关的政策与框架，以及网络安全这一重要议题。就像一栋房屋有不同形状、不同大小的房间一样，这些议题也有着不同程度的复杂性。

数据模型 这一类别为组织的所有人力数据提供最基本的基础和原则。它确保数据的合理定义、存储、调用、处理和治理，并生成和维护可供查询、访问、操作和复用的高质量数据。同时，它还关注人力数据的存储与安全问题，包括数据仓库和数据湖——这两者都是必要的，因为正如亚马逊网络服务（Amazon Web Services）所说，“一个典型的组织会同时需要数据仓库和数据湖，因为它们服务于不同的需求和用例”。如同一栋房屋有稳固的地基，数据模型也是人力数据乃至整个人力资本分析的基石。

关于人力资本分析的数据治理，我们认为如果上述所有要素都能被有效建构和执行，人力资本分析团队及整个人力资源部门的信誉度将得到显著提升。我们尤其相信，人力资本分析扮演的数据伦理专家角色非常关键，接下来我们对此进行深入探讨。

数据伦理专家

伦理和数据隐私是人力资本分析中最重要的两个主题。我们在前面的治理维度讨论了设立并发展伦理与隐私委员会，将其作为管理伦理和数据隐私相关内容的手段之一。我们建议，人力资本分析领导者作为一个数据伦理专家，应该领导伦理与隐私委员会，这个委员会由首席隐私官、关键任务委员会和员工关系专家等代表组成。

如果一个组织能在伦理政策执行上保持透明，就有可能获得公司各级员工的信任。这一点对于实现“公平等价交换”非常重要。建立信任，并借此从员工那里收集更多人力数据，就能够实现更大的价值。

根据埃森哲关于信任与劳动力价值的开创性研究，如果一个组织“采取负责任的策略，那么信任的红利回报可能超过未来收入增幅的6%”（Shook，Knickrehm and Sage-Gavin，2019）。这些负责任的策略包括：

• 给予控制权，赢得信任。对于员工自身的数据，授予他们更大的控制权。

• 共享责任，共享利益。让人们参与到系统设计中，并明确担负责任的管理人员。

• 提升人力价值，负责任地使用技术。用负责任的新方法使用技术，提升人力价值的地位，并修正技术自身的副作用。

制定伦理章程就是实现“公平等价交换”（即共享责任、共享利益）的制度之一。治理维度中的案例研究“劳埃德银行集团——伦理之重”概述了制定伦理章程的关键要素。

成为人力资源首席数据官

将人力资源首席数据官的职责与领导人力资本分析团队的角色结合起来，不仅能让人力资本分析领导者掌控自己的命运，而且能提高长期为企业持续创造价值的可能性，并获得员工的高度信任。

这一策略在现实中如何发挥作用？下面这个来自汇丰银行的案例研究就是说明这一问题的典范。该案例研究的核心经验是：深入聚焦数据治理，解锁价值潜能。

案例研究

汇丰银行——管理数据，提升业务价值

在那些拥有成熟人力资本分析组织的公司，很少有公司建立了由分析团队设计的、强有力的数据治理模型。运用数据监督来指导分析工作的公司更是寥寥无几。让人力资本分析领导者同时兼任人力资源首席数据官的公司，更是屈指可数。

汇丰银行[①]是少有的将人力数据监督提升到如此高度的组织之一，它能够细致地分析、安全地存储来自超过25万名员工的数据。最高层能够获得由数据驱动的人力资源洞察并将其转化为行动，每一位员工都能够自助访问不同层次的银行数据，管理者可以在查看其团队人力数据的同时获得来自整个业务方面的信息，人力资源和首席财务官/首席运营官等群体也可以按需访问各种日常信息。

为了突出数据架构在促进分析价值发展进而推动业务增长方

① 汇丰银行于1836年在英国伯明翰成立，全球总部位于英国伦敦。目前服务于全球4 000多万客户，拥有超过85 000名员工。

面的重要程度，汇丰银行推出了一个人力资本分析对话机器人，这个机器人允许自助平台的用户通过对话的方式提出问题，并在对话框里立刻展示分析洞察。如果没有汇丰银行在数据治理、数据管理和元数据模型定义上的高度重视，这一切都难以实现。仅仅考虑一个因素就可见一斑：数据是从非常多的不同的系统中抓取的，覆盖了60多个国家——单是这项工作的数据建模、数据隐私、数据安全以及数据质量要求，就已经极具挑战性。

这项战略和方法的推动者是伊登·布里特（Eden Britt）。他是汇丰银行人力资本分析与人力资源首席数据官（CDO）的全球负责人，自2016年以来一直领导这一战略。

“真正强大的数据治理能让人力资本分析为我们的员工和业务创造价值，”伊登解释道，“归根结底，稳健的数据结构能够让我们既自信又快速地开展工作。建立并持续优化我们的数据管理，是银行所做的最有价值的举措之一。”

伊登拥有20多年的人力资源领域经验，持有信息技术学位（“前互联网时代！”），并且对设计和编程充满兴趣，因此他既有深厚的人力资源背景，又有强大的数据和系统背景。这些赋予他别人极为稀缺的能力，既能理解人力资源职能及其运作方式、员工生命周期，又能理解数据处理和数据结构，以及数据分析的业务背景。作为银行集团数据领导团队的成员之一，伊登作为人力资源首席数据官的职责是，帮助制定并执行人力资源数据战略和银行的整体数据战略，确保汇丰银行在数据管理、数据质量、完整性、治理和数据架构等方面建立更好的控制机制。伊登同时戴着人力资源首席数据官和人力资本分析负责人“两顶帽子”，这意味着他肩负着定义、开发和实施人力数据、分析与数据科学战略的职责，要为构建人力数据的坚实基础提供助力。

“这一角色的双重性非常关键，”伊登说，“因为它让我能够去思考组织的发展方向、人力资源如何适应组织的战略，以及围绕良好的数据管理我们应该借力什么数据、围绕分析我们应该利用哪些数据来构建战略，最终优化组织并协助汇丰银行应对商业挑战。”

伊登和他的团队首先从建立治理机制入手。“人力资源数据被广泛用于银行的人力资源流程和服务中，从管理者履行其人事管理角色，到驱动安全配置文件、集团目录信息和业务系统访问权限等。”伊登解释道，“为此，我们需要清晰且准确的数据结构，以确保所有人力数据的安全、干净、稳健和准确。”

伊登从一些基本的问题开始，与本部分的治理维度所讨论的问题类似：谁是数据监督员？谁是数据所有者？它们如何与流程相关联？我们如何记录数据字典？是否有数据术语表？我们如何管理控制权限？我们如何对这些控制权限进行持续监控以确保其有效性？我们如何让数据管理良好运转？

“当我思考数据治理和数据管理时，我会深入考量许多不同的要素，”伊登说道，“我不仅要考虑伦理、数据隐私和控制权限、相关文档、严谨性，还需要考虑我们应如何把数据集成到同一个环境中，以便将这些数据服务于我们的分析目的。这些思考有助于我们识别哪些关键数据元素应该作为确保数据质量的重点，哪些数据应该从核心人事平台抽取进我们的数据仓库，以及我们在数据仓库的数据结构应该如何搭建。为了充分利用自动化、直通式处理和机器人流程自动化的优势，我也在考虑如何优化人力资源职能的运营侧。”

通常，只有在首席数据官角色与人力资本分析领导者角色二合一的组织中，我们才能够看到这样的视角。那些只担任首席数据官角色的领导者，并不对分析的业务价值负责。因此，他们有时可能会将数据管理简单归类为“数据的整体处理以及数据质量、管理和完整性问题”。只有拥有分析的视角和责任心，才会让他形成用数据来实现业务价值的思维模式。

团队在人力数据治理和文档方面采取的多方面路径，为伊登提供了巨大的帮助。此外，他还被赋予权力挑战人力资源部门之外的“手工作坊”，并对数据仓库的完整性进行严格的检查。这让人力资源部门成为“黄金数据源”——整个银行所有人力数据的唯一真实来源。有了首席数据官这顶帽子，伊登就可以管理这个“黄金数据源”。“利益相关者知道，当他们使用我们的数据时，可以放心这些数据是准确的——即使面临挑战，也通常是系统尚未更新导致的。”

伊登描述了一个绝佳的例子是关于员工流失的，即管理者尚未将离职信息输入人力资源管理系统（HRMS），但实际上企业已经将该员工视为离职人员。他的建议是，始终回归到流程上，确保在核心人事平台上更新数据从而保证准确性，而不是在系统外“调整”数据。“今天在系统中更新，明天就会在你的报告中呈现！”伊登解释道。

可靠性意味着，人力和业务相关的决策可以基于高质量的定量和定性数据来制定。如今，人力资源数据会定期提交给集团高管委员会，并获得认可。伊登指出：“在高管层面，以及财务部等其他职能部门建立对人力资源数据的信心，是获得信赖和成功的重要一环。”

强大的数据治理也能帮助团队解决问题。面对来自人力职能之外的任何新数据，或对人力数据的任何挑战时，伊登都会进行根本原因分析：“我们将同时解决数据问题和根本原因。这意味着我们将持续改善这种迭代循环，确保我们提供的数据能够支撑业务需求。”

伊登认为，之所以能够如此成功地植入并管理数据治理，得归功于工程思维模式。“务实，对流程、数据结构、业务背景良好的逻辑理解，以及对风险管理的思考，都有助于我们决定如何使用数据、哪些数据重要，以及参考哪些数据结构。我认为，善于解决问题并有大局观念的思考者，是最佳的数据治理人员。”

在回顾自己的双重角色时，伊登认为，由于他担任首席数据官的角色，他可以从分析中获得更多价值。在担任首席数据官时，他采取务实的风险管理策略，而非纯粹的技术视角：“纯粹从技术角度看问题的人，往往会迷失在架构文档、数据流和与流程的关联之中。”他说，“这也很好，但仅靠文档资料并不能总是让你看到大局。”

伊登说：“我发现，拥有务实的、以行动为导向的思维模式会更好。当把业务目标作为你的最终结果时，你的工作方式会更像一个战略家或企业主，而不是一个技术人员——你已经做好了准备去工作，去站出来并改变现状，但你同时也充分了解采取行动时会遇到的一连串风险。当你能够妥善处理风险的各个方面时，数据分析和数据科学的工作就简单多了。”

关键提示

让人力资本分析领导者成为人力资源首席数据官。

数据管理

关于数据管理的书籍和文章众多，甚至有专门的学位课程探讨错综复杂的数据管理及其相关议题。本书旨在分享我们在研究过程中学到的一些关键洞察，为这一领域提供一定的指导。

如前文所述，提高数据质量、改进数据管理的需求不应成为组织人力资本分析的障碍，这是非常重要的。然而，要想实现人力资本分析的长期可持续性和一致性，就必须投入时间，去开发出一套动态的且可复用的数据管理解决方案。

请做好准备——有效的数据管理需要巨大的努力和时间投入。本章后面的案例研究“诺基亚——出色的数据基础设施解锁价值”描述了诺基亚如何花费数年时间进行数据管理。但这些努力是值得的，人力资本分析团队能够在新冠疫情大流行初期迅速响应企业对人力信息的需求，就是最好的证明。

麦肯锡的文章提供了极好的参考资料，其中包括“影响力阶梯”模型（Ledet et al.，2020）。在一篇题为《如何成为出色的人力资本分析师》的文章中，作者通过对全球组织中 12 个人力资本分析团队的定性访谈，强调了领先人力资本分析团队的几个要点：

保持数据管理与人力资本分析的愿景一致　在投入时间进行数据提取、处理、清洗和重新编码之前，务必确保这些工作与整体愿景保持一致。不要花时间去重复处理那些无关紧要的或影响力小的数据。

建立通用的数据语言、定义和标准　打通所有业务部门，尤其是与财务部门合作，就所有数据元素达成一致的数据层次结构和数据字典，这对于严谨的分析领导者而言至关重要。如此一来，将确保整个企业使用统一的语言，并提高分析部门的可信度（另见本章后续部分的案例研究“利乐——与财务协作的生产率分析”）。

采用跨职能的技术手段　人力资本分析团队应与整个组织的同伴敏捷合作，共同为企业级的良好数据管理提供技术和基础设施支持。

让数据科学家参与进来　数据科学家熟练掌握 R 和 Python 等编程语言，能够将来自不同数据源的数据整合起来、构建模型并向管理层提供可操作的建议，从而将数据分析提升到更高水平。

投资专门的数据工程资源 麦肯锡发现，最显著的团队间区分因素是专门数据工程资源的投入程度。如果在这方面有大量投入，领先的团队就能“对自己的数据存储库拥有完全的掌控权，使得他们能够快速验证新的想法，进行迭代，并减少对企业级技术资源的依赖”。

数据源的广度和深度 领先的人力资本分析部门在构建强大的人力资源数据基础方面投入了大量资源。他们远远超出了核心人力资源的边界（见本部分的技术维度），增加了额外的内部数据源，所以他们能够提供更加高级的洞察和解决方案。

总体而言，数据管理不应被视为一项孤立的活动。事实上，如果数据管理得当，它将带领我们走上一条有影响力的人力资本分析道路。因此，我们建议人力资本分析领导者着眼于掌握并引导人力数据战略，然后指导数据管理以及上述相关流程。

有时为了实现这一点，我们需要一个“燃烧平台”，正如诺基亚的案例研究所描述的。它向同行分析师和人力资源高管传递的核心经验是：建立一个动态的、可复用的数据管理系统，动作要快！

案例研究

诺基亚——出色的数据基础设施解锁价值

2020 年初，当新冠疫情大流行来袭时，诺基亚[①]能够迅速汇聚内外部人力及其他业务数据，为支持业务的连续性和员工安全提供信息。之所以能做到这一点，得益于公司目标清晰的人力资源数据管理方法。

① 诺基亚是一家芬兰跨国电信、IT 和消费电子公司，成立于 1865 年。截至 2020 年，诺基亚在 100 多个国家拥有约 103 000 名员工，在 130 多个国家开展业务。

诺基亚采取这种清晰而明确的方法来进行高质量数据管理，原因是2016年1月出现了一个“燃烧平台”：诺基亚并购了一家电信企业——阿尔卡特朗讯（Alcatel-Lucent）。两家公司合并时，它们的规模相当，都有数万名员工，业务遍及数十个国家，这为两家公司在流程转型过程中提供了取长补短的机会。在劳动力分析方面，两家公司都有由初创的报表和分析团队混杂而成的劳动力分析团队，它们分布在全球各地，且缺乏明确的数据管理技术或系统。

“这次合并像是一声响亮的行动号角：‘从这里开始！’”诺基亚劳动力分析与组织管理负责人大卫·肖恩慈（David Shontz）回忆说，“唯一能让新合并企业在分析方面有效创造价值的方式，就是通过简化的系统来实现稳固的数据治理。为了实现这一目标，我们知道，我们必须迅速行动，把系统和数据整合到一起。”

负责系统和数据集成的项目团队由亨德里克·皮特斯（Hendrik Pieters）领导，他是人力资源信息系统的业务转型负责人。项目的第一步，是制定清晰的策略。亨德里克及其团队商定了以下四个策略驱动因素（见图5）：

- 提升终端用户的体验：这是积极影响员工体验的策略驱动力。
- 简化人力资源流程和相关技术：这是改善所有条线管理者和员工的日常生活、为业务带来可量化收益的策略驱动力。
- 实施动态的需求变更管理：这是确保诺基亚和阿尔卡特朗讯的团队更为迅速地选择系统和人力资源流程，从而加速文化融合的策略驱动力。
- 完善下游系统和接口：这是旨在降低管理费用和成本的策略驱动力。

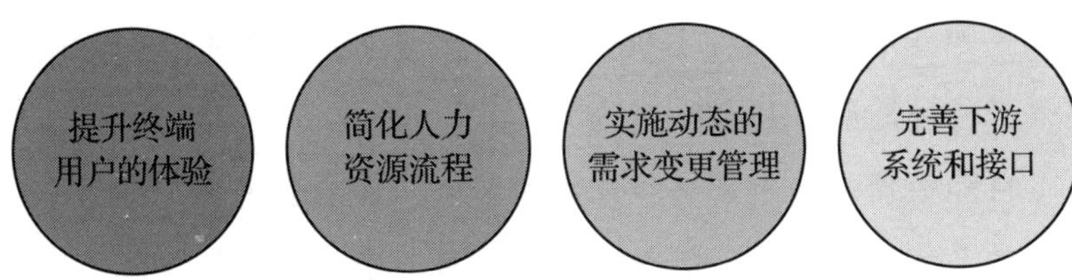

图 5　阿尔卡特朗讯与诺基亚整合的策略驱动因素

资料来源：经诺基亚授权转载，2020 年 12 月。

有了清晰明确的策略，团队就可以开始选择技术了。这是整合过程中最具挑战性也是最复杂的部分。在整理出两家公司的数据和技术清单后，团队建立了一个流程，通过该流程来迅速决定哪些系统适合于合并后的公司。

在某些情况下，比如选择核心人事系统时，决策相对简单：由于诺基亚的原有流程被视为新合并后诺基亚的基准，再加上现在速度非常重要，因此自然而然地决定未来也使用诺基亚的核心人事系统。而绩效和薪酬方面，出于年度薪酬流程的迫切需要，作为优先处理的项目，决策同样相对简单——还是以诺基亚的流程作为基准——作出这一选择也很容易。与之类似，在学习和发展方面，由于阿尔卡特朗讯高度重视自己的系统，因此果断选择了它而非诺基亚的系统。

然而，在诸如招聘系统之类的其他系统上，却没有完美契合的选项。在这些系统上，团队需要具体问题具体分析，在报价的基础上逐个挑选原有的系统或者其他备选系统。

核心人事系统的实施形式是波浪式逐步递进、具体问题具体分析的。第一波着重于受合并影响较小的国家，即合并的员工规模最小的或诺基亚员工规模大于阿尔卡特朗讯的国家。最后才涉及那些市场更为复杂的国家，例如两边员工人数规模相近，甚至阿尔卡特朗讯占据主导地位的国家，比如美国（诺基亚员工 4 000

人，阿尔卡特朗讯员工 6 000 人）和中国（诺基亚员工 9 000 人，阿尔卡特朗讯员工 11 000 人）。

在那些拥有本地系统和技术的国家，诺基亚用选定好的全球统一的系统进行更替。随着时间的推移，亨德里克和他的团队成功将这一切流水线化，使之成为一套技术体系。

在不稳定的环境中进行整合是异常艰难的，即使团队的决策十分迅速，但他们遇到的挑战一个也没有少。比如，年度薪酬活动在并购后的第三个月就开始了，这不仅需要一个新的计算引擎，将预算分摊到超过两倍的法律实体和五倍的业务单元，还要同时与两个原有组织的工作委员会进行薪资审查，诸多挑战层出不穷。尽管如此，他们凭借着清晰、系统的方法，从合并之日起仅仅四个月就成功完成了首次年度薪资审查！

在整合过程中，团队开发了一个通用数据模型，该模型汇集了来自各个系统的所有数据项及其关系、安全性和访问协议。如今，这个模型已经成为诺基亚所有企业级人力资本分析的基础，并通过与不同人力资源系统的集成保持持续更新。

该团队对数据管理进行了格式化，以适应所选技术的新方法。“我们采取的一种方法是，开始思考我们未来可能需要的洞察类型，”大卫解释道，“这意味着我们总是在以最佳方式实施系统和数据管理，以便为企业和员工带来最有价值的见解。”他们的目标是使用尽可能少但有效的工具，以便让两家企业的数据和人员轻松地融为一体。

数据和系统集成的速度令人惊讶。快速决策带来快速实施。整个数据管理和技术选择过程仅用了 18 个月，而在此期间以及之后的 12 个月里，实施工作一直在持续（见图 6）。

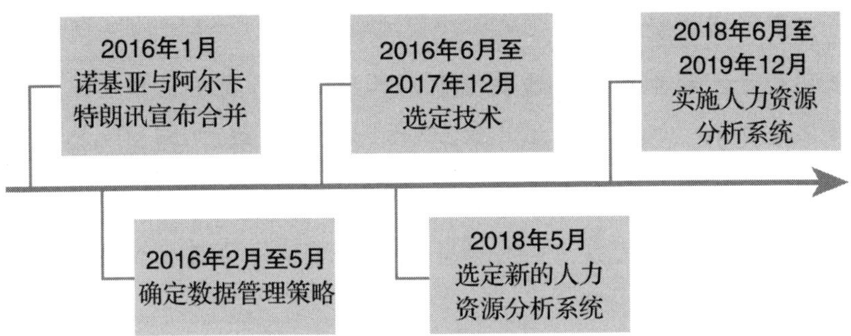

图 6　诺基亚数据管理转型时间线

资料来源：经诺基亚授权转载，2020 年 12 月。

取得的主要成功包括：

- 在合并之日后的 4 个月内，年度薪酬复盘流程就得到了一个统一的流程和系统支持。
- 在合并之日后的 12 个月内，销售激励、员工表彰、员工激励和员工股权回购计划均通过一个统一的系统、围绕统一的流程实现。
- 在短短两年半的时间内，核心人事系统（包括发薪系统的整合）被整合到了一个统一的技术与数据管理平台中。

最后，在新合并的诺基亚组织中，大卫的劳动力分析团队可以开始考虑如何改革人力资本分析。凭借整合后的技术装备和统一的数据管理系统，该团队只需选用一个能够支撑全球人力资本分析的数据民主化和可视化平台即可。

“如果只考虑人力资源部门，我们可以继续沿用现有的系统，”大卫说，“但在与业务利益相关者和其他职能部门的沟通中，我们意识到他们的技术远远超过我们。我们从这项工作的一开始就是要贯彻人力数据和业务数据相结合的策略，因此我们选择了在整个企业范围内正在使用的技术平台。”这一决策非常正确，在之后的几年内，所有诺基亚的人力资源和业务领导者每天都能使用他们熟悉的平台，获得基于人员数据的人力洞见，以支持他们的决策。

大卫回顾整个统一系统和数据的策略时说："我们从一开始就很明确——流水线化必须要能带来真正的、可复用的成功。这意味着'产出'必须是洞察，并且是可操作的洞察。"随后，该团队与诺基亚的管理者和用户合作，了解他们在工作中需要哪些洞察，并运用设计思维的方法，为全球人力资源和领导组织提供了实用且吸引人的产品。

这些精简过的、嵌入式的流程，使得劳动力分析团队能够在真正关键的时刻快速响应并增加价值，例如在2020年初新冠疫情大流行来袭时。拥有最新转型后的人力资源分析平台，团队能够以前所未有的速度，自信而准确地做出反应。

> 我们拥有了在2016年之前没有的两样东西：所有劳动力分析的坚实基础，以及快速轻松地集成新数据源的能力。我们只需要来自业务的问题，或者有远见地预先为业务提供可能需要的东西。我们没有预料到一场全球性大流行病会是对系统的考验，但我们必须做好应对一切情况的准备。而我们做到了。
>
> 我们想给其他人传达的信息是：汇聚所有人力资源数据的难度超乎你的想象，最终产品的用途同样不可小觑。

经过回顾，大卫、亨德里克和诺基亚整个团队的成功，显然得益于他们的方法，包含以下三个指导原则（见图7）。

图7　诺基亚数据管理系统集成的指导原则

资料来源：经诺基亚授权转载，2020年12月。

首先，明确的策略和四个驱动因素确保了强有力的方向指引。其次，团队基于最佳流程、最佳技术或在员工中渗透最深的系统，对系统和技术做出决策，也让做决策变得简单。最后，他们的决策和行动速度都很快，远超大多数组织。没有冗长的犹豫不决，即使是在采购流程阶段，他们也是迅速行动的。

整个团队专注于充分利用现有资源，迅速行动。正因如此，在合并后的组织中，数据和系统管理能够迅速到位，让人力资本分析得以立即产生价值。

关键提示

带着业务目标，积极主动思考数据管理。

撬动企业各方数据，形成业务成果

把人力资源数据与业务数据结合在一起，是“2+2=5”[①]的完美范例，即总和大于各个部分之和。

在本书，我们始终倡导一种由外而内的人力资本分析方式，即从整个企业中获得客户需求，并将其转化为实实在在的业务成果。这要求人力资本分析团队与企业的其他部门建立伙伴关系，联合他们的数据和专业知识，共同解决面前的业务挑战。

在本书第一部分“为什么要做人力资本分析”的案例研究“澳大利亚国民银行——实践中的人力资本分析”中，我们介绍了该银行如何建立一个企业分析数据委员会来促进协作、提供集中配置的专业技

① “2+2=5”理论是指，当两个公司或组织合并时，它们的成就和成功将超过各自单独行动时所能达到的成就。参见《剑桥商务英语词典》。

术，并为全行所有分析人员提供学习和职业发展机会。像澳大利亚国民银行这样的组织，以及其他在企业层面成立了类似能够实践的委员会或团队的公司，为多个分析团队共同协作、解决重要的业务挑战创造了理想环境。

对于那些还未设立此类组织架构的组织，我们建议其人力资本分析领导者与其他同行合作，可能还需要借助公司内部其他部门的首席分析官（如果有的话）的力量。

在实际操作中，协同工作包括共享数据、资源和技术，以及接受差异。我们注意到，这样做的团队通常都遵循“共享的数据就是力量”的原则，因此，他们在解决复杂的业务相关问题方面，往往能更为成功。

将人力数据和其他业务数据结合起来，能实现的业务成果不胜枚举。以下是一些常见的数据共享机会，及其相关用例的示例。

客户数据与人力数据结合 包括合并诸如客户净推荐值得分、客户转化率和客户服务数据等客户数据。例如，欧艾斯集团（ISS）发现了员工净推荐值对客户净推荐值和合同盈利能力的影响（Kamp Andersenet et al.，2015）。同样地，案例研究“澳大利亚国民银行——实践中的人力资本分析”也发现，银行分行的员工敬业度对客户净推荐值有着直接影响。

财务数据与人力数据结合 包括收入、利润、成本、费用、部门成本数据、间接费用和其他“全面成本”，以及每股收益等。后面的案例研究“利乐——与财务协作的生产率分析”，探讨了人力资本分析团队是如何与财务部门联手应对与员工生产力相关的业务挑战的。

销售和收入数据与人力数据结合 包括新客户销售额、现有客户增长率、客户续订率和保留率，以及市场份额数据等。例如，维珍媒体（Virgin Media）发现，一些客户会因为在投递公司职位时的不良体验而取消订阅，导致公司每年损失 500 万美元（Steiner，2017）。

安全和事故数据与人力数据结合 包括安全事件和事故报告，以及与事故相关的缺勤数据。例如，马士基钻井公司（Maersk Drilling）通过构建一条价值链，使钻井平台的领导力水平与员工流失率降低、安全表现水平提高相联系。

这只是四个示例，我们还观察到把其他业务数据与人力数据相结合来实现业务成果的案例，包括房地产数据（例如人流量、闭路电视、办公室使用动态、建筑位置等，能够帮助工作场所设计、促进团队协作）和 IT 数据（例如计算机与应用程序的使用情况，用来衡量远程工作的有效性、生产率、团队协作、员工福祉和包容性等）。

接下来的案例研究将展示共享数据并解决组织问题带来的收益，这些问题只有在各部门及其数据得以共享的情况下才能解决。该案例的核心经验是：与财务部门合作，提高人力数据的可信度，使其用于指导财务决策。

案例研究

利乐——与财务协作的生产率分析

利乐[①]是一个耳熟能详的品牌，但人们或许并没有意识到自己对其产品的使用程度有多广泛。该公司以生产牛奶盒等食品包装而闻名。自 1951 年成立以来，利乐实现了惊人的自然增长，仅 2019 年一年，其净销售额就达到 115 亿欧元，约有 25 000 名员工在超过 160 个国家提供产品和服务[②]。

① 利乐是一家跨国食品包装和加工公司，总部位于瑞典隆德和瑞士普利，成立于 1951 年。

② 见 https://www.tetrapak.com/about/facts-figures.

在过去20年里，利乐的人力资源团队一直专注于涉及规模扩张和业务增长的劳动力规划。随着公司日益成熟，尤其是到2010年下半年，其重心转向了对生产率的测量与管理和对未来潜在问题的预测。当资源成本的增长速度超过销售额的增长速度时（见图8），许多正在走向成熟的企业都会面临生产率的挑战。在利乐，当对生产率的管理需求出现时，全球人力资源部门也必须调整其工作重点。而这意味着要与更广泛的利益相关者进行合作。

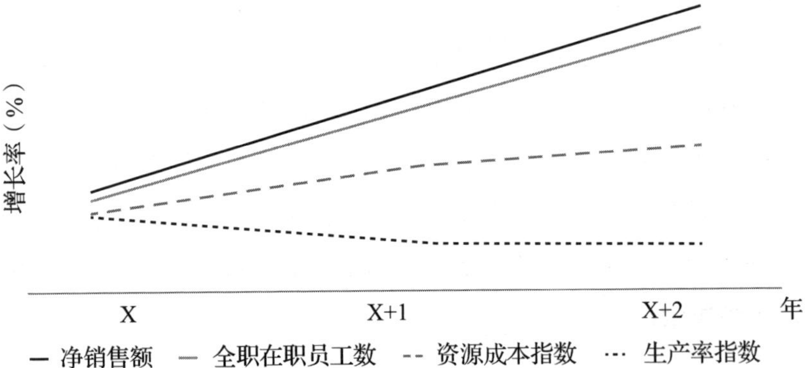

图8 走向成熟的企业典型成本和生产率指数（数值仅供参考）

人力资源技术、流程与项目总监伊娃·阿克松（Eva Åkesson）总结出了团队需要特别关注的三类利益相关者：人力资源领导团队中的项目发起人、财务部门同事以及业务高管。

约翰·阿加布莱特（John Argabright）是利乐加工系统（Tetra Pak Processing Systems）的人力资源副总裁，他一想到这项工作可能带来的潜在价值就激动万分，于是紧紧抓住这个机会，成为人力资源领导团队的主要发起人。他与利乐的人力资本分析主管阿德里安·本维努托（Adrian Benvenuto）一起，组成了一个高效的协作团队，共同推动这一项目。

在检查了大量过往的数据和业务规划流程后，他们意识到，如果能与财务部门积极协作，规划方案和模型将更有影响力，也更容易被利益相关者接受。此外，约翰和阿德里安从调查中了解到，在负责战略劳动力规划的人力资源部门中，只有8%的人信赖人才数据和从人力资源数据中得出的洞察，不到20%的人认同人力资源分析聚焦在恰当的业务问题上，仅有15%的人在过去一年中因人力资源数据而改变过决策。他们明白，如果不与多方利益相关者合作，将分析工作融入公司决策的可能性将大大降低。

约翰说："我们可能会被认为是在小题大做。"人力资源部要不断发声强调它的生产率分析，但团队深知要想赢得信任，就必须让财务部的同事全程参与进来。最终，约翰和阿德里安意识到，如果他们的工作得到了财务部门的积极支持，那么董事会层面的业务决策将具有更高的可信度。

于是，人力资源部和财务部这两股力量携手，共同关注业务机会。它们把一起开发一份新的"生产率分析报告"作为优先事项，列出了其包含的关键指标，并为业务行动提供必要的洞察。当这两个小组达成一致时，所有人都非常高兴。正如伊娃回忆的："一旦人们撕下'我是人力资源部的'和'我是财务部的'标签时，一切都变得简单了。我们是一个团队，是同一股力量，我们都致力于解决业务挑战。"约翰也对此表示认同："我们都希望一起努力，为业务创造有价值的东西。而一旦我们的目标达成一致，剩下的分歧就只是措辞和表达上的差别了。"

人力资源部和财务部在分析方法论的方方面面紧密合作[①]。若

① 团队有效地遵循了本部分方法论维度描述的八步法模型。

用实操的方式来理解，这种合作包括澄清业务问题和假设、定义数据元素、验证数据质量、开发生成的模型、进行数据分析、共同进行可视化、测试产品、定义指标、复查洞察结果和实施建议等。此外，还涉及选择合适的、能够对高管产生最大影响的技术和可视化系统。“关于数据代表什么、如何定义它们以及如何用分析支持利乐的领导团队等，我们在这些议题上都形成了共识，这是一个重大突破。”阿德里安说道。

对业务规划和分析工作的最大考验，是要确保高管层的利益相关者接纳这些建议。这就意味着要向全球领导团队（GLT）汇报，并争取他们的批准。人力资源部不应该只是展示完幻灯片就结束了，它必须向高层业务领导者传递信息，并激励他们采取行动。人力资源部和财务部成功激起了全球领导团队成员的热情，鼓舞他们采取行动提高生产率。这种联合方法为团队带来了最难忘的时刻之一：在2019年4月的一次高管会议上，人力资源部与财务部并肩作战，获得了一致认可。他们与财务部盟友一起向全球领导团队展示的材料创造了一个关于协作的讨论会。

“我们的分析工作，以及它所产出的可视化成果，促使全球领导团队采取了行动，”约翰回忆道，“我们围绕大家关心的业务问题做了简明的图表，它们以可靠的数据为基础，激发了整个企业的活力：看到高管如此投入，真是令人振奋！”

这项举措的影响力依旧在持续。进一步来说，人力资源部与财务部之间的伙伴关系持续加强，为应对业务的关键挑战奠定了基础。

团队之间相互理解，也促进了其他工作的快速开展。阿德里安简明扼要地说道：“我们看到了‘生产率分析’这个能够对业务产生影响的领域。与财务部一起，我们让这些影响真正得以发生！”

关键提示

打破部门壁垒，聚焦手头挑战。

新兴数据源

人力资本分析部门有着越来越丰富的数据源来支撑它的工作。有了这些数据源以及获取这些数据源的技术，能够帮助人力资本分析团队处理来自利益相关者的更加复杂的业务问题。这些数据源得以实现所依赖的技术在本部分技术维度的“第三波浪潮”中有所概述。

基于我们的研究和经验，一些人力资本分析团队对投资这些数据源及其相关技术持谨慎态度，因为这些数据源看起来既复杂又昂贵，而且会挑战组织对数据隐私的接受程度。然而，这些组织往往会因此无法应对那些复杂的、高级的分析议题，只能试图寻找替代数据源。最终，这些团队将一如既往地难以满足预期。

领先的人力资本分析实践往往出自这样的团队：他们为解决利益相关者的业务问题不断探索新方法，无论这些问题多么复杂，都始终坚持不懈。这些团队通过利用新兴数据源解决了诸多问题。正如埃森哲的研究报告《解码组织数据：数字工作场所中的信任、数据与价值解锁》（Shook，Knickrehm and Sage-Gavin，2019）所反映的，这些新兴数据源为实现价值提供了巨大的机会。

我们建议，人力资本分析团队要特别关注以下四类数据源：

- 员工声音数据；

- 非结构化数据；
- 劳动力与人才市场数据；
- 协作与生产力数据。

员工声音数据

它是什么？ 这是帮助组织了解传统员工敬业度调研背后的声音与细节的详细员工数据。这些数据通常是定性的，但也可能是定量的。为了获取这些数据，通常需要采购或自主研发员工倾听平台。

它的应用场景是什么？ 就像市场部门采用类似的方法来了解客户声音一样，人力资本分析团队及其服务的人力资源部门也使用员工倾听平台来了解员工的声音。这些数据可以用来分析员工福祉、员工对公司的感受、远程工作的影响、员工对如何改善客户和其他业务成果的看法等。

在案例研究“微软——规模化扩展人力资本分析”中，我们描述了一个收集员工声音数据的实例。在该案例中，团队使用多种渠道收集主动数据和被动数据，作为日常脉冲调查。这些数据经过整合后，可以构建出企业的员工声音图景，为日常议题提供洞察。需要考虑的重点包括：

（1）目的：围绕员工倾听制定清晰的战略，因为员工倾听所需的投资规模决定了它必须是长期项目。

（2）支持：尽可能争取最高级别的业务高管作为发起人。这将确保项目与战略保持一致，并使员工感受到自己的重要性，从而帮助创建更强大的数据收集能力，同时改善员工体验。

（3）数据：投入资源进行数据整合，是每个员工倾听平台的关键，尤其是将来自平台的定性数据与核心人事系统数据、业务数据进行整合。

（4）伦理：将伦理实践融入员工倾听战略，与伦理与隐私委员会合作，或者成立一个委员会。在此过程中，需要与员工代表团体，如职工委员会，以及员工本人进行透明的、持续的交流。从初期阶段就与首席隐私官和职工委员会携手，以此来确保我们的承诺，并向他们展示这一做法的益处。

（5）愿景：建立员工倾听平台是一项复杂的工作，需要我们具有长远的眼光和敏捷的策略，并分阶段进行建设。

非结构化数据——文本分析

它是什么？ 在人力资本分析领域，分析非结构化数据通常需要利用专业软件和自然语言处理等技术资源，处理来自员工、招聘候选人等的大量文本资料。典型的数据来源可以是企业内部，如员工调查中对开放式问题的回答，也可以是企业外部，如 Glassdoor[①] 上的评论等。

它的应用场景是什么？ 在员工调查的回答中，开放式文本问题能提供更加丰富和更深入的数据，以供分析使用，并推动高管层做出行动决策。本部分的员工体验维度中的案例研究“荷兰银行——如何衡量员工体验”，就展示了文本分析能够呈现的数据丰富度有多大。

在人力资本分析中，文本数据的其他常见应用包括：盘点并预测员工技能缺口，从而为劳动力规划提供支撑；分析人力资源服务台的需求数据，以开发对话机器人；分析绩效管理的复盘数据，来回答绩效评估过程中是否存在偏见的问题；使用外部数据，了解员工敬业度的内外部趋势等。需要重点考虑以下几个方面：

---

① Glassdoor 是一个网站，现员工和前员工均可在此对公司发表匿名评论。

（1）技能：通过招聘、培训或直接采购获得分析文本所需的专业技能。基于技能维度描述的运营模型，我们在解决方案引擎中设立了一个专门的角色。有些人可能会说，这是任何一个数据科学家都能进行的分析工作，只是换了种形式，但我们已经看到，领先的人力资本分析团队会培养或招聘专职人才，来关注文本分析日益重要的作用。如果团队无法招募到这样的人，也可以借助公司其他部门，比如消费者分析团队的技能等。

（2）优先级：文本分析专家安德鲁・马瑞特（Andrew Marritt）指出："优秀的（文本分析）模型可能对特定问题效果显著，但它们很少能普遍适用"（Green，2018）。换句话说，我们需要仔细思考业务问题及其成果，并优先考虑最重要的问题。

（3）隐私：当我们分析大多数的非结构化数据时，将它与其他业务和人力数据（如核心人事数据）相结合，通常会更有意思。这也意味着可归属数据[①]和保密性比匿名性更加重要。需要确保加密、数据安全和隐私控制得到充分理解和管理。

（4）沟通：当员工理解为何需要他们提供非结构化的反馈，且确信一切信息都充分安全时，他们就会更愿意提供这些信息。因此，要投入大量时间与员工进行沟通。

劳动力与人才市场数据

它是什么？ 这类数据是指收集和分析与地域、人员、技能、职位、薪资、职能和竞争对手相关的外部数据。当这些数据与公司内部数据相结合时，会更便于决策。

---

① 可归属数据是指可以被追溯到个人的数据，通常是指与个体相关联、可以用来识别或推断出特定个人的数据。在人力资本分析和人员数据处理领域，这通常涉及敏感信息，如员工的个人身份信息、工作表现记录、调查回应等。——译者

它的应用场景是什么？ 这类数据通常被用于分析并提供关于外部市场因素的洞察，这些外部因素可能会对技术人才招聘、劳动力规划、人才可用性和劳动力预测等产生影响。此外，它还可用于企业中范围更广的议题，如选址策略、不动产规划和风险管理。它还能提供关于竞争对手组织及其人才的有用信息。

需要考虑的重点包括：

（1）目的：明确使用人才市场数据的原因。仔细思考为什么需要这些数据，因为如果没有明确的目的，从外部供应商那里获得的数据可能就是无用的。

（2）数据整合：由于从事的工作范围不同，例如不同的地区和人才类别等，这类数据可能需要对来自多个供应商的数据进行整合。

（3）衡量：在使用这些数据之前，应预先思考衡量成功与否的标准，因为处理这些数据可能会相当耗费资源，而且所获得的收益远不如投入的努力。

协作与生产力数据

它是什么？ 这类数据通常在专业上被称为组织网络分析（organizational network analysis，ONA）。它主要研究信息在公司内部的流动，以及人们在正式的汇报结构之外是如何在团队内部及团队之间进行协作的。ONA 这一概念并不新鲜，但随着如今处理和分析大量数据的能力增强，并能够将其与内部业务数据结合而提供深刻的洞察，ONA 正在变得越来越流行。ONA 可以是主动的（例如通过调查等主动机制收集），也可以是被动的（通过公司沟通系统，例如电子邮件、日历和协作工具等产生的持续数据流收集）。

它的应用场景是什么？ 关于 ONA 数据的分析用途，已有众多研究进行了论述（Leonardi and Contractor，2018）。典型的应用场景包括：研究成功销售团队和领导者的网络行为（Green，2019），远程工作对协作的影响（Green and Goel，2019），员工福利和职业倦怠（Irwin，2019），利用员工网络推动创新（Arena et al，2017），以及提供关于多元化和包容性的新见解（Newman，2019）。简而言之，对ONA数据的收集和分析带来了无限的可能性。

需要考虑的重点包括：

（1）目的：从业务问题入手。不要仅仅因为ONA听起来“很酷”就使用它，而应当在适当的场合使用，以帮助解决实际的业务问题。

（2）供应商：每家供应商都各有所长，因此要根据业务挑战来挑选供应商。并没有什么“典型”的供应商画像。有些供应商更适合调研工作效率，而有些供应商更擅长协作和包容性等主题。

（3）伦理：我们看到许多使用被动ONA数据的项目，都因为对处理的安全、隐私和伦理问题缺乏充分的准备而失败了。在将这些数据纳入分析时，需要有明确的业务理由，按照伦理与隐私委员会的指引行事，并对分析所用的数据、可能为组织和员工带来的利益等方面保持透明。

（4）尝试与学习：我们建议先开展ONA的试点项目：迈小步，探态度，再扩展。尽管使用这些数据可以带来很多洞察和好处，但它并不适合胆怯的人力资本分析领导者或首席人力资源官。不过，这确实为业务影响和价值创造提供了巨大的机会。

小 结

数据是所有分析工作的原材料。数据的结构化、管理、治理和安全是人力资本分析成功的关键因素。识别哪些新的数据源能为业务成果提供全新的洞察至关重要。

- 为人力资源部门设立首席数据官。
- 把数据管理、数据科学和分析的职责合并到一个角色上。
- 实施强有力的人力数据治理，为隐私和数据管理提供明确的指导方针。
- 注重数据管理，确保其与战略保持一致，制定清晰的数据定义和标准，并在数据工程资源上加大投入。
- 采取跨职能的策略，利用企业跨部门的数据和技能，共同协作，以促进更优的业务成果。
- 利用组织内外的新兴数据源，探索解决业务挑战的新途径。

维度七：员工体验

在本章，我们将探讨人力资源消费者化这一概念，以及它是如何促使人力资本分析承担起对四类关键受众的相应责任的。这四类受众分别是个体员工、员工群体、管理者和高管。

探索……

- “消费者化”[①]给人力资源带来的机遇；
- 员工体验如何影响人力资本分析；
- 人力资本分析职能对个体员工、员工群体、管理者和高管的职责。

这些洞察来自……

- 荷兰银行（ABN AMRO Bank N.V.），关于如何衡量员工体验；
- 富达国民信息服务（Fidelity National Information Services，Inc.，FIS），关于如何利用数据改变整个公司的绩效管理系统；
- 桑坦德巴西银行（Santander Brasil），关于如何在高管面前让分析焕发生机。

---

① 消费者化（consumerization）是一个术语，在本书中特指人力资源的消费者化，指的是员工期望在工作中能够与消费者一样，拥有个性化的技术体验。——译者

概　述

员工体验

作为九大维度之一，员工体验阐述了各类组织的受众如何从人力资本分析中受益。它概括了一些关键主题，如员工体验的消费者化和个性化、为所有管理者提供数据民主化、如何通过互动分析激发高管的兴趣，以及如何通过改变组织流程来提升员工体验等。

人力资本分析由两个部分组成："人力资本"和"分析"。本章的重点在于"人力资本"。将分析的益处带给那些提供数据的人，即员工，能够为业务绩效带来积极的影响。

埃森哲的研究《解码组织数据：数字工作场所中的信任、数据与价值解锁》（Shook，Knickrehm and Sage-Gavin，2019）发现，有 92% 的员工对公司收集和分析他们的数据持开放态度，但前提是必须进行公平等价交换，即员工能从中获得个人利益回报。该研究还发现，这种信任红利对利润增长率的正向影响达到 12.5%，在全球范围内相当于 31 亿美元。因此，通过人力资本分析提升员工体验，不仅是正义之举，对公司而言也大有裨益。

我们在第一部分"为什么要做人力资本分析"中指出，"员工体验"是人力资本分析的核心成果之一（见图 1）。

现在，我们将从以下两个方面更详细地探讨员工体验这一话题：

- 人力资源的消费者化。我们将探究与人力资源部门及其职责相关的消费者化问题。
- 人力资本分析的四项职责。我们将讨论消费者化如何适用于四

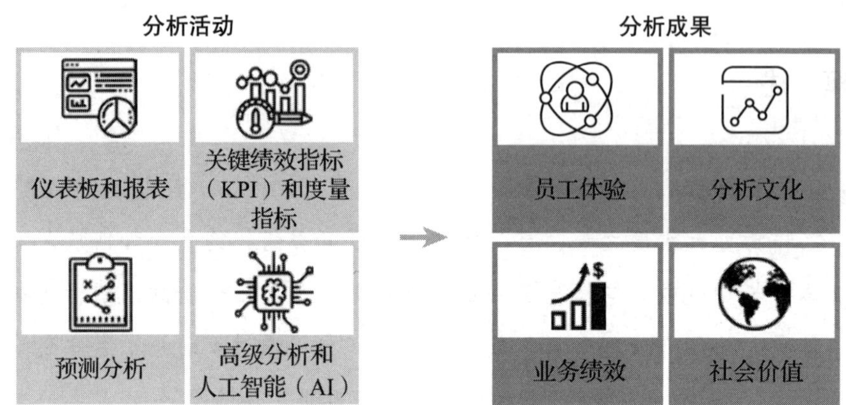

图 1　人力资本分析包含多项活动和成果

类受众，以及为何人力资本分析对员工、劳动力、管理者和高管这四类受众都负有责任。

人力资源的消费者化

2018 年，彼得·欣森（Peter Hinssen）在《福布斯》杂志发表文章，解释了在员工体验方面人力资源应该如何向市场营销学习："传统的市场营销主要是广播式的：我们拥有产品或服务，然后将其推广给客户。我们对客户真正的需求一无所知，只是坚信我们的解决方案足够出色——只要能接触到足够多的人，就会有大量人群来购买我们的产品。"

这听起来很熟悉吧？因为数十年来，这就是大多数组织对待员工的典型方式。企业在制订人力资源计划（如培训课程或绩效管理系统）时，鲜少依据组织规模听取相应员工的意见。随后，他们会规模化扩展这些计划，有时（但并不总是）会在某些业务部门进行试点，然后在整个企业范围实施该计划，且通常不区分地域、业务线、受众人口特征或文化。收集的反馈也通常仅限于计划本身的实施情况。而根据我们的经验，很少有人对这些计划所带来的业务成果进行测量。

当然，我们可能有些过于苛刻了。一些公司已经开始采用不同的方式，利用数据来为决策提供依据。同时，一些人力资源高管在提供更加差异化和细分化的员工体验方面，已经拥有卓越的见解。但是，根据我们的研究，仍然只有相对少数的公司及其人力资源高管，能够在绝大多数人力资源项目中普遍使用员工数据和分析来指导决策。

在这方面，人力资源部门完全可以借鉴市场营销部门的经验，并理解他们的客户是如何变成消费者的。对于人力资源部门而言，这意味着需要将员工视为消费者。我们将这一过程称为“人力资源的消费者化”。

在过去 15 年中，数据、分析和技术彻底改变了市场营销。如今，企业能够利用客户数据，并通过分析把每位客户当作独立个体或“独一无二的客户”（Howell，2020），从而提供相应的个性化服务。亚马逊和奈飞（Netflix）等公司已经基于复杂的个性化引擎建立起了极为成功的业务，这些引擎能够根据客户的偏好进行推荐。据说亚马逊的推荐引擎贡献了 35% 的收入（Morgan，2018）。

领先的人力资源部门现在也在走相似的道路。正如客户体验对营销和消费者所产生的积极影响那样，员工体验也有望为人力资源和劳动力带来类似的影响。埃森哲在 2015 年发表的一篇题为《将员工视为“独一无二的个体”来进行管理》的文章中提出了明确的号召：“在人才管理方面，一刀切的方法已经不再适用”（Smith and Cantrell，2015）。

随着企业越来越重视员工体验，人力资源领域出现了一个新的领导角色：员工体验领导者。爱彼迎（Airbnb）是最早采纳这一变革的企业之一，早在 2013 年便任命了马克・利维（Mark Levy）担任这一职务。正如马克在 2016 年接受《福布斯》杂志的采访时所说："如果爱彼迎有一个客户体验团队，那为何不建立一个员工体验团队呢？"（Morgan，2016）

那么，什么是员工体验呢？马克・利维这样定义它："员工体验是指与之共事、为其服务，而非单向强加"（Levy，2020）。我们认为这完美地捕捉到了员工体验的本质。员工体验经常会与员工敬业度混为一谈，尽管二者互相关联，但实际上大相径庭：员工体验可以描述为员工在任职期间与公司的每一次互动中的观察和感受。相比较而言，敬业度是一种对体验的衡量，无论这些体验是主观感知的还是客观真实的。

爱彼迎、IBM（Burrell and Gherson，2018）、微软（Hougaard，Carter and Hogan，2019）和荷兰银行（见后面的案例研究）等先锋企业为此铺平了道路。对 200 家公司进行的一项研究发现，截至 2019 年，所有员工规模超过 5 000 的公司都已经开始了它们的员工体验之旅（KennedyFitch，2019）。TI People 在其《2019 年员工体验状况》研究中指出，有 23% 的公司，其"员工体验主管"直接向首席人力资源官汇报。

在许多层面上，员工体验的发展与"实现时代"中人力资本分析的发展如出一辙（见本书第一部分"为什么要做人力资本分析"）。事实上，员工体验和人力资本分析是人力资源中发展最快的两个领域，它们的重要性被企业领导人和人力资源专家们在研究报告中不断提及。其中一个例子是世界经济论坛的《人力资源 4.0：在第四次工业革命中重塑人才战略》（2019）报告。该报告强调，员工体验和人力资本分析是企业与人力资源领导者需要实施的六大关键任务中的两项。第二个例子是领英的《2020 年全球人才趋势》报告，人力资源专家也将员工体验和人力资本分析评为改变“吸引和保留人才的方式”的两大最重要趋势。这并非巧合——员工体验和人力资本分析有着内在联系，两者的发展在一定程度上是相互依赖的。

那么现在，就让我们来探讨人力资源消费者化的影响，以及它将如何作用于人力资本分析的职责。我们将通过人力资本分析的四项职责来对此进行讨论。

人力资本分析的四项职责

人力资本分析在人力资源消费者化方面扮演着重要角色。我们可以从四类受众，或者说四类员工群体，及其作为消费者的期望角度来考虑这一点。我们将其定义为人力资本分析的四项职责（见图 2）：

- 人力资本分析对作为“独立个体”的员工的职责；
- 人力资本分析对作为“人力流程消费者”的员工群体的职责；
- 人力资本分析对作为“人力数据消费者”的管理者的职责；
- 人力资本分析对作为“人力洞察消费者”的高管的职责。

人力资本分析对作为“独立个体”的员工的职责

在设计、测量、沟通和改善端到端的员工旅程中，人力资本分析是不可或缺的组成部分之一。最能带来价值的人力资本分析领域见图 3。

1

对作为“独立个体”的员工的职责

- 收集、管理、测量和分析“关键时刻”与“接触点”；
- 利用新技术，实现个性化和“助推”创新；
- 与员工体验部门及其他关键人力资源专家中心的负责人建立伙伴关系；
- 建立数据隐私和伦理准则，以确保透明度并在应用中将员工视为“独一无二的个体”

2

对作为“人力流程消费者”的员工群体的职责

- 创建一个能够倾听公司声音的数字生态系统；
- 发展脉冲调查和文本分析方面的专业知识；
- 构建数据模型，实现对员工进行具体的差异化和细分分析；
- 利用数据驱动的洞察，让人力资源领导者以人为本地设计人力资源计划

3

对作为“人力数据消费者”的管理者的职责

- 将数据民主化，提供给企业的所有管理者使用；
- 投资高端技术，提供团队和员工层面的详细数据与洞察；
- 运用新技术创新，将“通知”和“轻推”推送给管理者；
- 整合预测性洞察，采取能够产生影响和价值的行动

4

对作为“人力洞察消费者”的高管的职责

- 将高级分析解决方案转化为直观、易用的消费品；
- 思考“移动端优先”，开发面向移动设备的产品；
- 将预测分析解决方案整合打包，不要仅向高管推送单独的“算法”；
- 将仪表盘、计分卡和高级分析解决方案集成到同一个应用中

图 2　人力资本分析在人力资源消费者化过程中的四项职责

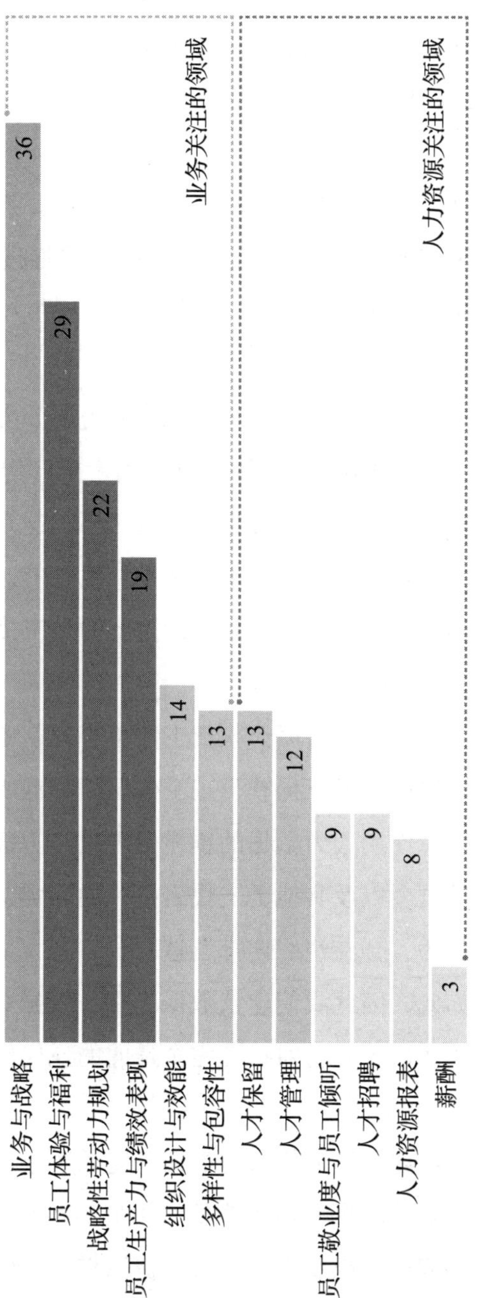

图 3　最能带来价值的人力资本分析领域

资料来源：Ferrar, Styr and Ktena (2020).

那些深谙员工体验的公司，会利用人力资本分析将员工划分为不同的群体画像。这些公司还会识别员工的关键“接触点”或“关键时刻”，绘制员工旅程地图，并提供有助于塑造人力资源计划和公司流程的见解。

本部分的数据维度重点介绍了一些新兴的数据源，人力资本分析团队可以利用它们来分析员工体验。这些数据包括调查数据（来自年度调查，月度甚至每日的脉冲调查）、协作数据（如组织网络分析），以及来自核心人事系统的数据等。

需要注意的一个重要方面是，管理员工体验需要人力资源部门邀请一线管理者参与进来，同时还需要与 IT、固定资产以及其他职能部门共同协作，尤其是在人力资本分析的背景之下。这是因为，几乎所有对员工产生重要影响的接触点都由业务部门所拥有。实际上，TI People 在 2019 年的研究中发现，在 36 个最重要的员工接触点中，仅有一个由人力资源部门负责。

此外，想要从详细的分析层面介入员工体验管理，还需要对数据隐私采取更为细致的措施。鉴于捕获员工个体层面数据所需的详细程度，可能需要重新考虑使用人力数据的整体伦理政策。这可能会引起员工、工会、工作委员会以及其他员工代表机构的迟疑，担忧这种过度收集员工数据的行为，会在组织内部营造一种“老大哥”文化。但实际上，事实并非如此，因此我们建议数据隐私、数据安全、员工关系和人力资本分析团队制定一份对员工完全透明的现代伦理章程，以实现信任红利。

一个关键点在于：如果不分析人力数据，就无法进行测量、个性化、产品化工作，也就无法进一步改善员工体验。因此，人力资本分析是一项必不可少的职能。因此，首席人力资源官如果想在员工体验方面有所作为，就必须加大对人力资本分析的投入。

这也就意味着，加大对收集员工个体层面经历数据的投入，变得至关重要。此外，这还意味着要投资建立一个数据模型，以便在员工层面整合所有定性数据和定量数据，创建一个能够提供微观细化分析所需数据的“大数据平台”。这可能需要更多的管理和更高的数据监督水平。

此外，对新技术的投入将使得洞察更加个性化。还可以开发“轻推”技术，帮助员工在最需要的时刻采取行动。应用这些技术，企业将更加接近实现从个人层面触及每位员工的目标——把每位员工视作“独一无二的个体”。

最后，需要在数据分析方面进行投入，尤其是在文本分析等专业技能上，同时还需要在沟通、隐私与伦理管理等方面进行更加审慎的投入。

在所有这些投入中，首席人力资源官是员工体验方面的关键推动者。不过，人力资本分析领导者的素质同样重要。

任何不愿意与员工体验团队的同事合作收集、管理、衡量和分析员工体验数据的人力资本分析领导者，都可能破坏整个员工体验的理念，进而影响公司每位员工的潜在体验。

这是一项重大职责，也是人力资本分析领导者及其团队应当积极承担的职责。

接下来的案例研究“荷兰银行——如何衡量员工体验”为我们提供了一个有说服力的例子，它展示了如何利用人力资本分析去倾听员工的声音、分析他们在表达什么、传递研究洞察，并以灵活的方式推动行动。该案例的核心经验是：如果你认真对待员工体验，就应该开始倾听、热爱分析问题，并采取行动。

案例研究

荷兰银行——如何衡量员工体验

“运用人力资本分析来识别员工洞察，势在必行。但真正的价值在于，将这些洞察转化为实际行动。这才是人力资源真正能够影响员工体验的时刻。”荷兰银行[①]全球人力资本分析、战略性劳动力规划及人力资源调查管理负责人帕特里克·库伦（Patrick Coolen）说道。

自从帕特里克开始在银行构建人力资本分析职能以来，这种理念已经伴随他工作了近十年之久。帕特里克始终坚持“业务第一”，并践行一种专注于对员工进行细分，而不仅仅是对数据进行细分的思维模式。

> **我们的宗旨是创造可付诸实践的洞察，以便在与客户满意度、收入和成本优化等关键业务绩效指标相关的人力资源议题方面做出更好的决策。**

随着多年来团队在银行内部声誉的提高，他们的职责范围不断扩展，包括战略性劳动力规划、员工体验的测量以及高级分析等。自 2019 年初以来，该团队一直积极参与变革银行对员工体验的定义和测量方法。

荷兰银行企业战略[②]的三大核心支柱之一，是打造“面向未来的银行”。为了实现这一目标，荷兰银行认识到“员工是构建面向未来银行的基础”。这一战略将员工体验置于整个银行的企业与人

---

① 荷兰银行是荷兰一家拥有 17 000 多名员工的银行。

② 见 https://www.abnamro.com/en/about-abnamro/profile/who-we-are/ purpose-and-strategy/index.html。

力资源战略的核心位置。

事实证明，在“快乐的员工，满意的客户”这一理念下，对员工体验和客户体验的重视，并将二者联系在一起，已经成为荷兰银行的重要里程碑，也是帕特里克及其团队的指导原则（Sexton-Brown，2018）。

“我们希望为员工提供他们所能拥有的最佳职业生涯，贯穿生涯的开始到结束。”帕特里克解释道，“这意味着我们需要倾听员工的声音，理解他们在表达什么，并采取行动，帮助他们更轻松、更聪明、更迅速地完成工作。”这里，帕特里克用了常态的倾听来解释其中能捕捉到的员工集体层面的所写内容和所诉要求具有分析价值。而传统的倾听方法指的是当下的倾听——一般是先进行一对一交流，然后以传闻的方式重复员工的话。

常态的倾听是人力资本分析学科倾听方法的新发展，帕特里克通过向客户体验部门的同事学习，已经熟练掌握了这一新方法。由于认识到员工体验不仅仅是人力资源部门和人力资本分析团队的职责，还需要与设施管理、IT 和内部沟通等部门共同努力，于是这些团队共同开发了一个持续性倾听框架。

自 2013 年开始从事人力资本分析工作以来，帕特里克认识到这个项目是他作为人力资本分析领导者的发展过程中一个重要的契机。首先，他需要收集不同的数据，并掌握这些数据的所有要素。其次，他需要比以往任何时候都更广泛地与其他职能部门合作。

这一切使得帕特里克及其团队自身的分析能力提升到了一个新的水平。在此过程中，他们创建了一个持续性倾听框架，如图 4 所示。

1.开始倾听	2.热爱分析问题	3.采取行动
• 开展员工体验调查 • 开展企业脉冲调查 • 收集交易数据	• 理解数据 • 充满激情地进行分析 • 提出建议	• 沟通 • 迭代解决方案 • 与职能伙伴合作

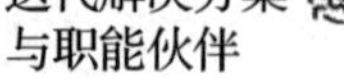

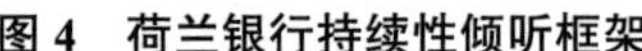

图 4　荷兰银行持续性倾听框架

资料来源：经荷兰银行授权转载，2020 年 5 月。

荷兰银行的人力资本分析团队已经开发出了一种积极的、多管齐下的方法，来倾听银行约 18 000 名员工的声音。除了以往的年度敬业度调查等工具外，现在还增加了每月向 10% 的抽样员工发送简短的、有针对性目标的脉冲调查（见图 5）。

示例问题 1：
荷兰银行作为一个好的雇主，您有多大可能向亲人或朋友推荐？
输入：数字评分
输出：客户净推荐值（NPS）形式的等级

示例问题 2：作为雇主，荷兰银行做得好的方面是什么？
输入：开放文本
输出："最高得分"，表明荷兰银行做得好的方面

示例问题 3：作为雇主，荷兰银行在什么方面可以做得更好？
输入：开放文本
输出："改进建议得分"，表明荷兰银行可以改进的方面

图 5　荷兰银行员工脉冲调查样本示例

资料来源：经荷兰银行授权转载，2020 年 5 月。

这就是我们如何获取数据，并将我们的倾听方法付诸实践的。这些问题能帮助我们真正了解员工的需求。

在此过程中，抽样非常重要，这也是帕特里克的方法有别于

我们研究过的其他组织的要素之一。人力资本分析团队运用分层抽样等技术，确保接受每月脉冲调查的10%员工能够代表整个员工群体。这有助于团队在确保有效倾听的同时，降低调查疲倦的风险。

该团队还专注于探索与员工体验相关的各种主题，这需要运用先进的文本挖掘技术。为了启动这一流程，帕特里克请来了文本分析专家、劳动力数据公司OrganizationView的创始人兼首席执行官安德鲁·马里特（Andrew Marritt）[①]。安德鲁对荷兰银行的人力资本分析团队进行了文本分析方面的指导，以帮助团队提高技能，并为银行提供长期支持。

他的原则是，在进行文本分析时你必须明确要寻找什么。然后采用强方法[②]和严谨的态度来收集详细信息。安德鲁认为，许多组织似乎都在文本数据的海洋中无休止地打捞，希望能搜寻到有用信息，却没有事先问自己："关键的主题是什么？"

"我们学会了热爱这些我们试图为员工解决的问题。"帕特里克解释道，"你的员工理应受到认真对待，而这需要我们深入了解问题。文本挖掘或话题检测，能让我们更深入地了解员工真正关心的是什么。"

总体来说，荷兰银行的人力资本分析团队从这种倾听员工声音的方法中，总结出了六个学习要点：检测、趋势分析、建模、聚焦、行动和监测（见图6）。

---

① OrganizationView GmbH总部位于瑞士圣莫里茨，成立于2010年。

② 强方法通常指更加系统化、可靠和经过验证的决策方法。强方法往往基于坚实的数据、透彻的分析和清晰的逻辑。它们通常更加结构化，可能包括使用复杂的统计方法、经过验证的业务模型或其他经过严格测试的决策工具。与之相对的是弱方法，弱方法主要依赖于经验判断、直觉或较为简单的规则。——译者

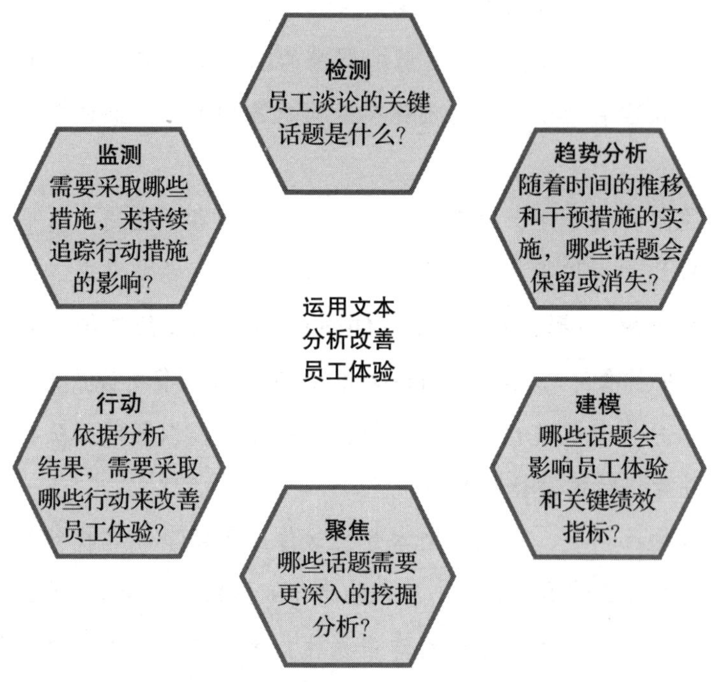

图 6　荷兰银行文本分析的六个要素

资料来源：经荷兰银行授权转载，2020 年 5 月。

“通过倾听员工的声音，与同事一起采取行动，然后衡量干预措施的效果，我们正在为银行的员工体验带来真正的改变。”帕特里克总结道，“荷兰银行的高级管理层全力投入改善员工体验，并利用人力资本分析团队提供的洞察，助力银行改变组织结构，面向未来发展。”

只有当与员工和管理者进行良好的沟通反馈，员工倾听才能更好地发挥效果。帕特里克和他的团队在 2020 年的领英文章中（Coolen et al.，2020）强调了以下三点。

第一点，直接与所有员工分享洞察。这一点非常重要。这不仅是对员工的尊重——毕竟，我们努力改善的是员工的体验——

而且还能提高调查的填答率。

第二点，让建议简明易懂，以便所有相关部门都能依照这些建议来改进它们的流程和实践。

第三点，员工倾听本身作为一个主题，非常适合充分发挥数据可视化的潜力。在与成千上万的人沟通时，“一图胜千言”显得尤为贴切。为了做到这一点，帕特里克和他的团队运用简洁的视觉元素来展现洞察和待采取的行动。

通过综合每次脉冲调查的数据，该团队能够绘制出如图7所示的图表。

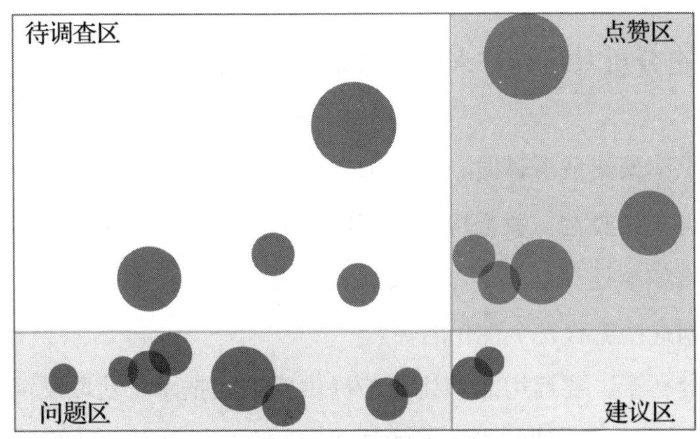

图7　荷兰银行的脉冲调查结果可视化示例

注：横轴表示推荐分数，纵轴表示“最高得分”与“改进建议得分”之间的差异。每个气泡代表一个员工相关的主题（例如，管理绩效）。气泡的大小则表示汇总的文本评论的相对数量。

资料来源：经荷兰银行授权转载，2020年5月。

右上象限（点赞区）显示了荷兰银行被认为做得较好的方面，在这些方面获得了最高的净推荐值得分。而左下象限（问题区）则显示了净推荐值得分较低的需要改进的方面。

人力资本分析团队和员工体验团队的同事定期向执行委员会和高级管理层呈现这些洞察，展现了人力资本分析在荷兰银行员工体验方面的深远影响。更为重要的是，这些工作会与所有最高层的业务管理团队进行讨论，成为他们决策过程的一部分，进而提升业务表现。

帕特里克总结道："所有这一切证实，我们的组织非常重视员工的声音。通过关注员工体验，团队提供的洞察不仅能够真正帮助我们的员工，同时能为银行带来利益。"

关键提示

将文本分析作为人力资本分析的一项专业技能。

人力资本分析对作为"人力流程消费者"的员工群体的职责

当个体聚集成群体时，用"独立个体员工"的概念进行分析会让问题变得非常复杂。我们应如何理解、分析并管理一系列众多的人事流程，比如继任规划、学习与发展、绩效管理和薪酬，同时还能让员工感觉到这些流程是个性化的呢？

关键在于，要运用能够让员工提供反馈的技术。获取反馈的各种方法本质上都是一种收集数据的技巧——这些方法为人力资本分析的从业者提供了新的工具。

举例来说，就像IBM前首席人力资源官戴安娜·盖尔松（Diane Gherson）在《数字人力资源领导者》播客的一期中所解释的，为了了解员工对由于全球性大流行病引发的新工作方式有何感受，IBM开展了一次全公司范围的大讨论，并利用人力资本分析来收集、分析和交流这些洞察（Green，2020）。正如我们将在后面的案例研究"富达国民信息服务——基于数据的绩效管理"中看到的，该公司采用了一种类似“众包”[①]的方式，对其绩效管理系统进行了全面改造。

这些例子展示了从全体员工中收集数据的可能性。它们还表明，传统人力资源项目设计中“一刀切”的概念完全可以被更现代的方法取代。

一旦我们进行了数据收集和分析，就可以利用这些洞察来对员工群体进行细分，并针对每个细分群体提供个性化处理。这样，不同的细分群体就会在同一个人事流程中进入不同的版本。

人力资本分析的产出，还应以消费者化和个性化解决方案或服务的形式被员工所感知。后面的案例研究“IBM——规模化扩展分析，追求更高价值”就是一个很好的例子。在该案例中，戴安娜·盖尔松解释了服务的重要性：“……将我们的工作称为‘服务’而不是‘项目’，这从根本上改变了企业和员工接受我们工作的方式。‘服务’意味着在你的工作背后有用户，每个员工都可能对你的工作有宝贵的看法，而你的工作对他们而言也具有重要意义。”

接下来的案例研究“富达国民信息服务——基于数据的绩效管理”展示了如何利用在个体层面收集的人员数据，与核心人事数据结合在一起后，以一种全新的方式重构整个人力资源流程。该案例的核心经验是：利用数据推动业务成果，重新设计绩效管理流程。

案例研究

富达国民信息服务——基于数据的绩效管理

众多组织都在持续探讨绩效管理的有效性及其如何促进绩效提升。近年来，随着德勤（Cappelli and Tavis，2016）和 IBM

① 众包指的是一种利用广泛的人群来收集信息、想法或反馈的方法。结合上下文，此处意为富达国民信息服务通过向大量员工征求意见和建议收集反馈，来更好地改进绩效管理系统。——译者

（Gherson et al，2019）等公司公开宣布要改变其绩效管理系统，关于此的讨论越来越多，这种变革不仅仅是为了提升价值，也是为了让员工亲身参与，一起看看绩效管理应该是什么样的。富达国民信息服务[①]（以下简称富达信息）便是这方面的典范，它利用数据促进了绩效管理的发展，并使其实现现代化、更具吸引力和价值。

伊莎贝尔·奈杜（Isabel Naidoo）是富达信息的包容与人才中心负责人，领导着一个分布在全球各地的200多人的团队。该团队统筹管理人才战略、全球学习、员工体验、包容性与多样性、人才与职业生涯、劳动力分析与规划等职责，并负责引领富达信息战略人才议程的制定和实施。

我的团队有一个使命：创造一种环境，让世界顶尖人才在这里开展他们职业生涯中最有成就感的工作。

在富达信息，人力资源组织被称为“人才办公室”。这反映了富达信息对待员工的方式：希望在人力资源管理方面做到更加个性化。伊莎贝尔和她的团队在数据分析方面的工作也充分体现了这一点——即使沉浸在数据中，他们也从未忽视数据源头的人。这种方法是富达信息重新设计绩效管理系统的核心，因为管理者和员工对现有系统提出反馈，希望系统更好地支持员工、员工敬业度以及员工发展。因此，伊莎贝尔采取了措施，利用数据，以及受到绩效系统影响的员工的见解，重新定义了富达信息的绩效管理。

这项工作的第一步是定义项目、确定工作整体的中心思想，并争取获得支持。在研究公司内外尤其是公司内部的最佳实践之

① 富达国民信息服务是美国一家金融服务和技术产品供应商，它为前50家最大银行中的90%以及前20家私募股权公司中的90%提供服务。其57 000多名员工每年在全球处理超过750亿笔交易，金额达9万亿美元。

后，伊莎贝尔的团队与人事办公室的高层领导者和管理者举行了会议。意识到组织内部对这项工作有着高度热情，团队迅速开发并推出了新的绩效管理理念。他们在向全球同事征集名称后，将其命名为“Performance365”，定下了该项目的基调。

第二步是数据分析。Performance365 项目迅速积累了大量数据，促使富达信息能够基于数据驱动的洞察，构建出稳健的解决方案并取得成果。该项目真正的特别之处在于其构建和持续发展的方式：Performance365 项目建立在一系列数据收集方法的基础之上，包括对核心数据的统计分析，以及调查、文本、焦点小组和更大范围的访谈等。每种方法都能贡献非常多的洞察，而这些洞察会汇聚到该项目中。

这种数据收集的方法与十年前截然不同。十年前，大多数的人力资源团队只会调查几百人，然后用他们的意见来代表整个公司的观点！

“我们希望利用尽可能多的优质数据，”伊莎贝尔解释道，“这样我们才能真正理解员工的需求，并向高管提供实证数据。仅仅通过几个焦点小组的脉冲调查，是永远无法揭示全貌的。我们希望 Performance365 是有价值的，并且能够真正解决问题！”

在过去几年中，富达信息在数据基础设施和人力资本分析技术方面进行了大量的投入。在实施 Workday 的同时，富达信息还引入 Visier 作为人力资本分析技术的基础，并将 Glint 作为嵌入式的员工敬业度和脉冲调查工具，这使得公司有信心也有能力进行广泛的数据收集。富达信息是一个非常典型的例子，显示了其对数据价值的理解，愿意将数据应用于人力资源职能——然后切实投入资源、技术和专家。许多公司都有这样的愿景，也都在谈论这些，但没有付诸实践。而富达信息有实际行动，并且利用数据开展了Performance365项目，是一个出色的典范。

第三步是通过共同设计的理念让员工参与到Performance365中来。团队与业务的各个部门建立联系，通过调查、焦点小组和访谈等方式，频繁而持续地收集反馈意见，确保从数据中获得的所有洞察都是协作得出的、及时更新的，从而更好地应用于设计决策。

在调查中，团队分析了数百名员工和管理者对当前管理流程的意见。经过对负面意见的分析与整合，团队识别出了需要解决的主要问题。除了调查，团队还在调查过程中与来自不同级别和国家的员工进行了50多次一对一访谈。

这些方法的叠加使用，意味着伊莎贝尔的团队拥有了坚实的数据和理解基础，并能够依据这些通过访谈收集的实时数据进行调整。在此项目中，有超过1 000名员工直接或间接地影响了项目的设计。

第四步是提出建议，并使用数据来讲故事。2018年底，当团队利用所有这些数据，把核心的业务收益着重凸显出来时，第一个“神奇时刻”出现了。

> 我们发现的第一个关键洞察是，在员工与管理者协作融洽的团队中，离职率更低。第二个关键洞察是，当员工与管理者有定期的会谈时，离职率也更低。因此，我们建议管理者应该开始采取一些特定的方式，与个体员工开展协作。

富达信息实施的建议之一是“季度连接”，这项举措要求管理者每季度与每位员工会谈一次，讨论绩效和职业发展。这些会议是结构化的，并按照团队提出的建议在特定的日期进行。

第五步是落实这些建议。由于这些建议有着强大的数据支撑，管理者和员工都有信心开展“季度连接”会议，他们知道这对于员工个人、团队乃至整个富达信息都有益处。更重要的是，他们能感觉到整个组织中的员工都在被倾听，参与到了管理的重新设计之中，而且使用了数据来传递清晰明了的信息。

“在某种程度上，”伊莎贝尔思考道，“管理者和人力资源从业者一直以来都知道这一切。几十年来，培训中一直贯穿着这样的做法。但不知何故，只有当现在数据显示出了这一结论并且这个结论是与员工一起共同得出的，我们才能落实这些变革。这真是太棒了！对人力数据的分析正在带来收益。”事实证明，2020年Performance365为富达信息的员工提供了频繁的接触点，使得他们能够对齐目标并专注于自身发展，同时能够通过提高绩效来促进公司的发展。有95%的同事参与了第一年的季度连接活动，并有93%的同事在调查中表示他们认为这一过程很有帮助。

经过反思，伊莎贝尔和她的团队从这项工作中获得了很多经验。其中之一是，他们为未来的大型企业级项目制定了一套项目方法论（见图8）。另一个经验是，让企业中如此多的人参与到共同设计中，也有利于加快措施落实的速度、提高接受度。

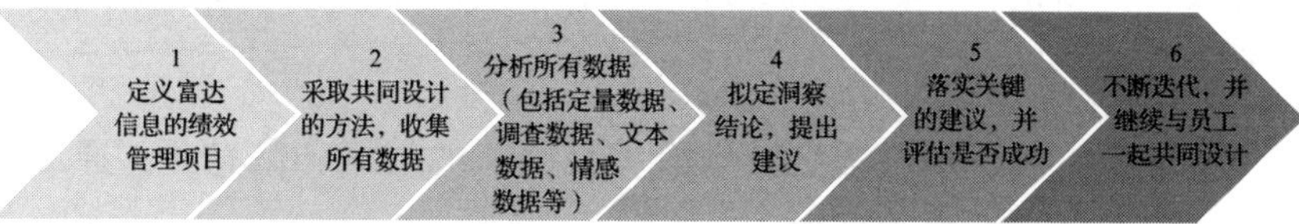

图8　富达信息的项目人力资本分析技术方法论

资料来源：经富达信息授权转载，2020年8月。

“我们采访过和交谈过的人已经形成了一个Performance365的拥护者网络。他们非常出色！当我们部署新的流程或建议时，他们会发挥创造力。”一些项目拥护者在他们当地的办公室主持内部脱口秀和广播节目，来协助解释这些工作的内容，并从个人甚至人性的角度吸引员工参与进来。

伊莎贝尔相信，Performance365 已经成为她团队的一个关键时刻：“真的，它改变了我们的生活。甚至可以说，它改变了我们作为一个职能部门能够做的工作，同时赋予其色彩，可以与人们对话，让我们的工作变得生机勃勃。”

关键提示

巧妙地运用数据来重新设计人力资源项目。

人力资本分析对作为“人力数据消费者”的管理者的职责

人力资本分析的第三类受众主要是负责管理其他人的管理者。管理者需要为个人和团队提供指导、支持、启发、激励和明确的方向。为了有效地实现这一点，他们需要获取关于每个个体的数据，以及关于团队整体的数据。他们应该理解这些数据中的洞察如何帮助团队达成绩效目标，从而实现公司的目标。最终，管理者应该获得洞察和建议，以帮助他们高效地完成自己的角色，并提升每位团队成员的绩效。

传统上，管理者在需要获取有关其团队的数据和信息时，通常需要依赖人力资源业务合作伙伴（HRBP）的支持。然而，随着人力资本分析技术带来的数据民主化，管理者现在有了另一种选择。他们可以直接访问相关的员工数据和信息，从而获取关于他们所管理的组织和员工的见解和建议。此外，这样做的另一个好处是，HRBP 也可以使用同样的数据，实时推动决策制定和战略讨论。

这一点得到了《福布斯》一篇文章的支持（Marr，2017）。说到数据民主化，作者总结道："这要求我们在提供数据访问的同时，还要提供一种简便的方法让人们理解数据，使他们能够利用数据加快决策过程，并为组织挖掘机会点。"

本部分文化维度中的案例研究"德国默克——规模化扩展人力资本分析的应用范围"提供了一个数据民主化的实例。在这个案例中，德国默克全球人力资本分析与战略劳动力规划部门主管亚历克西斯·索西南（Alexis Saussinan）明白，为了实施分析文化并赋能人力资源和业务部门，团队需要对所有人力资源部门的同事和业务部门的领导者开放公司人员数据访问权限。

成功地实现人员数据的民主化，意味着用户可以随着业务环境或人员状况的变化，实时地进行评估、检查、调整或制定新的战略。

在创新阶段，人力资本分析团队实现数据民主化的能力已经大幅提升。正如技术维度所述，新的系统和平台应运而生，它们将不同来源的数据汇总到仪表盘中，为管理人员提供强大的洞察力和可视化信息。无论组织是选择"外购"还是"自研"系统或平台，这些能够实现数据整合、数据可视化、数据民主化的技术，如果能被用好，将产生重大影响。

在2018年的一篇麦肯锡文章中，时任波音公司首席信息官泰德·科尔伯特（Ted Colbert）抓住了数据民主化的挑战和好处，包括访问的便捷性、行为层面的改变和数据能够带来的价值。"你必须找到一种方式真正实现数据分析能力的民主化，这意味着必须有一个平台，通过这个平台人们可以轻松访问数据。这有助于人们信任数据，并提供不需要昂贵的数据科学家的解决方案。当人们开始相信数据时，整个游戏规则都会随之而变：基于对我们系统和流程底层所有丰富内容的全新理解，他们开始改变自己的行为"（Díaz，Rowshankish and Saleh，2018）。

随着人力资本分析进一步迈入价值阶段，技术能够让管理者更容易将数据民主化落实，并利用它创造更大的价值。伯纳德·马尔（Bernard Marr）在其2018年出版的《数据驱动的人力资源》一书中写道："由于自然语言处理和聊天机器人等技术的进步，人力资源专业人员和公司管理人员不再需要阅读和解释数据，而是可以与数据分析工具进行对话，并能够直接提出诸如'我的团队中谁可能即将离开公司？'的问题。"

通过对数据民主化的讨论，我们得出结论：未来几年，公司管理人员要被视为"消费者"，同时也是"利益相关者"，这是人力资本分析团队乃至更广泛的人力资源职能部门的一项重要职责。

人力资本分析对作为"人力洞察消费者"的高管的职责

高管通常只被视为利益相关者（见利益相关者管理维度）。事实上，高管可以承担多重角色：雇员、经理、高管、利益相关者和发起人。本部分将从一个新角度来审视这些角色，即作为"消费者"的角度。

高管会接收到大量洞察——其中一些基于某个单一项目或某部分工作，用于在当时做出决策。洞察得到运用，决策得以做出，随之业务发生变化。然而，有时候情况会有所不同。这些之前产生的洞察可能是能复用的，而运用这些洞察的过程也可能被反复采用。

一位项目发起人要求评估某位关键高管（我们暂且称之为高管A）离开公司会带来什么后果。他们是否成了公司的风险？其他员工是否也面临离职的风险？这种情况似曾相识。

假设洞察确实显示，具有特定人口特征的员工（例如，那些至少与高管 A 共事三年的员工）确实离开了公司。因此，高管 A 成为与之密切相关的员工（与高管 A 共事超过三年的员工）的离职风险因素。

现在，这位项目发起人想要了解这一洞察是否对所有离职的关键高管都适用。研究又对过去五年离职的另外 100 名高管以及他们对其他员工的影响进行了调查。研究得出的结论是，那些在高管离职前几年至少与该高管共事三年的员工——我们暂且称他们为“关键员工”——确实有更高的离职倾向。

现在的关键是将这些洞察产品化。我们建议向每一位管理其他高管的高级管理人员配备一项“服务”，使他们能够识别出关键员工。这项“服务”可以是一个预警系统，以便在员工成为“关键员工”（即达到上述三年标准）时采取行动。这项“服务”也将基于分析算法，并结合一些能够降低风险的规定动作和选择。所有这些行动应该是前瞻的，即在关键员工离职之前实施。当然，我们不可能阻止每个人离开公司，但这个例子表明，如果将高管视为“消费者”，那么人力资本分析解决方案就可以被“产品化”。

另一个建议是制订符合“消费者”工作习惯的解决方案，在这里“消费者”指的是高管。对于高管而言，我们推荐采用“移动端优先”的策略，因为在现代商业世界中，大多数高管将移动设备和平板设备作为他们的主要数字工具。

此外，将多个人力资本分析解决方案整合到一个互动系统中也能带来高回报。高管主要关注的是人员。他们通常不会单独考虑员工流失、继任计划、奖励和培训等方面。在把高管视为消费者的角度下，应考虑如何将多个高级分析解决方案以及报告和仪表盘整合到一个平台中。

在研究过程中，我们发现在人力资本分析方面达到这种复杂水平的情况非常罕见。事实上，在过去三年中，我们找到的唯一案例是桑坦德巴西银行，案例研究“桑坦德巴西银行——让分析焕发生机”将介绍该银行如何把多个解决方案整合进一个应用程序。该案例的核心经验是：只创建企业真正能够使用的算法。

案例研究

桑坦德巴西银行——让分析焕发生机

桑坦德银行①是世界上最大的银行机构之一。它是一家规模庞大的全球性公司，拥有196 000多名员工，业务遍及全球所有金融中心。作为一家金融服务公司，其在拉丁美洲和北美洲进行了大量收购。桑坦德银行的巴西业务，即桑坦德巴西银行②，本身也是一家大型机构：总部位于圣保罗，拥有超过50 500名员工和近4 000家分行。

在人力资本分析领域，据我们所知，桑坦德巴西银行实现了世界上其他组织难以比拟的成就。它将多种先进的人力资本分析算法整合到一个平台，领导者可以访问并使用这个平台，以便就员工留任、薪酬和继任规划做出决策。

通常情况下，人力资本分析并没有发挥其应有的价值，因为“很酷炫的东西”并不那么容易被领导者使用，从而来回答他们提出的问题，比如：

我的团队中谁的风险最大？如果他们明天离开，我可以用哪些人来取代他们？哪些高管校友在我的组织中招揽人才？如何激励他们留下来？如果我想给某人加薪，这会对我的薪酬预算产生什么影响？这与外部市场相比如何？

---

① 桑坦德银行（Banco Santander），以桑坦德集团的名义开展业务，是一家西班牙跨国金融服务公司，也是世界上最大的银行机构之一。该公司成立于1857年，在10个主要市场开展业务，2021年员工人数超过19.6万人。

② 桑坦德巴西银行（Santander Brasil）作为巴西唯一的国际性银行，为全巴西超过4 830万客户提供服务。

其中许多问题都可以单独回答。如果想得到详细的答案，需要请人力资源专家来帮忙。在某些情况下，组织永远也找不到答案，因为相关的数据组织得不够好。

桑坦德巴西银行的情况并非如此。人力资源信息与分析主管维尼西奥斯·奥古斯托斯·贝维拉库瓦·科斯塔（Vinicios Augustos Bevilacqua Costa）是人力资本分析团队的幕后领导者，常驻圣保罗。我们第一次见到维尼西奥斯是2019年在墨西哥城举办的桑坦德银行所有人力资本分析团队的研讨会上，该研讨会由全球人力资源数据分析主管路易斯·费尔南多·阿兰格斯·蒙特罗（Luis Fernando Aránguez Montero）和全球人力资源文化与战略主管佩雷·托伦斯（Pere Torrens）领导。通过与他们以及桑坦德银行的人力资本分析团队密切合作，我们对桑坦德银行在业务运营中使用数据和洞察力的整体方法印象深刻。

维尼西奥斯在金融风险管理方面拥有深厚的背景，他以相同的业务视角审视人力资源分析。他在人力资源分析和数据科学方面拥有令人印象深刻的技能，并将这些技能与其强大的高情商和与利益相关者的深厚关系结合起来。作为人力资源分析领域的领导者，维尼西奥斯深刻理解领导者想要了解的人员信息。

维尼西奥斯和他的团队花费数月时间研究出了可针对员工离职、认可与薪酬、人际网络和继任计划进行分析的四种算法（见图9）。每一种算法都能提供实质性的洞察，帮助领导者做出人事决策。然而，在推出首个针对员工离职的算法后，维尼西奥斯意识到这些洞察仅展现了员工情况的一部分。而且，提供这些算法的系统自身也不够直观，无法提供足以使领导者采取行动的建议。总的来说，维尼西奥斯发现，很少有领导者和人力资源业务合作伙伴（HRBP）会访问这四个系统并利用分析模型。

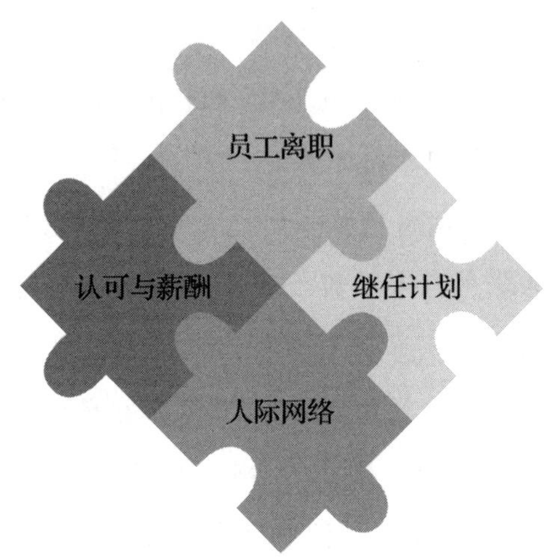

图 9　桑坦德巴西银行为深入了解高管而创建算法的人力资源主题

资料来源：经桑坦德巴西银行许可转载，2020 年 10 月。

“当然，有些人知道它们已经存在，但没人每天甚至每月都会使用这些人力资源分析算法。”维尼西奥斯回忆说，“我们创造了这些卓越的工具，但我们仍然必须再做些什么，让我们的领导者真正把这些工具用起来。”

像维尼西奥斯团队创建的这类算法，在许多公司都有讨论。但在我们遇到的公司中，还没有一家能做到自己在建立包含四种预测解决方案系统的同时，还能让它们相互关联且完全适应具体情况。维尼西奥斯反思道：“当我们思考为什么人力资源业务合作伙伴和领导者没有按预期使用我们的分析工具时，我们意识到这是因为每种算法只解决了一个特定问题。”

维尼西奥斯和他的团队只用了几周时间就建立了“Portal de Gestão RH”（人力资源管理平台）：这是一个单一的仪表盘，从多个系统中提取数据，以构建关于人员数据和相关业务问题的全面、集成视图。平台中的每一种算法都以直观的方式展示，使用简单平实的语言并以扎实的用户体验原则为基础。

领导者可以利用这个平台深入了解特定地区、部门、人口特征、多样性以及他们团队中的个人相关信息，查看绩效、弱点、人际网络和薪酬的完整信息。这个平台是桑坦德银行高管获取与员工相关信息的亮点资源，由桑坦德银行的人力资源分析师构建。

为了在整个组织中推广这项变革，维尼西奥斯在桑坦德银行的领导层路演中展示了这项技术，以赢得他们的广泛支持。这个平台面向桑坦德银行巴西分行的800名高层领导和所有人力资源业务合作伙伴开放。

维尼西奥斯通过真实的洞察案例来展示平台的价值。其中一个令人印象深刻的案例是，他利用该平台对一年前离职领导者的离职模型进行了返回测试（back-test）[①]。他发现，在与该领导者一起面临离职风险的前五名人员中，已有三人在过去12个月离职。现在，团队可以自信地识别出剩余的高离职风险人员，并针对这些人做出决策。

另一个出色的案例是关于特定角色的继任管理，对人员的薪酬决策进行前瞻性预测，并对该团队的额外成本（即薪酬的影响）进行建模，同时还考虑了薪酬与外部市场水平的对比影响。

第三个案例向用户展示了如何查看已离职的领导者，并按优先级识别未来可能面临离职风险的人才——在绩效薪酬网格上突出显示这些人，以识别潜在的和最理想的行动。

通过这种方式，维尼西奥斯从员工和领导者的视角展示了平台的功能。作为路演的一部分，我们鼓励领导者以展示和讲述的方式现场测试平台。

“这个平台给每个人都留下了深刻的印象。每个看过的人都有

① 返回测试是对在险价值和预期损失测度模型的准确程度进行检验的多种统计假设检验方法的统称。——译者

自己的使用方式，其中许多使用方式甚至是我们没有想到的。”维尼西奥斯说，“我们利用路演为平台和人力资源分析团队建立了声誉。我们还与领导者合作，让平台对他们更有用。毕竟，这才是我们建立这个平台的初心。”

这种合作关系的一个实例是，在平台的后续迭代中增加了一项增强功能——预测性洞察功能。维尼西奥斯解释说：“一位领导者将该平台形容为‘数据糖果店’。他表示，在将数据转化为具体行动时，不知道从何着手。因此，我们开发了一个推荐功能。”

该团队的推荐功能有两种运作方式：首先，当领导者需要更多信息时，它能立即提出应采取的行动建议，例如，“我应该提拔谁？”平台将基于绩效、技能组合和离职风险，生成一份最佳人选名单。其次，平台允许领导者提出问题，并查看预测性模拟，了解如果他们采取特定行动将会发生什么。

维尼西奥斯做足了准备，将人力资本分析算法融入管理者的日常工作：他是一位数据驱动型的业务领导者，也是改变这个游戏规则的人。人力资本分析团队并不是为了应对业务部门的需求而创建该平台，也不是为了寻求批准或者寻找赞助者。维尼西奥斯能够真正与业务同感，预见到领导者真正所需，并依靠他在风险管理方面的经验开发出了真正有价值的分析产品。“面对‘我们如何与巴西各地的40 000多名员工合作’这一业务挑战，我们非常明确需要如何支持领导者。”

总而言之，将人力资本分析的真正价值带入日常工作，这并不需要维尼西奥斯从第三方供应商那里引进超级酷炫的技术，甚至不需要创建最优秀的统计模型。最重要的是让所有人力资源业务合作伙伴和管理者都能在需要时，迅速获得洞察。

回顾到目前为止的历程，他说解决方案显而易见：“当你像业务领导者一样思考，将其与分析型思维模式和执行过程相结合，才能真正实现价值。”维尼西奥斯的信念是使用数据科学，并将其活灵活现地展现在业务领导者和人力资源业务合作伙伴面前。只有这样，才能使决策过程得到赋能。拥有一位支持我们的领导者至关重要：“我们能实现这样的转变，是因为人力资源副总裁瓦内萨·洛巴托（Vanessa Lobato）对我们的工作充满信任，给予我们自主权，并不断激励我们成为人力资源转型的领导者。”

关键提示

将预测模型组合成一个完整的拼图，以便高层决策者使用。

小 结

人力资本分析应提供个性化的员工体验，使组织中的四类消费者受益：个体员工、员工群体、管理者和高管。在考虑这些受众时，需要考虑的事项包括：

- 旨在提供“公平等价交换”，让员工从与组织共享数据中获得个人利益。
- 通过数据驱动方法，帮助人力资源部门的同事定义、衡量和管理员工体验。
- 分析并确定员工的“关键时刻”。
- 提供有助于员工个人的见解，并采用可提供个性化体验的技术。
- 创建一个不断倾听员工心声的数字生态系统，并以人为本地设计人力资源计划。
- 将数据民主化，帮助管理人员了解团队和员工个人。
- 将高级分析解决方案作为易于使用的直观消费品提供给高管。

维度八：业务成果

在本章，我们将讨论人力资本分析最重要的方面：人力资本分析为组织带来的实际成果，以及如何利用价值链提供正确的方法、思维模式和结构，以取得成功。

探索……

- 人力资本分析价值链的基本要素；
- 推动业务成果的五个步骤方法论；
- 为什么与财务部门合作是产生影响的关键。

这些洞察来自……

- 美国大都会人寿保险（MetLife，Inc.），关于确保投资到位；
- 雀巢（Nestlé S.A.），关于使用业务语言；
- IBM，关于规模化扩展分析，追求更高价值。

概　述

业务成果

作为九大维度之一，业务成果阐述了引领人力资本分析活动产出成果的理念与方法。这些成果包括可执行的洞见与建议、财务价值以及整个企业切实的业务提升。

关于人力资本分析如何为企业营收和利润带来显著财务价值的案例层出不穷，本书也已经阐述了其中一些案例。能带来明确投资回报的工作会让业务高管兴奋不已，同时也能为这些职能部门进一步提升地位、吸引投资创造良好氛围。

尽管如此，我们的许多案例研究证实，并不是每个人力资本分析项目都与财务回报有关。正如我们在本书第一部分“为什么要做人力资本分析”讨论的，人力资本分析能够产生影响并实现最终成果的产出有四大类（见图1）。

图1　人力资本分析的四种成果

能够产出洞察来支撑决策制定，通常被认为是所有人力资本分析工作的基础。然而，除了洞察之外，人力资本分析还有更加强大的产出。正如强生全球企业人才发展与洞察部门负责人皮尤什·马瑟尔在《数字化 HR 领袖》播客中（Green，2020）所完美阐述的："洞察不产生成果，就是在徒增成本。"实现可量化的人力资本分析成果，能够避免"为了分析而分析"的指责，并为组织和员工创造价值、展现分析的重要性，为吸引更多的投入而储备有力依据。

采取"业务第一"的方法

本书倡导"由外而内"的人力资本分析方法，其焦点是与业务高管直接合作，去解决组织面临的关键挑战。在我们多年与组织合作并研究它们的过程中，以及在本书的研究和撰写过程中，我们发现先进组织在人力资本分析方面采用了"业务第一"的方法。

我们相信，业务和战略议题，如销售有效性、业务战略执行、风险与合规、危机管理和文化等，越来越普遍地受到人力资本分析团队的关注。

我们的看法得到了 60 个全球性组织研究（Ferrar，Styr and Ktena，2020）的证实（见图 2）。

在这些公司中，相较于人才的保留、管理和招聘等传统人力资源议题，业务与战略性质的议题更为重要。业务与战略被认为是最能带来价值的领域，比业务关注的其他重点领域，如员工体验与福利、战略性劳动力规划、员工生产力与绩效表现等的价值都要高。

这部分研究的结果证实了我们的信念，即全球大型企业的人力资本分析团队现在正变得更加以业务为中心。具体来说，他们与组织议题保持一致，尽管这些议题通常被认为远远超出了人力资源的职责范围。

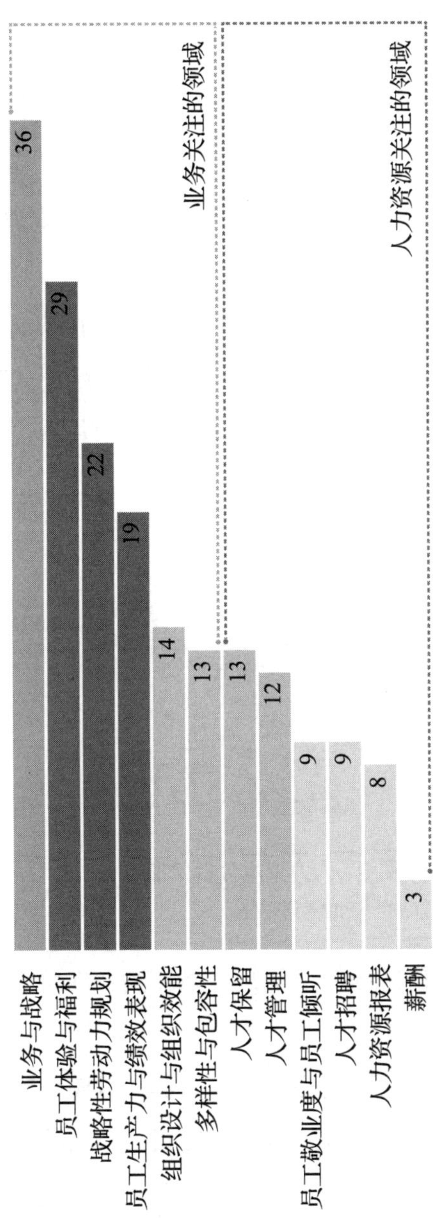

图 2　最能带来价值的人力资本分析领域

资料来源：Ferrar，Styr and Ktena（2020）.

人力资本分析价值链

成功转型到更加以业务为中心的道路上之后，人力资本分析对于公司而言会越发重要。将人力资本分析方法转型成“由外而内”并不容易，甚至从某种程度上来说，从“一张白纸”开始会更简单——毕竟这是一种全新的方法。

我们建议将图 3 所示的人力资本分析价值链作为实现业务成果的模型。这是本书第一部分“为什么要做人力资本分析”讨论的价值阶段模型，也是本部分技能维度用于定义人力资本分析运营模式的模型。

图 3　人力资本分析价值链

资料来源：Ferrar，Styr and Ktena（2020）.

人力资本分析价值链的底层就是一条原则：在价值面前，分析不值一提！[①]

换句话说，客户驱动因素是输入，如业务战略、利益相关者面临的挑战以及人员与人力资源战略；可衡量的业务成果是输出，如商业价

① 这是一个小小的文字游戏，灵感源自著名管理思想家彼得·德鲁克的名言：“文化可以把战略当早餐一样吃掉。”其含义在于，从统计分析中获得的价值——而非分析本身——才是至关重要的。

值、员工体验和组织变革。而人力资本分析的职责，是这一整条流程。

在实践中，人力资本分析价值链意味着：人力资本分析职能部门不再思考“我的离职率是多少”等常规基础问题，而是去探索“哪些人力因素能提高我的业务绩效”和“哪些角色能够给我的组织带来最大价值”等更业务导向的问题。

这种“由外而内”的方法使得人力资本分析能够聚焦于业务挑战，产生业务价值；同时也能提升员工体验，带来更广泛的社会价值。它将为组织带来更有帮助、更有影响力的成果。

如何推动业务成果

在本书中，我们已经通过一些案例强调了用“由外而内”的方法进行人力资本分析的好处，以及随之而来的业务成果。在接下来的美国大都会人寿保险、雀巢和 IBM 三个案例中，上述特点将得到显著体现。

虽然每个案例有所不同，但它们背后的人力资本分析职能都采用了这种方法，确保将业务成果作为目标，并且所有的行动都是为了达成这一目标。这种做法让我们认识到，人力资本分析在实现商业成果方面需要遵循五个步骤。为了便于记忆，我们将它们组合成了简洁的指南：推动业务成果的五个步骤，如图 4 所示。

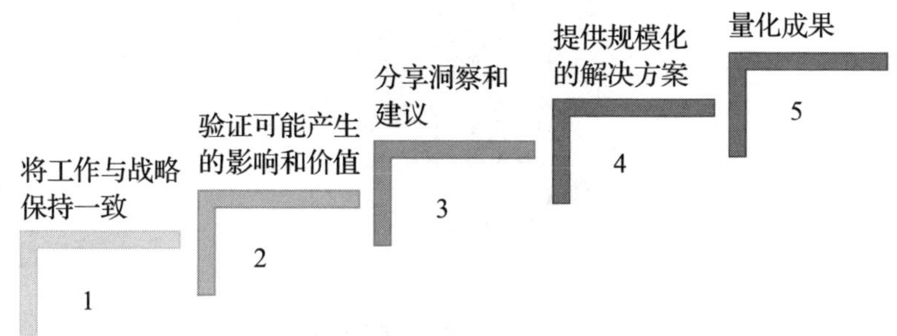

图 4　推动业务成果的五个步骤

第一步：将工作与战略保持一致

将人力资本分析与公司面临的最重要业务挑战结合起来，这是必不可少的。如本部分的方法论维度所述，是否有基于标准的优先级排序过程，是鉴别人力资本分析能否带来最大价值的基础。这些工作被认为是快速取胜项目或大赌注项目。优先级的本质是要能够与这个关键问题——“潜在的业务价值是什么?”的答案保持一致，而想要回答这个问题，就需要向利益相关者提出正确的问题，从而发掘出能够揭示最大价值的议题和机会点。利益相关者管理维度也对此展开了论述。

在投入工作之前，需要考虑清楚到底需要什么业务成果。《HR 的分析力》一书中曾讨论过一种厘清业务成果的方法，即“需求的七大动力模型”(如图 5 所示)，该模型定义了业务需求的七个常见领域，这些领域是人力资本分析的驱动力。其中一些业务驱动力能够自然而然地与业务战略和业务运营保持一致，包括竞争优势、监管需求、运营效率以及成本压力等。

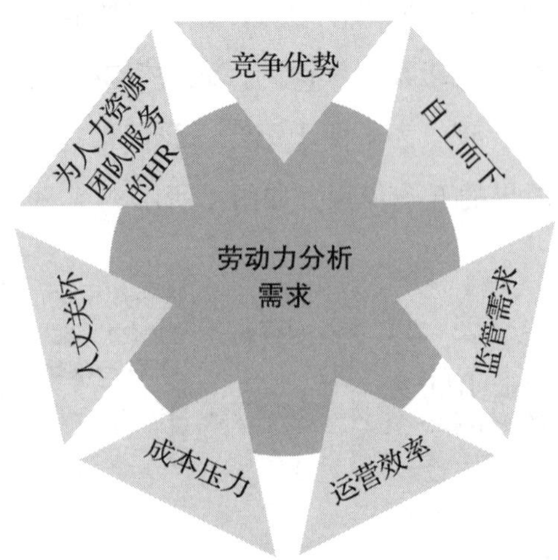

图 5　需求的七大动力模型

资料来源：Ferrar，Styr and Ktena（2017）.

理解业务挑战意味着更有可能产出业务关注的成果。为了做到这一点，我们应该与利益相关者一起工作，框定哪些业务问题是急需回答的，并为每个问题提出验证所需的假设。

第二步：验证可能产生的影响和价值

在确定人力资本分析工作的优先级后，就需要重新引入利益相关者，共同确定工作范围、构建投资论证；并与财务部门协作，对成果进行衡量。本部分方法论维度概述的“焦点－影响－价值”模型是帮助分析项目取得成功的工具之一，总结如下：

焦点：确定项目范围、确保项目发起人、商定预算并确定切实可行的时间计划。

影响：确定项目对七类利益相关者群体的影响，并确定他们参与工作的程度。

价值：评估和确定项目的预期价值。

以评估分析项目的潜在财务价值为例，与财务部门合作能够加速完成评估步骤，并为项目提供必要的论证，推动与其他利益相关者和项目发起人的后续讨论。这通常需要就如何衡量成果达成一致，包括用财务收入还是用成本优化来衡量，以及如何构建模型，例如是选择投资回报率模型（ROI）、净现值模型（NPV）还是内部收益率模型（IRR）。

“美国大都会人寿保险——确保投资到位”这个案例是如何与财务部门共创投资论证的完美范例。人力资本分析团队与财务团队之间建立的合作关系基于一个强有力的原则：使用财务语言。

案例研究

美国大都会人寿保险——确保投资到位

劳拉·舒伯特（Laura Shubert）领导着美国大都会人寿保险的全球劳动力分析业务[①]。该团队提供有关劳动力的洞察，能够帮助人力资源和业务领导者做出明智的、以事实为基础的人力决策，他们的工作产出丰富多样，从复杂的分析建模到基础的数据报告无一不包。劳拉取得成功的关键，在于她能够在必要时确保投资到位。

劳拉的团队在2020年采取了一项重大举措：采取双管齐下的劳动力管理方法，包括培养战略性劳动力规划能力和创建内部活水市场[②]。对于这一类工作而言，要想产出成果并为企业和员工带来价值，就必须增加预算。

在进入人力资源领域之前，劳拉已经在财务规划与分析、基金管理以及并购领域有15年从业经历。

“过去的经验让我知道如何与财务部门谈钱，”劳拉补充道，“需要牢记的关键点很简单：在工作的早期阶段就让财务分析师参与进来，并始终将人力资源部门的行动转化为业务成果。”

在培养战略性劳动力规划能力和创建内部活水市场时，劳拉提出了自己的建议。在工作的最初规划阶段，她就安排了一次与财务同事的会议，并针对该举措整理了一份围绕美国大都会人寿保险展开的财务分析报告。

---

① 美国大都会人寿保险是全球领先的保险、年金及员工福利计划提供商之一，服务范围覆盖60多个国家，拥有9 000万客户，为美国《财富》500强中前100名的90多家企业提供服务。公司在五大洲共有49 000名员工。

② 此处原文为internal career marketplace，直译为“内部职业市场”，是指将部分岗位开放提供给内部员工，进行转岗、调动申请的平台。在当今企业中，这类平台通常被称为“活水平台”或“转岗平台”，通过定期调整员工的岗位来注入新鲜活力，旨在提升员工的工作热情和企业的整体效率。——译者

劳拉给出的建议是，完成这些事情并不一定需要有正式的财务背景。事实上，在这个案例中，她是从整理一般商业信息开始的，这些信息都是现成的，能够轻松访问。首先，劳拉搜索了网上公开的商业信息。她记得2016年美国大都会人寿保险曾发布过一份声明，当时的首席执行官宣布，公司将在2019年底前削减10亿美元的运营成本，她在一份新闻稿中找到了能够支撑这份声明的信息（Scism，2016）。劳拉使用这些及类似信息来分析自愿离职、职业发展，以及员工成长与招聘新员工之间的数据对比。深入思考这些信息能帮助她更好地理解这项工作的内容。这份研究也为她与业务对话提供了坚实的基础。

劳拉在写报告时，表达得非常直接。她要求公司为该团队和计划提供所需的投资：一家技术供应商、外部顾问的咨询服务，以及新增的一个岗位需求。“这些年来，我学到了一件事，那就是需要什么就应该大胆提出，一点也别少，”劳拉评论说，“要勇敢！如果你一开始就不清楚整体成本，那又怎么能准确评估整个项目的投资呢？不要让自己一开始就处于不利地位。”

劳拉想要用业务高管能够看得懂的方式，来重新构建这份提案，于是她使用了财务语言。她还正式向财务部门请求对这一计划的支持。在思考了财务分析师可能对劳动力分析提出哪些问题之后，劳拉的团队对这项工作及其对美国大都会人寿保险的价值进行了财务分析。团队通过研究了解到，美国大都会人寿保险通常不以投资回报率（ROI）来建立工作模型，而是使用五年的内部收益率（IRR）。因此，劳拉用内部收益率模型来进行展示汇报。通过这种方式，劳拉不仅增强了团队的信誉，也巩固了他们工作成果的可靠性。更重要的是，她所采用的沟通语言是全体美国大都会人寿保险的员工都能够理解的。

讨论开始时，一切都完美地融合在一起。美国大都会人寿保险的人力资源部门与财务专家共同协作，一起验证模型，以估算该计划的投资和潜在价值。每个人都被邀请分享他们的专业知识和对工作的洞见。劳拉非常兴奋地说："在大家估算数字时，财务部门居然还向劳动力分析团队建议，让他们不要太保守。财务团队甚至提供了许多建议，帮助我们最大限度地提升工作的价值！"劳拉认为，讨论如此顺利有两个原因。首先，她让很多知情人士都参会了，包括数据人员。"我不希望在座的人回答不上来问题，所以让真正了解这项工作的人参与进来，这样财务部门就可以探究和理解关于这份提议的一切。这里不存在隐藏的黑箱。我们对每一个问题都持开放态度，因为我们明白，提出这些问题的财务专业人员是在履行他们的工作职责。"其次，则是团队的讨论方式。对此，劳拉说："我们决心与财务团队建立关系。这需要时间，需要对模型和计划进行多次迭代。我们知道财务部门可能希望我们做哪些事，我们也已经做好了合作准备。"

这种做法取得了成效。当这项工作在一次执行运营委员会会议中提交时，劳动力分析团队在战略性劳动力规划和内部活水市场两方面的工作都得到了认可。在这次会议上，人力资源部门和财务部门的最高管理层显然达成了共识——不仅在议题上，而且在已经完成的分析上。财务部门是一个忠实的合作伙伴，而这项工作的潜在业务价值已被彻底理解和验证，投资所花出去的每一分钱都有明确的记账和分类。

当新冠疫情大流行时，这些项目的工作强度也随之变大。"大流行病的影响使业务论证更加清晰，"劳拉解释道，"而由于投资足够稳健，我们也能够做出相应的回应；分析能够得到认可，我们也能对得起花出去的每一分钱。因为我们已经进行了所有这些研究和建模，并且从一开始就与财务部门合作，这使得任何审核都变得更加容易，整个过程也更加顺畅。”

美国大都会人寿保险的劳动力分析团队确保拿到投资的方法是：提出明确要求、分析影响范围和使用财务语言。在这次经历中，劳拉获得的主要启示（如图 6 所示）也适用于所有希望拿到预算的人力资源专业人士。

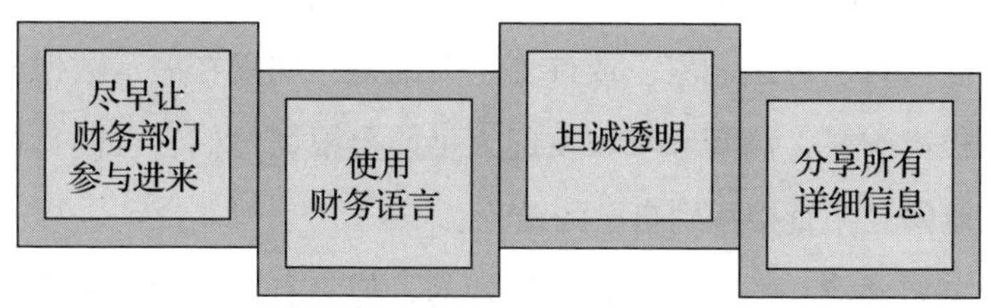

图 6 打开财务黑箱[①]：劳拉·舒伯特与财务同事的合作方法

资料来源：经美国大都会人寿保险授权转载，2020 年 10 月。

从项目一开始，就要让财务人员参与到你想要实现的目标中；使用财务语言，并确保你理解其术语体系和定义；在展示财务模型时，分享所有细节，并公开构建模型所使用的方法以及背后的假设。最后，不要故作神秘，或者对自己的工作有所保留，而是要打开自己的黑箱。

这些措施都经过了我们的深思熟虑。现在，劳动力分析正在以可持续的方式，为我们的员工和业务带来改变。

关键提示

与财务团队的同事建立友谊，并学习他们的语言表达和术语体系。

① 根据《牛津词典》的定义，“黑箱”指的是一种其内部机制不明或难以理解的复杂系统或设备。

第三步：分享洞察和建议

确保工作产出的洞察和建议能够被业务部门落实到行动层面，这是推动业务成果的第三步（见图 4）。

需要注意的要点包括：

● 揭示洞察：人力资本分析团队需要从分析中获得洞察，以帮助证明或反驳正在验证的假设。此外，我们不应假定项目发起人或利益相关者能够自己得出洞察。或许更重要的是，如果在展示数据和分析时没有提出洞察，高管和项目发起人可能会根据他们自己的目标、先入之见或偏见，直接跳到自己的结论。

● 制定建议：虽然洞察是很有趣的，但只有具体的建议才能帮助改进业务。无论是自行提出，还是与利益相关者合作，人力资本分析团队都需要提出明确的建议，来推动决策和助力变革。

提出建议时的关键在于，要始终牢记利益相关者最初提出的业务问题，以及分析所带来的潜在影响和价值。在这个过程中，我们还建议你开始思考如何传达你的观点。

● 传达你的观点：这是每个分析项目都会面临的严峻考验。我们能否将洞察和建议传达给项目发起人和利益相关者，以便于他们采取行动？富有成效的讲故事技巧、全面细致的可视化，以及恰如其分的语言使用，都能提高人力资本分析工作的成功率。

要想恰当使用业务语言，就必须了解业务，以及项目发起人和利益相关者。学会用业务语言而不是人力资源语言提出洞察和建议，这是一项值得学习的技能。

在上述美国大都会人寿保险的案例研究中，我们看到了这方面的典型示例。雀巢的案例研究将凸显使用业务语言的重要性。该案例表明，并非每一项分析工作都只能被提炼为财务语言。该案例的核心经验是：有时，讲故事应该使用特定业务板块的语言，而不是仅仅使用财务的视角、语言来框定一切。

案例研究

雀巢——使用业务语言

奈斯派索 (Nespresso)[①] 是雀巢咖啡业务的重要组成部分[②]。其专卖店通过专家建议和引导式品鉴为消费者提供令人兴奋的体验。店内的咖啡专家着装讲究，为顾客精选条状的、彩色的咖啡胶囊，并将它们装入时尚的购物袋。奈斯派索品牌在各个方面都令人印象深刻。它对人力资本分析的重视也是如此。雀巢的全球人力资本分析主管乔丹·佩特曼（Jordan Pettman）多年来致力于发展整个雀巢的分析方法，特别是在奈斯派索业务中。

这开始于一次尝试——将人力资源数据及活动与专卖店业绩结合在一起分析。2019 年，人力资源团队提出了一个假设：当完成一门特定的奈斯派索的培训课程之后，专卖店便能够取得商业上的成功。然而，分析结果却推翻了这一假设。事实上，完成课程并不会对专卖店的业绩产生影响。

尽管如此，奈斯派索的领导层仍然非常关注，并提出了多个新的假设。凭借与利益相关者的合作以及作为顾问的职业经历，乔丹将这些假设提炼为一个优先级列表。随后，团队对员工和管理层的流动、培训、多元化和员工参与度进行了全面分析。

在奈斯派索的人力资源和业务领导团队的大力支持下，乔丹

---

① 奈斯派索公司隶属于雀巢集团，总部位于瑞士洛桑，是分装咖啡领域的领先者和典范。

② 雀巢是全球最大的食品与饮料公司，拥有超过 2 000 个品牌，业务遍布 187 个国家，共有 352 000 名员工。

带领的由数据科学家和分析师组成的团队发现了一些令人信服的洞察：员工的任期和参与度对专卖店业绩的影响较小，管理者的主动离职率对业绩的影响却大得多。特别引起领导层注意的是，专卖店管理者的主动离职率与店铺的销售业绩强相关。分析结果显示，如果公司能将管理者的主动离职率降低5%或以上，将对专卖店的销售业绩产生正面影响。

“我们所有的结论都是量化的财务术语，”乔丹回忆道，“但在更大的业务范围里，我们却没有得到期待中的‘哇哦’的反应。因此，我们改进了表达方法，使其更贴近整体的业务语言。我们开始用奈斯派索咖啡胶囊的销售数量来讲故事——从财务到营销生产，奈斯派索的每个人都能理解这个指标。”

这个项目取得了巨大成功。首先，即使在第一个假设被推翻之后，团队仍成功地识别出了关键洞察；其次，团队将这些洞察转化为业务语言，吸引了利益相关者的参与；最后，需要对管理者进行培训的建议被迅速推广到全球各地的专卖店，从而带来了业务的提升。人力资本分析已经证明了自己的价值。

乔丹感叹道：“员工和领导层的认可意味着人力资本分析将在未来几年继续为业务增加价值。这是一个连锁反应式的成功案例。一旦领导层理解了人力资本分析能够增加的价值，每个部门都会跃跃欲试！这是一个令人激动的场景。”

2020年6月，当瓦莱丽·罗伯特（Valerie Robert）加入奈斯派索担任全球人力资源主管时，乔丹是她最先联系的人之一。作为一位具备人力资源专业知识的业务领导，瓦莱丽得知人力资本分析在上一年对专卖店业务成功做出的重大贡献后，她意识到这将是推动业务进一步发展的关键部分。

乔丹和瓦莱丽首先讨论的话题之一是奈斯派索的文化和行为

生态系统。他们尤其关注文化和行为对专卖店业绩的影响，以及如何衡量这种影响。

“我和我的团队已经明确地看到，人力资本分析是一个高效解决问题的工具，”瓦莱丽解释道，“乔丹领导的雀巢全球团队与奈斯派索有过良好合作的先例，并且也表明了我们可以将基于人力数据的洞察与有意义的业务价值结合起来。”

瓦莱丽上任后不久，便与乔丹开展了关于企业文化的专题工作。2020 年 8 月，他们以一种迭代的方法开始了这项工作。在他们的共同努力下，奈斯派索的人力资源部引入了包容性调查和优先级排序技术，从 8 个虚拟焦点小组和一项涵盖 3 种语言、1 300 名员工（占总数的 10%）的定量调查中收集了反馈。这一轮调查重在速度而非精确度，仅用 90 秒就收集了 3 000 份样本。

分析完反馈后，瓦莱丽和乔丹的团队向利益相关者展示了他们的发现。乔丹采取了与第一个项目相似的方式，力图将所有内容转化为业务绩效，并吸引大家参与到这一敏捷过程中来。

作为一名资深人力资源专业人士，瓦莱丽从分析中获得了灵感。在与人力资本分析部门的合作中，她总结了一些经验教训，并将其传授给同事：

不要等待完美的数据，而是要：

- 确保你有足够的数据，而且这些数据是可信的。
- 做好心理准备，接受可能出现的负面结果。
- 采取迭代方法提供洞察，有助于让管理团队逐步参与进来。
- 业务需要的时刻就是人力资本分析的正确时机——不要等待“最佳”时机。

“奈斯派索在人力资本分析方面的成功是可以在其他业务中复

制的，”乔丹说，“一开始领导层不相信我们，因为我们还没有建立信誉。但我们与奈斯派索的合作打开了我们在整个企业的新局面。我们学到的最重要的一点是，不要把目光锁死在领导层的宠物项目上，而是要去寻找有意义的工作，在那里你能吸引到最好的利益相关者、代言人和拥护者”。

乔丹总结道：“并非所有人力资本分析项目都能‘救业务于危难之中！’有时，你必须接受某些项目是比较小的，它的投资回报率也很低。但这没关系！在业务内部建立信任至关重要，一旦建立了信誉，你就能承担更重要的工作。”

关键提示

分析是一项循序渐进的活动，需要反复迭代，过程中要根据利益相关者的意见修改问题，并尽可能讲出有意义的故事。

第四步：提供规模化的解决方案

将分析解决方案进行规模化扩展和产品化，这是推动业务成果的第四步（见图 4）。

除了关注人力资本分析价值链（见图 3）来保持“由外而内”的视角之外，新型的人力资本分析工作方式还取决于服务的产品化，以及是否采用以服务为中心的交付模式。

正如报告《创造大规模价值：人力资本分析的新运营模式》（Ferrar，Styr and Ktena，2020）所解释的：“人力资本分析职能通常会经历一个临界点。在此之前，他们需要努力去寻找项目；而在临界点之后，他们则是不知道该如何完成所有这些被提议的项目。临界点前后的时间都很关键，需要关注的方面也有所不同：之前，团队需要专注于建立靠谱的形象、打好能力及基础设施的底子；之后，人力资本分析必须要迅速地将最有价值、最重要的分析解决方案进行规模化扩展。”

举个例子，一旦某个人力资本分析项目被证实能够提供价值，就需要迅速将它转化为产品，并在组织的相关部门中进行交付。这就需要将解决方案产品化。这个过程需要的技能在本部分的技能维度有详细探讨。

接下来的案例研究“IBM——规模化扩展分析，追求更高价值”就是一个典范。该案例研究展示了 IBM 如何通过利用、发展整个人力资源部的分析技术和能力，从而实现分析的规模化扩展与产品化。想要在整个组织中嵌入人力资本分析，就需要在整个人力资源部门创造一种数据驱动的文化，本部分的文化维度将对此展开论述。

第五步：量化成果

令人惊讶的是，许多投资建设人力资本分析职能的公司并未量化这项工作的业务成果。事实上，有些公司甚至没有对项目进行任何评估，更谈不上思考如何确定它们对组织的价值回报。这种做法将极大地限制人力资本分析的潜力、阻碍投资，并可能导致其面临被边缘化的风险。

相反，那些对成果进行量化的公司，能够证明这些项目实现了它们既定的价值目标，不仅为劳动力和员工自身带来了收益，往往也提高了其在利益相关者心中的信誉度。IBM 就是这样的一家公司。

最后，无论是在内部还是外部，传播人力资本分析的成果都至关重要。从内部来看，这能够激发动力、促进需求、增加投资，并推动规模化扩展。从外部来看，它有助于吸引和保留分析人才，同时为组织打造一个积极的品牌形象。至少，人力资本分析领导者可以通过这种方式来为其部门赢得信誉。

在接下来的案例研究中，我们会与财务专业人士合作，一起评估人力资本分析工作的价值。这种方法论让 IBM 取得了显著成果。该案例的核心经验是：通过证明财务价值和商业效益，人力资本分析可以赢得信誉。

案例研究

IBM——规模化扩展分析，追求更高价值

在通过人力资本分析实现业务价值的道路上，IBM[①] 的人力资源部无疑是公认的领跑者。这在很大程度上得益于他们在人力资本分析中引入了人工智能（AI）技术。

IBM 拥有超过 20 年的结构化人力数据，并从 21 世纪第一个十年末期开始搭建正式的人力资本分析部门。对人力资本分析领域的长期投入为企业带来了数百万美元的收益，并改善了全球数十万员工的工作体验。如果没有“业务第一”的工作方法、对人力资本分析财务价值的深刻理解以及 AI 技术的加持，这一切都不可能实现。

带领 IBM 取得这一成功的领导者包括：在 2013 年 6 月至 2020 年 9 月期间担任首席人力资源官兼高级副总裁的戴安娜·盖尔松（Diane Gherson）；前人力资源副总裁、现首席人力资源官尼克·拉莫罗（Nickle LaMoreaux）；副总裁兼数据、人工智能与产品战略首席技术官，IBM 杰出工程师安舒尔·谢普里（Anshul Sheopuri）。

自 2010 年起，公司向建立正式人力资本分析职能迈出了重要的第一步。它建立了一个单独的团队，负责为这个遍布 170 多个国家的全球组织提供报告和洞察。这使得全球领导层能够以统一

① IBM 是一家全球领先的美国科技企业，员工总数超过 36 万，业务遍及 172 个国家。

的方式、带着通用的口径定义来使用整个企业的数据和指标。到2013年初，人力资本分析部门进行了一些高级研究，并开始采用更复杂的技术，例如员工倾听。

然而，从员工体验角度来看，每个员工仍然需要自行拼接多个前端解决方案。例如，作为新入职员工，你需要使用一个系统来领取福利，另一个系统来预订安全徽章①，还有一个系统来激活公司设备。

戴安娜回忆道："虽然每个流程可能都非常高效，但整体的体验却很差。"当戴安娜最初出任首席人力资源官时，她更注重从员工体验的角度，而不是仅仅从人力资源政策和流程的角度来管理人力资源。"人力资源的核心宗旨是服务于人，所以我们开始采取一种能够根据人的体验进行衡量的策略。"因此，从2013年开始，IBM开始采用净推荐值（net promoter score，NPS）来衡量其人力资源服务的绩效和影响力。

戴安娜的第二个举措是重构人力资源服务业务的方式。她笑着说："虽然听起来像在玩文字游戏，但将我们的工作称作'服务'而非'项目'，这从根本上改变了企业和员工接受这些工作的方式。'服务'意味着你的工作最终指向的是某个人，每位员工可能都对此有着宝贵的意见，而你的工作对于他们来说也极具意义。"

人力资源部门也在努力为业务带来实质性的好处。人力资本分析团队开始着手解决关键的业务挑战。其中包括如何在业务转型期间吸引和保留对未来成功至关重要的技能人才，以及如何管理现有关键业务领域的人才流失问题。

---

① 安全徽章通常是一种身份验证工具，用于确认个人的身份并控制其进入特定区域的权限。这种徽章可以是简单的照片ID卡，也可以包含更复杂的技术，例如磁条、智能芯片或近场通信（NFC）技术，以便进行电子访问控制。——译者

他们与 IBM 沃森分析团队[①]合作，花了三年多时间进行一系列迭代项目，完善了一种预测算法，该算法最终在预测技能和留存率方面的准确性高达95%。在实施该项目的三年里，该团队利用人工智能技术增强了人才主动保留服务，使其变得更加智能。这使得分析解决方案能够实时学习每个员工与留存相关的举动。正如时任首席执行官吉尼·罗梅蒂（Ginni Rometty）阐述的那样，IBM 在高级人力资本分析方面应用前沿人工智能技术的实践，在 2019 年不仅为企业确保了数十种关键技能组合，而且为 IBM 节省了 3 亿美元[②]。

这种数据驱动的业务问题解决方法还为人力资本分析团队创造了其他机遇。随着业务越来越大，团队开始研究如何在整个组织中规模化扩展人力资本分析。在与财务和 IT 这两个关键部门的紧密合作下，他们进一步加强了这一战略。

首先是与财务部门的合作，在项目初期，所有人力资本分析工作的价值都是与财务专家共同评估的。"直到今天，我们在提供每项服务时，都会先探查对业务而言最重要的事项，量化其潜在价值，并确保我们的努力与此保持一致，"安舒尔表示，"这些原则确保了我们的团队能够持续开展有意义的分析，并不断改善员工体验。"

其次是与 IT 部门的合作，这意味着在技术应用和敏捷项目管理方法上，团队可以借鉴他们的经验，这对于向员工提供服务并将其进行规模化扩展而言不可或缺。作为一家科技公司，IBM 还

---

① 沃森分析是 IBM 推出的一套云端人工智能功能，特别适用于人力资源领域，大幅加速了 IBM 在人力资本分析方面的进展。

② IBM 前首席执行官吉尼·罗梅蒂于 2019 年在美国纽约市举行的工作人才与人力资源峰会上宣布了这一成果。

能够利用AI套件“沃森”（Watson）来提升其他产品，尤其是在主动保留计划取得成功之后。AI的实施步伐已大幅加快，使得大多数组织现在都能轻松使用这些先进技术。开发门槛的降低让人力资本分析得以融入机器学习，提升预测精准度，并把这些产品在广泛的员工群体中进行规模化应用。

让戴安娜特别自豪的一项服务产品是“Your Learning”。该平台通过整合有关技能、劳动力规划、内容和职业选择的数据，为员工的发展提供个性化建议。根据戴安娜以体验为导向的理念，该平台使用了恰当的衡量指标，即净推荐值（NPS）和用户行为数据。

截至2020年10月，“Your Learning”的NPS达到了58分（满分100分），每天有大约35 000名员工（占IBM全体员工的近10%）登录该平台，每季度有98%的业务部门活跃使用该平台。在财务方面，该平台展现出了高度的细致和透明，对保留员工和技能组合至关重要。戴安娜还认为，“Your Learning”是IBM成为全球最佳雇主之一的关键因素之一（Stoller，2020）。

在回忆这些经历时，戴安娜总结了四个行动建议，领导者可以通过这四点利用人力资本分析和技术，让人力资源与业务的关注点保持一致。

第一点是充分了解业务战略。她指出：“我是咨询出身的，因此我花了很多时间倾听业务的声音，深入钻研业务战略，直到我完全明白人力资源能够如何支持业务战略。跳过这一步就会掉入第一个大坑。”

第二点是做好推翻工作和改变方向的准备。戴安娜提到了最近她个人很喜欢的一个项目来说明这个坑可能有多大。“业务部门需要一项技能和职业发展服务。因此，'我的职业顾问'（MyCareerAdvisor，MYCA）平台应运而生，它旨在从合规性角度重塑人力资源，改造工作流程，确保管理者做出正确的决策，"她解释道，"但是，该平台的 NPS 非常低。人们根本不想使用它，这是无法回避的事实。"最终，戴安娜自己也决定放弃 MYCA。

不过在将该平台拆分为多个部分的过程中，团队发现这些工作仍有用武之地：毕竟，它是基于业务需求而设计的。于是，他们将其中最符合 IBM 技能和职业发展目标的组件进行了重新设计，并把相关反馈集成到一个新的项目中，即前面提到的"Your Learning"平台。由于这一目标是以业务为中心并与财务指标紧密相关的，因此团队知道该如何构建这一产品，让它既能够符合公司文化，也能够契合公司及员工的需求。

第三点是培养人力资源从业者的分析能力，以实现业务成果。早在 2012 年，就有超过 600 名 HRBP 参加了基础分析课程，这是人力资源从业者首次接受分析教育。截至 2020 年 10 月，IBM 人力资源部门的 6 000 名成员都完成了深入的分析技能培训，包括如何负责任地、合乎道德地使用可信的 AI 解决方案和数据。这构成了人力资源行为准则的基础。

第四点非常有力：人力资本分析的真正目的，是要同时为企业和员工带来收益。"人力资本分析在公司中的作用是为业务增加价值，而非简单地降低成本。它应当始终被视作一种机遇，而不仅仅是循规蹈矩。"

戴安娜的继任者尼克在 2020 年 9 月成为 IBM 的首席人力资源官，他对于分析的终极目标也有着相同的洞察："成功地应用 AI，将其作为人力资本分析服务的一部分，不仅能帮助员工成长为杰出的领导者，还能确保团队掌握适应市场变化所需的技能，并为企业带来竞争优势。”

正是由于IBM及其AI技术套件，人力资本分析领域得以发展壮大。其他公司也受到了IBM的启发，纷纷进行人力资本分析的规模化扩展，并为自身和员工带来更大的价值。

关键提示

始终从业务战略入手。

小　结

人力资本分析的核心职责在于为企业带来能够提升业务绩效、支撑战略决策、进行风险管理的成果。关注成果时需要采取的一些关键步骤包括：

- 采取以价值链为核心的人力资本分析方法，以客户驱动因素为输入，以可衡量的业务成果为输出。
- 确保所有与人力资本分析相关的活动都致力于实现可量化的成果。
- 与财务部门紧密合作，从一开始就商定衡量成果的标准。
- 学习成为一个讲故事的高手；深入了解不同受众群体，采用能够激励他们行动的语言风格。
- 力求在整个企业范围内规模化扩展分析技术。这是充分实现价值的时刻。不要让分析一直局限在实验、项目或试点阶段。

维度九：文化

在本章，我们将讨论如何通过培养分析型思维以及让人力资源专家参与人力资本分析解决方案和行动，在人力资源职能和更大范围的业务部门中建立数据驱动型文化。

探索……

- 未来人力资源专业人士需要什么技能；
- 如何树立正确的分析思维模式；
- 如何让人力资源专业人士参与分析。

这些洞察来自……

- 德国默克（Merck kGaA），关于在整个企业推广人力资本分析文化的实践；
- 荷兰合作银行（Rabobank），关于如何让人力资源参与并促成数据驱动型文化的唤醒；
- 百事（PepsiCo），关于在全球和本地团队之间构建协作关系。

概 述

文化

作为九大维度之一，文化的核心是：在整个人力资源职能中培养具备分析意愿和能力的人才。这需要深入思考未来人力资源专业人员所需的技能与思维模式，探索如何输入分析知识、培养分析能力，从而为促进创新、激发好奇心并创造组织价值打下基础。

根据怡安翰威特（Aon）发布的《2019年无形资产财务报表影响对比报告》，在过去40多年中，无形资产已成为投资者的主要考虑因素。截至2018年底，标准普尔500指数（S&P 500）的所有企业价值中，无形资产占比高达84%，远高于1975年的17%。这些无形资产包括知识产权、品牌、数据，以及企业员工、网络和关系等。

企业员工、所构建的网络以及组织文化的重要性日渐凸显。麦肯锡同样强调了数据文化的重要性。它在2018年的报告中指出：数据分析在现代组织生活中已经无处不在，这意味着建立健康的数据文化正变得愈发重要（Diaz，Rowshankish and Saleh，2018）。

这对人力资本分析也非常重要。首席人力资源官迫切需要在整个人力资源职能内构建数据文化。但问题是：作为一个职能部门，人力资源真的为分析做好准备了吗?

古恩诺和芬泽（Guenole and Feinzig，2018）在《哈佛商业评论》的一篇文章中探讨了如何建立一个精通数据的人力资源部门。他们总结出在人力资源职能中有三类员工：精通分析的人、有分析意愿的人和抗拒分析的人。

此外，Insight222在2019年开展的研究发现，人力资本分析在人力资源组织文化中的嵌入程度越深，人力资源专业人士对人力资本分析的抵触情绪就越小（Green，2019）。其他研究[①]也显示：对人力资本分析技能缺乏掌握会导致较低的自我效能感和并不充足的信心，从而导致人力资源专业人士难以对数据驱动型文化敞开胸怀。

不过，我们不能把缺乏知识和缺乏动力混为一谈，这一点非常重要。Insight222 在其研究中推翻了“分析技能不足和知识水平较低的人力资源专业人士会抗拒人力资本分析”这一错误观念。如图 1 所示，在人力资源专业人士中，超过 80% 的人强烈认同人力资本分析能推动业务价值提升，同样超过 80% 的人认为人力资本分析对他们的职业发展大有裨益。

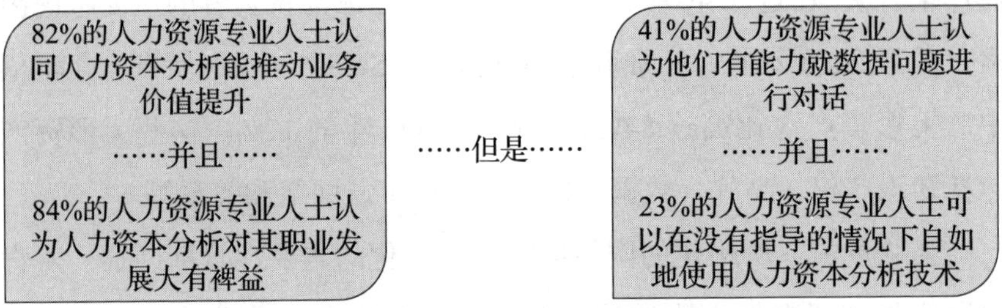

82%的人力资源专业人士认同人力资本分析能推动业务价值提升 ……并且…… 84%的人力资源专业人士认为人力资本分析对其职业发展大有裨益	……但是……	41%的人力资源专业人士认为他们有能力就数据问题进行对话 ……并且…… 23%的人力资源专业人士可以在没有指导的情况下自如地使用人力资本分析技术

图 1　人力资源领导者和从业人员调查的核心发现

资料来源：经 Insight222 授权转载，2019 年 11 月。

遗憾的是，只有 2/3 的受访者认为自己有能力就分析问题进行对话，而要在没有指导的情况下还能自信地使用分析技术，这个比例则更低。

这项研究传递的信息很明确：我们需要培养技能和树立信心。这将为人力资源专业人士提供必要的动力和坚定的信念。

---

① 本研究由埃莱尼·扎卡达（Eleni Zarkada）完成，作为她在爱丁堡大学商学院攻读国际人力资源管理硕士学位过程的一部分。她的毕业论文题为《探究人力资源专业人士对人力资本分析的抵触情绪及其建立人力资本分析专业知识的途径》，得到了 Insight222 的赞助。埃莱尼以出色的成绩获得了硕士学位。作者特此对她在 2019 年进行这项研究期间所展现的极大热情和奉献表示感谢。

总之，我们很清楚地看到：在整个人力资源职能建立人力资本分析文化需要四个要素。

这四个要素层层累积，共同形成了一个文化金字塔（见图 2），每一层都依赖其下一层作为基础。为了在整个人力资源职能中建立一种普遍且持久的数据驱动型文化，每一层都不可或缺。这四个要素分别是：

- 展示价值：通过沟通和展示人力资本分析本身的价值，为树立对分析的信心创建基础平台。
- 培养能力：投资于培训和学习，以培养人力资源专业人士未来所需的技能。
- 建立结构：开发各种工具和活动，让人力资源职能各个层级的人都参与到分析中来。
- 树立信心：鼓励转变思维模式，转向数据驱动的工作方式

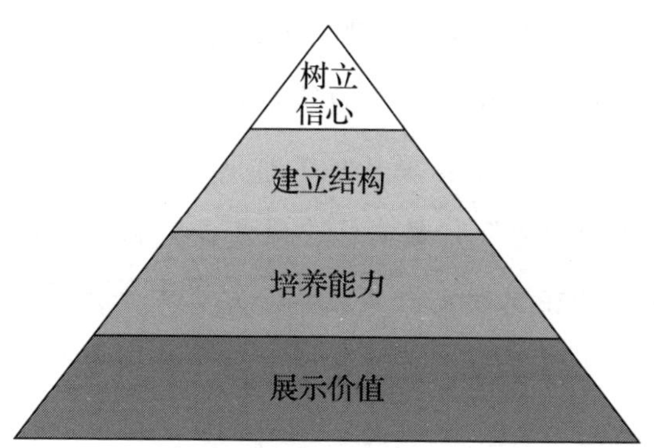

图 2　文化金字塔

资料来源：经 Kirsten Levermore 授权转载，对原始模型稍作改编，2021 年 2 月。

我们在本部分的业务成果维度已经讨论了如何通过人力资本分析创造价值，此处不再赘述。但我们还想强调一点：对首席人力资源官和人力资本分析领导者而言，他们的职责就是要抓住一切机会去激发和肯定人力资本分析的价值，在这个过程中，数据驱动型文化会自然

而然地形成和巩固。

在人力资源中发展文化是一件很复杂的事情。在探讨人力资源专业人士未来所需技能之前，我们先来看一个公司如何集中精力在人力资源领域构建数据驱动型文化。案例研究“德国默克——规模化扩展人力资本分析的应用范围”展示了这一过程所需要的持之以恒的努力。该案例的核心经验是：要在人力资源职能中规模化扩展人力资本分析、创造数据驱动型文化，需要多年的持续努力。

案例研究

德国默克——规模化扩展人力资本分析的应用范围

在德国默克[①]，亚历克西斯·索西南（Alexis Saussinan）是全球人力资本分析与战略劳动力规划部门的主管，他和他的团队所取得的成就树立了一个引人注目的典范，为我们呈现了分析型文化是如何在整个人力资源和业务部门落地的。

在过去四年中，凭借清晰的愿景和多年的长期路线图，人力资本分析已经成为人力资源日常工作方式的一部分，也是“2022年全球人力资源战略”的最高优先级任务。德国默克 70% 以上的人力资源职能都在积极使用其全球人力资本分析平台，这让人力资源专业人士能够在与业务高管的对话中融入数据，从而赋能战略决策的制定。

亚历克西斯在电话中向我们阐述，这样的成就并不是一蹴而就的。“2015 年标志着人力资本分析在我们业务中的真正开始，”亚历克西斯回忆道，“当时德国默克的人力资本分析团队仅有三名

① 德国默克，一家源自德国的跨国科技企业，总部设在达姆施塔特，至今主要由创始人家族持有。自 1668 年成立以来，截至 2020 年，德国默克在全球 66 个国家拥有逾 56 000 名员工。

成员。2016年，我加入公司，负责领导和发展这个团队。我的任务是在德国默克的整个人力资源职能中建立起分析文化。”

亚历克西斯自身就是国际化业务的缩影：他是法国人，在欧洲长大，现居住在新加坡，曾在美国、欧洲和亚洲从事过商务、市场营销、销售和人力资源工作，他内心深处的强烈认同感驱使他组建了一个全球性团队，并传达了一个能激发来自不同文化背景员工的共鸣的愿景。这样的背景无疑会帮助他在人力资源转型上取得成功。

到了2020年，亚历克西斯的团队规模扩大了三倍以上，并将人力资本分析和战略性劳动力规划确立为德国默克全球人力资源理念的核心组成部分。此外（“我们有数据来证明这一点。”亚历克西斯补充道），人力资本分析已经成为德国默克董事会级别、执行委员会级别甚至整个公司战略性人事决策制定和讨论的核心。

在亚历克西斯的领导下，团队确定了要实现这一转型必须做的几件事：

- 确立清晰的愿景；
- 澄清对业务挑战的理解；
- 利用技术来规模化扩展人力资本分析的应用范围；
- 确保利益相关者的认同；
- 使用逆向营销（reverse marketing）[①]而不是直接营销（direct marketing）[②]；
- 提供可量化的业务影响效果。

---

① 逆向营销是一种有别于传统营销理论的策略。传统营销思维是依据产品先制定策略，而逆向营销则强调以市场和客户的需求为主导，先确定客户的诉求和心理，再确定营销策略并及时调整。——译者

② 直接营销是指以产品为基础，通过个性化的沟通媒介向目标客户发布信息，并寻求对方的直接回应。——译者

2016年，亚历克西斯的首要目标是对愿景进行澄清——“在整个人力资源职能中建立分析型文化”。为实现这一愿景，团队意识到必须标准化和整合业务流程，并为超过3.5亿人力数据点（“而且数据量每天都在增长！”）生成一个统一的、易于访问的，并且所有人力资源和业务人员都能轻松理解的全球数据视图。

在这一愿景的引领下，亚历克西斯及其团队与战略性人力资源业务合作伙伴一同接触高层管理人员，并邀请他们分享最重要的业务挑战。“将人力资本分析引入业务实践就像是将马牵到水边，”亚历克西斯说，“你可以向大家展示它，但他们是否愿意参与并真正用起来，那就是另一回事了。通过实际工作和产生实实在在的影响，向管理层展示自己的能力，则是自然而然的下一步。”

展示人力资本分析如何为业务带来价值，已经成为德国默克在整个组织内规模化扩展人力资本分析的应用范围这项工作的战略基石。下面就是一个例子：

一位业务领导者正在寻找一个具有特定背景的关键职位继任者。此时，人力资本分析团队和HRBP能帮助他们与组织内另一个部门的业务领导者取得联系，有一名完美符合该职位画像的高潜力员工正在寻求下一步职业发展路径。这一信息之所以能被发现，是因为数据已经将这一问题的解决方案呈现在了我们眼前。在数据的加持下，两位人力资源业务合作伙伴都发现了解决这位业务领导者挑战的方案，即让一名高潜力人员从组织的一个部门转岗至另一个部门。在此之前，由于缺少这种分析的视角和对数据的使用，这种类型的调动只会是偶然事件，比如这两位HRBP碰巧互相认识。亚历克西斯对此评论道：“通过挖掘数据、深入讨论、人员调动和抓住机遇，我们就能大功告成。”

这种类型的情境相对简单，只是展示分析如何解决业务和人力挑战的冰山一角。在这种简单场景下，团队能够发挥作用，但问题是如何将其影响规模化扩展到整个企业？

人力资本分析团队受到规模的限制，应对小型项目不成问题。但如果要将解决方案规模化扩展到整个集团层面，就必须再往前迈出更大的步子。团队需要开展战略性项目，让整个德国默克的人力资源专业人士都能够访问并解读数据。

规模化扩展人力资本分析至关重要。因此，团队开始向下一个阶段进发，即将分析和技术嵌入整个企业。团队搭建了 1.0 版本的全球人力资本分析平台。

为了充分赋能人力资源群体，德国默克需要让所有人力资源同事和业务领导者都能透明地访问公司的人员数据。为此，团队与数据隐私团队和工会密切合作。“他们一直非常支持我们。我们之间开放和战略性的合作关系让我们能够对整个业务产生影响，同时始终维护着德国默克严格的职业道德和数据隐私标准。”

这就形成了我们今天所见到的场景，人力资本分析让默克的人力资源同事变得极为敏捷。他们能够实时盘点、检查、调整或快速地根据商业环境或人员情况变化制定新战略。在德国默克，“没有业务计划就没有人力计划”，而人力资本分析正是支撑这一点的基础。

“德国默克的战略性人力资源顾问是强大的助推剂，”亚历克西斯说，“能够轻松访问组织的全部数据意味着他们能够从战略层面支持业务领导者。我的团队帮助我们的人力资源同事将业务目标转化为人力资源战略，并为他们配备可以参考的数据指标。这些数据不仅可以在应用程序上与业务部门共享，而且可以实时跟踪其变化。”

随着企业开始认识到人力资本分析的价值，团队建立了信誉度，人力资源职能的同事也兴趣倍增，德国默克发现，它需要持续引入更多的高层业务利益相关者。在全球化的企业中，仅依靠人力资源和内部沟通部门的传统方法来实现这一目标，将非常具有挑战性。因此，他们开始寻找一些替代方法来确保获得利益相关者的认同（见图3）。

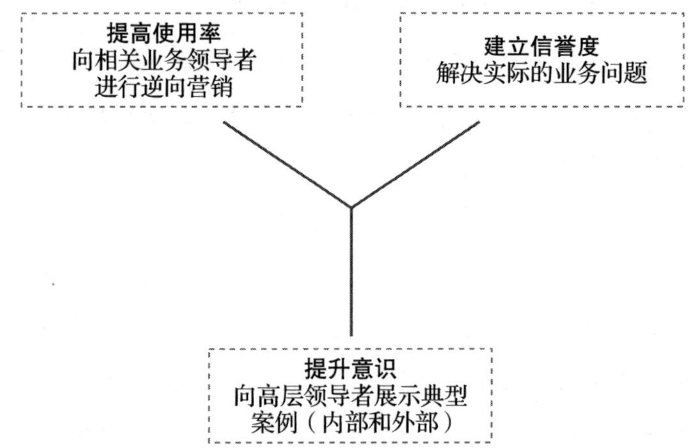

图3　德国默克人力资本分析部门三管齐下，提升人力资本分析潜力的战略

资料来源：经德国默克授权转载，2020年7月。

这种三管齐下的方法的基石是使用逆向营销（客户主动寻找供应商，而不是供应商的销售去寻找客户）：团队推广人力资本分析的方式是，让高层领导者和人力资源群体自然地（通过平台）使用它来解决日常问题。

为此，团队在2017年初的几个月里对目标受众进行了回顾和细分，专门为业务经理开发了详细的用户画像[①]和用户旅程。亚历克西斯解释道："我们调转了方向，不再只是将人力资本分析作为

① 用户画像指的是一种将用户（或员工、客户等）分成不同的虚拟角色或人物角色（personas），以便更好地理解和满足他们的需求、偏好和行为模式的方法。通过创造具体的、虚构的个人档案，帮助HR专业人员深入洞察目标群体的特点，从而设计出更加人性化、个性化的产品、服务或策略。——译者

一个工具进行推广，而是让它无缝衔接到用户旅程中。”相较于推动技术，推动用户画像的做法带来了高度个性化、精准化的解决方案，并通过一个名为“你知道吗”的小贴士产品，帮助人力资本分析平台的使用频率在短短几个月内得到了指数级增长。

例如，德国默克的业务领导者通常在7月到10月间开始为下一年制订计划。因此，人力资本分析团队向他们推送了“你知道吗”小贴士，介绍人力资本分析能够怎样帮助他们制订人力计划，并重点突出他们关心的话题，比如人才能力需求、潜在的最优组织结构调整、组织优化和离职风险预测等问题。

用户画像方法效果显著：它促进了讨论，并为业务部门、人力资源业务合作伙伴与人力资本分析团队之间的合作开辟了新道路。短短六个月，人力资源内部的人力资本分析使用率激增了9倍。到2017年末，几乎一半的德国默克人力资源专业人士已经开始定期使用人力资本分析平台。

与此同时，2017年，该团队受邀在德国默克全球执行委员会（Global Executive Committee，GEC）的活动中展示其全球人力资本分析能力。该活动每年召集约200名公司最资深的全球领导者，共同讨论公司战略和业务成果。活动上有正在研制的新药，有前沿的研发流程，有复杂的人形机器人和交互式虚拟现实头盔等，夹杂在这些高端项目之间，亚历克西斯及其人力资本分析团队仍然展现出了德国默克在人力资本分析方面的实力和影响——并获得了“最受欢迎展位”的奖项！在GEC活动上展示的所有令人惊叹的提案和项目中，全球领导者最感兴趣的是人力资本分析。

这是德国默克人力资本分析的一个重要转折点。自2017年起，该团队不仅提高了人力资源职能内部的使用率，而且向高层管理人员展示了人力数据的实力。

如今，该团队正致力于实施其战略性人力资本分析的发展路线图。其三大重点领域包括：持续提升德国默克的人力资本分析能力，加快运用人力资本分析支持战略性劳动力规划以塑造未来工作的形态，以及利用高级人力资本分析和机器学习技术为未来做好准备。例如，团队正在越来越多地解决业务挑战，例如尝试用文本分析来推断员工的潜在技能，并促进其未来能力的成长。团队还运用组织网络分析来识别被收购公司中的关键科学人才，分析如何有效地让他们融入并留在默克。此外，该团队还与多样性和包容性团队合作，展示特定团队的多样性职业履历如何最大化地推动创新。

"目前，公司里的每个人都知道人力资本分析是什么，"亚历克西斯谦虚地总结道，"虽然不是每个人都在使用它，但每个人都能够清晰地描述它是什么，以及它不是什么。而且，每个人都清楚它能为业务带来的收益。"

> 这是一段漫长的旅程，并且还没有结束。我们还有很长的路要走，但德国默克的人力资源部门无疑已经成为一个数据驱动型部门。

关键提示

培养分析型文化需要清晰的愿景和坚持不懈的努力——长期投身其中。

提高整个人力资源职能的分析能力

随着人力资本分析价值的显现，培养数据驱动型技能变得尤为关键，这有助于全面提高人力资源专业人士的分析成熟度。本部分的技能维度主要介绍了人力资本分析团队自身所需的专业技能，这里将聚焦于介绍为了帮助人力资源专业人士变得更加数据驱动所需的通用技能。

2021 年，Insight222 的研究明确了人力资源专业人士在未来价值阶段所需的技能。如图 4 所示，这九项技能分为三大类：数据驱动型技能、经验主导型技能和业务意识型技能。

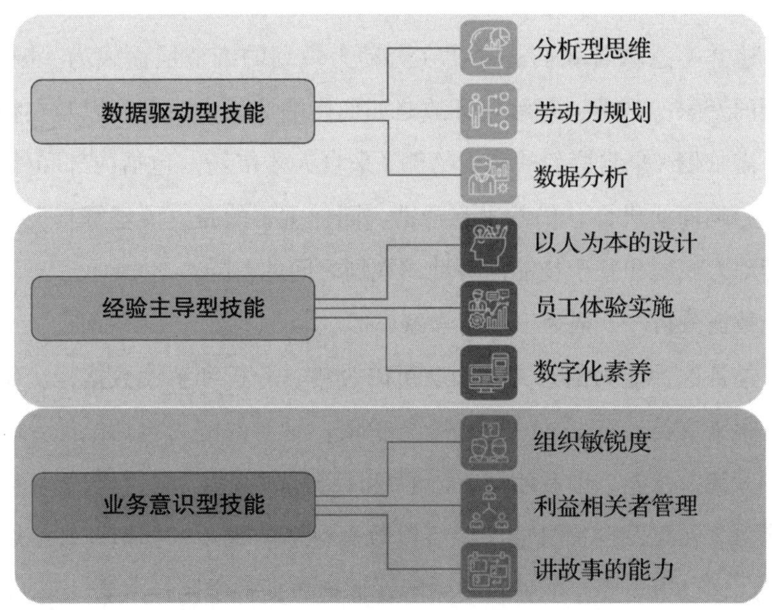

图 4　未来人力资源专业人士的九项技能

资料来源：经 Insight222 授权转载，2021 年 2 月。

数据驱动型技能

在考虑人力资源专业人士所需的数据驱动型技能时，有三项关键技能尤为重要：分析型思维、劳动力规划和数据分析。

分析型思维——像分析师一样思考

通常来说，人力资源专业人士的分析型思维能力需要：通过与业务领导者的对话，将业务难题结构化为问题和假设。接下来，与人力资本分析团队的数据分析师和顾问合作，把这些需求转换成解决方案、信息和洞察。最后，要理解如何把量化信息反馈给业务利益相关者，使他们能够理解针对行动的建议和可选方案。这一主题在前面的技能维度中也有讨论，尤其是作为人力资本分析中的专业角色“语言转换者”部分。

劳动力规划——像战略家一样行动

这并不意味着我们必须要在劳动力规划的细节层面成为“极客”级别的专家。当然，理解业务战略如何影响劳动力决策，以及在技能上，需求侧（来自高管）和供给侧（来自人才市场，包括内部和外部）如何影响商业机会，仍然很有帮助。同样重要的是，要理解基于成本的劳动力规划和基于技能的劳动力规划之间的差异。

数据分析——成为一名科学家

具备这种能力的个人和团队可以收集、分析和解读数据，从而提供洞察来支持业务需求、创造业务价值。重要的能力包括统计、趋势分析等基本技能，以及使用 Excel① 和数据仪表盘工具进行数据可视化的能力。在思维层面，能够始终以数据科学的视角来拥抱并理解所有事物，这也很重要。能够始终理解并拥抱数据科学同样重要。

经验主导型技能

这一类别有三项关键技能。它们使人力资源专业人士能够了解当代世界的技术，以及它们是如何运用到员工身上的。这些技能包括以人为本的设计、员工体验实施和数字化素养。

---

① MS Excel 是一种电子表格应用程序。它具有计算、图形工具、数据透视表和一种名为 Visual Basic for Applications 的宏编程语言。它是微软公司的产品，也是任何前沿的商业专业人士必须掌握的最基本工具之一。

以人为本的设计——像员工一样思考

这些技能使人力资源专业人士能从员工作为消费者的视角来思考员工体验。包括学习设计技巧、敏捷的共创与协作方法，以及收集员工数据以衡量“接触点”和“关键时刻”。员工体验维度和数据维度也讨论了这些主题，特别是与文本等新兴数据源相关的内容。

员工体验实施——像营销人员一样行动

这些技能要求与业务领导者建立伙伴关系，设计并实施新的解决方案以改善员工体验。同样关键的是学习营销流程和概念，如消费者化、个性化和数字化。员工体验维度已经详细讨论过这些概念。

数字化素养——成为一名技术专家

数字化素养不仅限于数据维度提供的不同类型数据的基本知识，或是大学及行政教育课程和其他书籍中的内容。了解人工智能和机器人流程自动化（robotic process automation，RPA）在工作中的潜力，以及它们如何应用于人力资源领域是极为重要的，例如改进服务交付流程。根据我们的经验，最好的做法是不断跟进技术的最新进展，了解它们对劳动力的影响，以及如何更好地利用数字工具支持员工。

业务意识型技能

对于未来的人力资源专业人士，我们强调三项关键技能：组织敏锐度、利益相关者管理和讲故事的能力。我们将逐一进行讨论。

组织敏锐度——像高管一样思考

这包括了解组织的愿景和战略，以及它们如何与人力资源的项目和提案保持一致。具有强烈组织敏锐度的人拥有政治意识和敏感性，能够洞察组织动态并看到其对团队产生的影响——这在引入新概念和解决方案的时候至关重要。最后，组织敏锐度还意味着个人能够在不断变化的环境中持续学习和成长，并能够处理模棱两可的问题。

利益相关者管理——像外交官一样行动

利益相关者管理维度详细介绍了这一主题，并将其与人力资本分析团队的工作直接关联。在此，我们更广泛地将其视为与人力资源专业人士相关的内容——尽管要让利益相关者参与进来的理念是一致的。所需的技能包括能够与业务领导者建立伙伴关系，理解他们的观点、关切和挑战，识别并在整个组织内建立人际关系，以支持人力资源项目和提案的实施，并通过建立信任和信誉度来激发和吸引利益相关者。

讲故事的能力——成为一位叙述者

这种能力非常重要，它能够将分析结果转译成能够被理解的洞察和可操作的建议，而这些应该要针对每位受众量身定制。做一名用数据讲故事的叙述者，正在成为每位面向业务的人力资源专业人士的工具包中必备的重要部分。在人力资本分析中，成功地讲故事需要具备三种素质：数据素养、创造力以及将不同的信息串联成一个连贯的故事的能力，并引起利益相关者的共鸣，为每个受众量身定制。有关用数据讲故事和其他沟通技巧的更多信息，请参考技能维度或科尔·努斯鲍默·纳福利克（Cole Nussbaumer Knaflic，2015）所著的《用数据讲故事》一书。

实践中的技能

针对上述九种技能，我们有数百种资源可供学习和发展。例如，myHRfuture.com[①] 网站通过视频、博客和文章等媒介，结合碎片化

① myHRfuture.com 是一个面向人力资源专业人士的学习平台。它提供 800 多条与分析、数字和未来工作主题相关的内容。

的培训模块，提供了丰富的学习机会。

对于整个人力资源职能来说，让人力资源专业人士参与到共创和合作项目中，是学习上述复杂新技能的最佳途径。这样做可以让他们在解决实际业务问题的同时学习新技能。接下来的案例研究“荷兰合作银行——让人力资源参与并促成数据驱动型文化的唤醒”便是一个很好的例子。正如我们将看到的那样，荷兰合作银行的成功建立在一个坚实的原则上：只有当你亲身“体验”，你才能真正“理解”。该案例的核心经验是：通过赋能人力资源团队有行动导向的数据和洞察力，来营造一个数据驱动型文化。

案例研究

荷兰合作银行——让人力资源参与并促成数据驱动型文化的唤醒

一个多世纪以来，荷兰农民一直携手合作。正是在这样的基础上，一家合作性银行——荷兰合作银行[①]得以站稳脚跟并蓬勃发展。合作和可持续发展的理念已经深深植入这家银行的基因，它的愿景与社会紧密相连，始终致力于为客户赋能。荷兰合作银行正迅速成长为一家以人为本的数字化银行，通过使用数字化工具和实体网点服务来帮助客户。荷兰合作银行将其使命“共同创造更美好的世界”通过地方行动来付诸实践，其拥有众多参与实践的成员，而不是只坐等分红的股东。2010 年代中期，荷兰合作银行将其分散的系统转变为更加集中的合作结构，将合作提升到了一个新的水平。

首席人力资源官珍妮·沃斯（Janine Vos）一直坚信这样一句话：“快乐的员工，满意的客户。”这一愿景再加上荷兰合作银行

① 荷兰合作银行是一家荷兰跨国银行和金融服务公司，总部位于荷兰乌得勒支。它是粮食和农业融资以及以可持续发展为导向的银行业的全球领导者。

合作导向的做事方式，都为人力资本分析奠定了坚实基础。

特尔蒂娅·维登霍夫（Tertia Wiedenhof）是荷兰合作银行的人力资本分析和洞察产品负责人。她最初向自己和团队提出的第一个问题是“什么是快乐的人”和“快乐的人如何为客户创造价值”。

“开始做人力资源以来，利用数据和洞察力造福我们的员工和团队，一直是我的工作重点。”特尔蒂娅想起了2020年与人力资本分析团队的对话及其对业务的影响，她说：“现在，在领导的支持和数据访问权限、研究人员和科学家的帮助下，我能够在荷兰合作银行真正实现这个目标。”

珍妮和特尔蒂娅都是数据驱动型人力资源的拥护者。特尔蒂娅本人拥有深厚的人力资源信息系统（HRIS）背景，因此她能够深刻理解技术驱动型人力资源的好处，与此同时她还以人为本：“我们相信，优秀的人力资源应该既精通技术，又极富人情味。对我来说，这意味着要使用数据，但要将数据与你的经验和直觉结合起来。此外，当数据与易于获取且创新的技术结合时，我们知道人力资源还能够在各个层面快速且大规模地改善员工体验。”

到2018年，特尔蒂娅和她的同事定期向人力资源经理、人力资源业务合作伙伴和其他人力资源专业人士展示分析的价值。人力资本分析团队开发了一个基于数据驱动型人力资源的广泛互动程序，向人力资源专业人士证明数据的价值。这种做法取得了效果，因为如今人力资源业务合作伙伴及其他人力资源专业人士越发能够走进业务，恰当地利用数据做出有助于创造价值的明智决策。

特尔蒂娅已经在心中明确了目标受众，现在只需一份精彩的提案便能凝聚众人，展示人力数据的巨大价值。她见证了同事在更大的世界里工作和经营，这为她提供了灵感：随着外部工作环境的迅速变化和工作方式的快速转变，同时工作方式正在我们身边迅速变化，越来越复杂的工作由团队而非个体来完成。这是一个启示。特尔蒂娅感叹道：“人力资源职能往往只关注个体。但协作和团队合作是现代劳动力的基本要素。”人力资本分析团队考虑的是如何为协作中的团队提供支持决策的结果。

与此同时，整个荷兰合作银行也在向敏捷框架转型。“拥抱敏捷意味着促进非常快速的合作，因此我们的项目不仅帮助了个体，也与业务休戚相关。”这对于项目的接受度（和认可度）至关重要。

这一组织变革为特尔蒂娅及其团队提供了启动协作分析项目的机会。人力资源部成为荷兰合作银行第一个试点该项目的部门，同时，团队再次体会到了数据驱动型洞察的巨大价值。

在隐私委员会和工作委员会的协助下，人力资本分析团队在2019年9月推出了最小可行产品（MVP）。该产品以四个人力资源团队为目标，其中最小的团队有八人，团队成员收到了匿名的日历数据和团队调查数据（详见图5）。在这些数据的基础上，人力资本分析团队对被动网络和问卷数据进行了分析。结果以简洁、行动导向的洞察的形式反馈给各团队，以便他们在团队层面进行应用。

参与团队在几周内对这一提案做出了回应：能够跟踪他们的合作风格，使他们知道应该在何时何地进行互动和干预。例如，他们可以洞察到与某些部门的合作进度在哪些方面落后了，或者确定何时采取行动以提高团队内部的心理安全感。这些促使团队变得更加自我驱动，并使他们在提供客户价值方面得到改善。

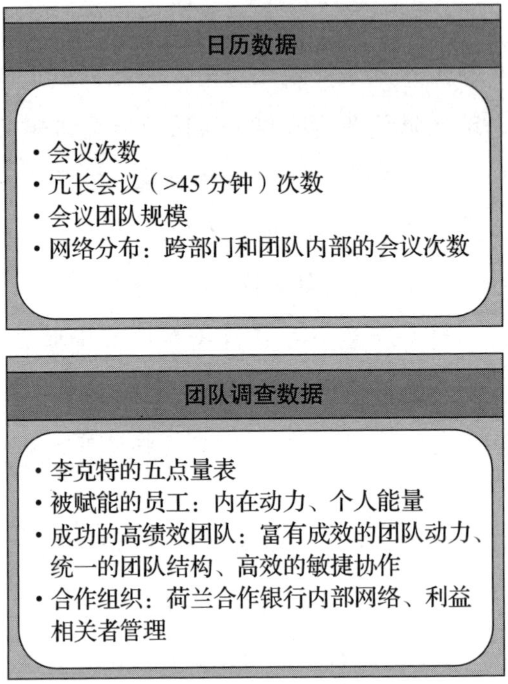

图 5　荷兰合作银行高绩效团队特征的协作数据（收集自日历和团队调查）

资料来源：经荷兰合作银行授权转载，2020 年 9 月。

另一个重要的优势也显现出来了。特尔蒂娅解释说："这些洞察是基于团队而非个体的，这加速了团队关于多样性和包容性的讨论，也使团队成员能够在工作中做真实的自己。"她指出，正是这些快速的、行动导向的洞察带来了立竿见影的效果，真正激发了团队对人力资本分析的热情。到 2020 年年中，这个项目已经在人力资源职能范围内推广至 25 个团队，覆盖 450 人。

采用整合的视角，有助于人力资源部在其整个团队内部形成基于数据支持的新实践。落实这些建议一直是件棘手的事——"在一个敏捷组织中，管理者真的需要放下控制权"。特尔蒂娅评论道："用数据和信息给团队而非管理者赋能，能够提升团队的自主性，但这件事需要大家一步一步来适应。"尽管如此，特尔蒂娅及其同事仍然坚持不懈，通过广泛的沟通和与人力资源经理、员工的持续面谈，来阐释这些做法的益处。当然，拥有珍妮这样杰出的数据驱动型领导者也很有帮助。(领导者的支持是关键！)

随着新冠疫情的暴发，荷兰合作银行以及世界各地的企业的工作方式都在一夜之间发生了变化，这对正在蓬勃发展的数据驱动型文化形成了巨大挑战。“我们意识到，必须迅速获取新的洞察，以帮助银行有效地应对这场危机。”

由于新方法在过去一年已经得到了认可，特尔蒂娅和她的同事能够迅速运用新的分析方法。在不到五天的时间里，人力资本分析团队就设计、开发并上线了一项针对员工在新冠疫情期间需求的倾听调查。正如他们在一篇发人深省的文章（Keunen，Wiedenhof and Wiertz，2020）中所述，他们在两方面都实现了良好平衡，一方面是向员工发送信息和调查问卷，另一方面是倾听员工的声音并基于他们的反馈快速作出改进。

员工渴望提供反馈，而领导者也准备好倾听人力资本分析团队提供的洞察。“大家对我们都很坦诚，因此，我们发现了许多洞察，帮助荷兰合作银行应对席卷全国甚至全球的强制居家办公这一转变。他们甚至让我们窥见了未来应该继续做什么，以及人们需要什么样的支持。”

通过在疫情期间所做的工作和合作提案，特尔蒂娅相信人力资本分析已经在荷兰合作银行得到了广泛认可：“通过人力资源业务合作伙伴和那些已经从我们的工作中受益的人们，人力资源部正在向整个银行传递信息。他们只需要说‘我们正在开发一款赋能团队的产品’或‘我们正在帮助你服务你的客户’，并分享他们的经验，员工就会对此产生兴趣。”

这是从市场营销中汲取的宝贵经验：当人们亲身体验过产品

后，他们通常会更有激情和建设性！“对于我们期望实现的数据驱动型文化来说，被赋能的人力资源团队已经成为我们最好的倡导者和支持者。”

关键提示

为同事开发基于分析型解决方案的简易 MVP。

建立结构和树立信心

通过人力资本分析文化产出价值，意味着要说服人力资源团队（尤其是人力资源业务合作伙伴），让他们用不同的方式思考问题。在上文的“文化金字塔”（见图 2）中，我们列出了四个要素，其中前两个是“展示价值”和“培养能力”。这两个要素在前面都已讨论过。现在我们讨论最后两个要素：“建立结构”和“树立信心”。

在这一过程中，我们兼顾了提升全球团队和本地团队的能力与营造心理安全的环境。

关于全球团队和本地团队

构建能使全球团队和本地团队一起无缝协作的组织结构很复杂。在组织中，这两种团队都扮演着关键的角色和职责。根据经验，并通过 Insight222 在 2020 年开展的研究，我们发现，在 60 家全球性公司中，几乎 2/3 的人力资本分析团队都在高度集中的组织结构中运作。在所有这些公司中，人力资本分析团队都归属于全球层面的汇报结构，即使这些人自己可能身处许多本地区域。

关键在于，当人力资本分析团队帮助整个组织建立数据驱动型文化时，他们必须仔细考虑当地和国家层面的人力资源专业人员。下文的案例研究“百事——全球建设，本地发展”就是一个关于如何有效进行这一过程的良好示例。

心理安全感

在学习和建设分析技能和数字化技能的时候，最终的文化议题是如何让所有人力资源人员感到安全。正如我们在本书中所阐述的，帮助人力资源人员掌握分析技能、创造影响力和实现价值是一项挑战。然而，正如我们同样指出的，这样做的收益是巨大的，这一点在许多案例研究和第一部分“为什么要做人力资本分析”里都有所体现。

要想构建并延续未来的数据驱动型文化，并将其转化为业务成果，需要付出大量的努力并树立成功的信心。要做到这一点，心理安全感这一议题是最重要的。

正如威廉·卡恩（William Kahn）在1990年给出的十分清晰的定义，心理安全感是：“能够展示和发挥自己才能，而不必担心自我形象、地位或职业生涯受到负面影响。”从大脑如何学习和整合技能的角度来看（如图6所示），心理安全感是从“不知道自己不胜任”到“不知道自己胜任”这一学习进化过程中必不可少的关键培育环境。

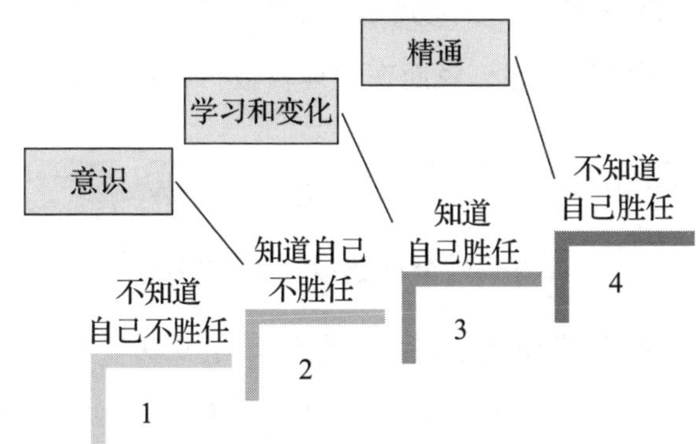

图6　能力的四个阶段

资料来源：文化进化（2019）。

对于首席人力资源官来说，允许没有造成严重后果的失败发生是很有帮助的。这就是人们常说的“快速失败”。拥抱“快速失败”的心态不是说说而已，而是一种能够促进创新的工作方式。

为了帮助所有人力资源专业人士在数字化和数据丰富的环境中取得成功，尤其是当他们的综合能力较低时，这个时候真的非常需要心理安全感。如果需要进一步了解心理安全感的作用，我们推荐阅读关于谷歌亚里士多德项目（Google’s Project Aristotle）的案例研究（re:Work，2016）——这是人力资本分析项目中最著名的例子之一。

《纽约时报杂志》（Duhigg，2016）的一篇长文对这项研究进行了介绍，它试图回答这样一个研究问题：“是什么让谷歌的团队卓有成效？”人力资本分析团队最终发现，高效能团队的首要动力是心理安全感。具体而言，团队成员在承担风险时是感到安全的，并且能在彼此面前展露脆弱。这些发现无疑可以帮助人力资源专业人士掌握前面所述的技能。

案例研究“百事——全球建设，本地发展”提供了一个很好的例子，说明人力资本分析团队如何运用强大的集中式知识结构，来赋能本地化、所有权和人力资本分析文化的过程，从而为全球劳动力带来真正的价值。该案例的核心经验是：如果将人力资本分析拆解为小贴士，并配合实用的工具包，就能在当地营造一种可落地的文化。

案例研究

百事——全球建设，本地发展

2020 年新冠疫情暴发后，百事[①]的杰森·纳洛克（Jason Narlock）在明尼苏达州湖边的住所里进行视频通话。即便是在隔离状

① 百事是美国一家跨国食品、零食和饮料公司，成立于 1898 年，总部位于纽约州帕切斯。2018 年，该公司年收入超过 640 亿美元，员工人数超过 26 万人。

态下（与当时世界上工作的大部分人一样），他还是表达了自己作为全球人力资本分析高级总监的兴奋之情。“太忙了！”杰森说，“但从很多方面来看，这正是人力资本分析专业人士乐此不疲的原因之一。我们被要求挺身而出，提供数据来照顾好员工并维持业务。”

> 百事团队热衷于赋能员工和业务单元，因此，尽管目前情况混乱，但我们已建立起蓬勃发展的框架。

该框架的其中一个维度就是作为一家食品饮料公司，应如何进行长期战略性劳动力规划并将其落地实施。

百事整个组织被分为很多大区：在美国按品类（如饮料和食品）划分，而在美国之外则按地理区域划分。其业务战略也按照相应的组织结构来划分，每个市场都会根据自己的特定需求制定战略，并始终聚焦于本地业务。

百事的人力资本分析卓越中心（以下简称“集团中心”）在2012年首次收到了一份长期战略性劳动力规划的需求。提出这一需求的市场正在迅速崛起，当地区域需要在招聘和员工技能方面得到支持：当地的人力资源团队应该去哪里寻找所需的技能，以及如何根据当地市场的业务战略有效获取这些技能？

杰森解释道：“在百事长期劳动力战略规划方法的推广和发展过程中，各区域团队发挥着至关重要的作用。”

杰森说：“集团中心的作用是成为思想的引领者和工具的提供者，这些工具包融入了前沿技术和理念。与此同时，区域人力资本分析团队通过创建更多工具和流程来促进本地实施，从而增加价值。”

战略性劳动力规划的传统目的是找到“对”的人——那些在恰当的时间、正确的地点，具备所需技能的人。“对”具体指哪些内容，这些内容能否获得认同，以及它们如何在未来以“对”的方式实现，这是一项共同的挑战。百事致力于为这种老生常谈的方法创造一个现代化的版本。

百事开始着手了解市场的业务战略，包括正式的战略规划文件和与高管团队的访谈。百事在《人力与战略》杂志上发表的一篇文章（Tarulli and Deluca，2019）记录了其战略性劳动力规划的首次迭代。

在这篇文章发表时，杰森担任拉丁美洲地区的人力资本分析总监，是该工具包和框架的本地接收者。现在，杰森升任全球领导职务，他的目标是扩大战略性劳动力规划的覆盖范围，同时保持过去几年的强劲发展势头：“集团中心与各区域的合作非常密切。这绝不是‘我们来替你工作’的状态。集团中心很快就意识到，通过赋予各区域在本地相关环境中自主实施战略性劳动力规划的能力，能够最大限度地推动认同，还可以推动切实可行的实用工具包和追踪机制的落地。”

该项目取得成功的另一个原因是，它是围绕人力资本分析小组（包括集团中心和区域团队）、本地人力资源业务合作伙伴和市场高管人员之间的伙伴关系而建立的。集团中心将这种伙伴关系称为“三边关系”。

百事欧洲区首席数据科学家、欧洲区前人力资本分析部门负责人菲利普·迈尔斯（Philip Miles）回忆道：“三边关系对战略性劳动力规划产品至关重要。”

迈尔斯说：“与当地 HRBP 和业务部门一起合作，能够让我们把业务战略转换为最大的人力挑战，这是语言转换的关键所在。有些趋势在整个组织中都是相似的，但成功的关键在于解决那些在获得当地支持和拥有所有权方面的人才痛点。欧洲大区充当了‘中间团队’的角色，帮助企业领导者明确其战略业务目标，理解当前的人才问题，并使得人力资源能够看清长期的业务价值。”

每个本地的战略性劳动力规划项目都需要六个月或更长的时间，尽管最近欧洲等区域已将这一过程简化为三个月。需要投入这么多时间是因为这件事的复杂度，它牵涉到要收集所有的数据并根据动态的商业市场变化去不断调整。为了让流程尽量简单，让团队专注于结果，并让本地团队容易执行，百事的战略性劳动力规划包括三个核心组成部分：人才流动、外部数据和预测模型（见图7）。

人才流动	招聘、主动离职和晋升的图示和量化展示，包括未来的劳动力项目
外部数据	由招聘部门提供的目标人才可获得性和市场数据，结合政府或地方机构提供的数据
预测模型	主动离职、绩效、薪酬、晋升驱动因素的模型和工具包，以及这些因素对企业绩效的影响

图7　百事战略性劳动力规划的三个核心组成部分

资料来源：经百事授权转载，2020年8月。

最初，区域团队与业务合作开发了战略性劳动力规划全球框架，然后将其付诸实施，加以改进并使其成为现实，同时利用当地市场的人才数据以及适合各自区域的模型对其进行补充。

杰森解释说：“归根结底，本地团队比集团中心更了解自己的市场和实施策略。”然而，工作到这里还不算结束（见图8）。

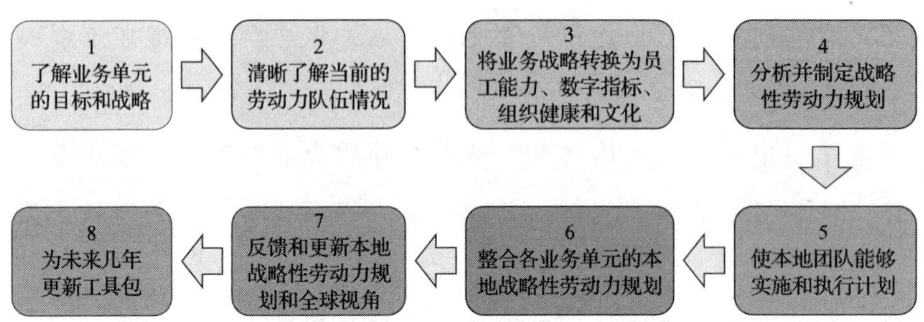

图 8　百事卓越中心战略性劳动力规划的各个阶段

资料来源：经百事授权转载，2020 年 8 月。

集团中心定期从各区域获得反馈，以强化全球框架。各团队通过编程马拉松或冲刺活动共同完善模型，改进整个战略性劳动力规划。菲利普说："通过这种方式，集团中心扮演着连接者的角色，而相关区域则同时扮演着实施者、开发者和创新者的角色。"

集团中心迅速将全球战略性劳动力规划框架部署到需要帮助的新区域。如今，百事在巴西、墨西哥、中国、印度、俄罗斯和土耳其等新兴市场，以及西班牙、英国和西欧等其他国家的业务都已成功实施了战略性劳动力规划。

当被问及同时作为区域领导者和全球领导者所学到的东西时，杰森停顿了一下，望向远方的风景。杰森说："我们学到的一点是：得到最高层领导者的支持，包括业务高管和本地人力资源领导者的支持。获得他们的支持对于推动战略性劳动力规划的可持续实施至关重要。当我们得到这种支持时，我们就有了动力。否则，计划会停滞不前。"

如今，百事的战略性劳动力规划继续吸引着各部门首席人力资源官和总经理的关注。正是集团中心与各区域之间的良好配合，为人力资本分析团队带来了优势。

关键提示

在全球范围内进行建设，在本地进行赋能和发展——不要简单地“把问题推给别人”。

小 结

如果一个组织想要实现人力资本分析的可持续发展和长期价值，那么它就必须在整个人力资源队伍中创建一种数据驱动型文化。为实现这一目标，首席人力资源官和人力资本分析主管可以共同采取以下步骤：

- 通过沟通和展示人力资本分析本身的价值，为“树立对分析的信心”创建基础平台。
- 投资于培训和学习，以培养人力资源专业人士未来所需的技能。
- 开发各种工具和活动，让承担人力资源职能的各个层级的人都参与到分析中来。
- 让人力资源专业人士在应对实际业务挑战的同时学习技能。
- 鼓励转变思维模式，转向数据驱动的工作方式，并通过清晰、一致的沟通予以强化。

第三部分

人力资本分析的下一步

人力资本分析转型

下一步我该怎么做?

每当我们与业务高管、人力资源领导者或人力资本分析从业人员讨论本书列出的九大维度时，总会被问到这样一个问题：下一步我该怎么做?

无论公司是首次涉足人力资本分析领域，还是已经站稳脚跟，又或是行业领先者，领导者和高管都渴望了解他们应该做些什么来提供更多价值和创造影响力。实际上，这意味着他们希望关注下一步行动。

九大维度模型为我们提供了丰富的机遇，但对一些人来说，众多的选择令人望而却步。在这种情况下，对于任何组织而言，对人力资本分析的现状进行深入诊断无疑是明智之举。我们曾多次开展这项工作，帮助企业开始下一步工作。结果，我们发现，许多人总是希望“快速解决”他们的问题：

- 我下一步应该采取哪些行动?
- 我需要考虑的主要议题是什么?

- 我如何创造更多价值？
- 通过人力资本分析，我们还能产生哪些增量价值？
- 明年的重点应该是什么？

我们的建议是采用“业务第一”方法（见图 1），并采取以下三项行动：

1. 与业务利益相关者取得联系。
2. 确定优先级，寻找快速取胜项目和大赌注项目。
3. 确定人力资本分析的宏伟蓝图。

采用“业务第一”方法

1.与业务利益相关者取得联系
主动与所在企业的业务领导者和高管沟通。深入了解他们的业务领域，了解他们的优先级。聆听他们的目标、面临的机遇与挑战，并探讨人力资本分析如何助力实现这些目标

2.确定优先级，寻找快速取胜项目和大赌注项目
建立一个动态、灵活的优先级排序模型并确定标准。在制定模型和标准时，让利益相关者，尤其是人力资源高管参与进来。寻找有强大影响力的快速取胜项目和大赌注项目

3.确定人力资本分析的宏伟蓝图
清晰理解人力资本分析团队的宏伟蓝图。邀请多方利益相关者及分析专家参与目标的设定过程。制定明确的目标和使命，并为这一职能构建独特品牌。

图 1　采用“业务第一”方法的三个步骤

我们将依次讨论每一个步骤，并将增强每个步骤信心最重要的方面突显出来。

与业务利益相关者建立联系

如果只有一项行动是人力资本分析领导者必须采取的，那就是与业务利益相关者取得联系。

最重要的是，倾听业务利益相关者的意见并与之交流。无论我们的经验有多丰富，目标有多远大，倾听高管的意见都将非常有价值。

我们在利益相关者管理维度介绍了利益相关者的类型，以及绘制利益相关者分析图和接触他们的一般流程。我们建议首先从业务高管开始，然后才是其他利益相关者。

业务高管负责实现企业的主要目标。他们能够理解市场，了解客户、竞争、机遇、销售、营销、研究、开发、产品创新、财务、合规和员工。业务高管越是接近公司生产、销售或交付的产品，就越了解如何将企业战略转化为业务运营。

业务高管是最关心如何提高公司业绩的人，也是最关心如何提高他们团队绩效的人。他们将提供关于公司业务的真正洞见，并结合短期和长期的考虑来看还需要什么。他们愿意探索和谈论自己面临的挑战与机遇、秉持的信念以及为了提升业务运营还需要做的事情。简而言之，他们将帮助人力资本分析领导者了解“是什么让他们夜不能寐!”

以下是我们在研究过程中遇到的一些议题示例：

- 生产力方面：“如何提高开发人员的生产力？我有 2 000 多名员工，他们每周都要参与合规相关活动和其他业务流程主题。我们可以将他们的注意力更多地转向产品开发，同时提高其他业务活动（如合规）的效率。我想了解我们能做些什么。”

- 市场竞争力方面：“我希望将一部分招聘预算用于培养面向未来的技能，从而保证我们能够保持市场领先，而不是将所有招聘预算仅仅用于替补今年离职的人员。如果能找出未来所需的最重要技能，以及在我们的核心市场存在哪些技能，我们就可以估算出具体的招聘预算，来真正有信心地聚焦于布局未来的招聘市场。”

- 文化方面：“我们如何才能实时掌握员工对公司的看法，并据此在日常、每周及每月基础上做出微调，以逐步形成未来几年竞争所需的新文化？”

- 不动产方面：“大流行病如何改变了我们对远程工作的方式？考虑到家庭办公模式、办公空间成本、市场上可用的技能和客户人口统计数据，以及我们产品的生命周期和新产品发布，未来五年我们需要哪些办公室？我们应该从多个视角，而不仅仅是财务视角来考虑不动产问题。”

- 销售方面：“在考虑技能、行为和人际关系的基础上，而非仅依靠销售区域战略和激励计划，我们的销售团队的理想画像是什么？我们如何利用这一点来提高客户转化率、钱包份额[①]和客户留存率？”

一旦业务高管参与进来，就必须重新确定人力资本分析议程的优先级。

在利益相关者管理维度中，案例研究“先正达——业务利益相关者对成功至关重要”中有一段和这个相关的对话。在该案例中，我们知道了马杜拉是如何通过与业务利益相关者对话，加上她之前从其他利益相关者（主要是人力资源部门）那里获得的洞见，进而制定她的人力资本分析战略的。当马杜拉将战略提交给人力资源领导团队时，该团队同意了这些来自业务利益相关者的想法与议题。她得到了该团队对于战略和优先级议题的认可，他们最终非常愿意投资于人力资本分析职能。

人力资本分析战略以业务议程为重点，并听取了业务高管和人力资源领导团队的意见。这让马杜拉在建设职能部门的过程中更加顺利。正如她建议的那样，在与高管对话时要勇敢！

这一信息非常明确——根据业务要求和需要制订计划。与业务利益相关者合作是下一步人力资本分析转型的最重要部分。

---

① 钱包份额又称荷包占有率，是普通顾客定期为特定品牌（而不是同一产品类别中的竞争品牌）投入的金额。——译者

确定优先级，寻找快速取胜项目和大赌注项目

面对众多的项目组合和人力资源高管不断提出的新要求，许多人力资本分析领导者不愿意与更多的利益相关者交谈，尤其是他们不了解的业务利益相关者，这并不奇怪。他们担心这会提高人们的期望值，从而增加实际成果无法满足这些期待的风险。更糟糕的是，他们担心自己会因为承诺过高、交付不足而损害人力资本分析职能部门的声誉。有些人还担心自己的个人信誉会受损。

我们的建议是，与这些利益相关者取得联系，为重要项目收集他们的想法。要做到这一点，人力资本分析领导者需要熟练掌握确定优先级的技巧。我们在方法论维度中介绍了确定优先级的技巧，描述了以标准为基础确定优先级的可靠方法。

此外，我们建议在确定优先级的过程中让利益相关者参与。我们观察到，当一个已确定的优先级清单被视为“既定事实”交付时，这样的优先级设定往往很难满足人们的期望。

我们注意到，在没有他人参与的情况下管理优先级是非常诱人的，对于具有分析背景的领导者来说更是如此。这是一项有趣的工作，只需一张电子表格和一颗好奇心就能完成。简单来说，建立优先级矩阵是一项相当直接的分析活动。

然而，如果在没有利益相关者参与的情况下这样做，就是一个错误。每位高管都可能会声称这些标准存在缺陷，而他们自己的想法、项目或工作才是最重要的。

无论是在大型跨国银行、全球制药公司、《财富》100强科技公司还是在其他许多公司，答案都是一致的：应该让每个人都能够查看和讨论优先级排序的方法论，使其透明化。

有一家大型欧洲公司，其首席人力资源官不喜欢他们的项目被标

记为宠物项目。他们根本不愿接受这一标签。因此，人力资本分析部门领导者别无选择，只能在已有的重要工作之外，不情愿地承担这个额外的、影响较小的项目。完成所有任务本身就很困难，而要激发团队完成这些任务则更为艰巨，因为他们知道这个特定的“首席人力资源官项目”既复杂又比其他工作的潜在价值低。问题在于，优先级的确定过程一开始就缺乏公开和透明。

在另一家全球科技组织中，确定优先级的过程（包括选择正确的标准并与高管及其他利益相关者讨论这些标准）耗时三个月。但这是值得的。特别是人力资源领导团队，他们参与并认同了这一过程。他们就“如何让优先级排序过程更具活力”提出建议，探讨如何持续利用这一流程，在项目生命周期内检验现有工作的有效性，以及确保新的工作需求也经受同样严格的优先级评估。所有这些使得人力资本分析领导者在请求投资以实现“共识的优先级”时更加自信。

在人们对优先级排序过程的这种关注度下，我们经常会被问到以下问题：为什么要如此重视它？为什么要以如此精确和严谨的方式开展这项工作？

我们的回答是，这为人力资本分析领导者带来了三大优势：

1. 它提供了选择最具影响力工作的最客观方式。

2. 它是创建技能、技术或数据投资案例的最有效工具。

3. 它允许进行富有成效且基于实证的对话，使得低价值的琐碎任务或宠物项目成为低优先级事项。

如果优先级设定工作开展得当，那么它就成为人力资本分析部门赢得信誉、产生影响并交付对整个组织有意义的高价值工作的重要方式。

确定人力资本分析的宏伟蓝图

正如马库斯·奥勒留（Marcus Aurelius）所说："一个人有多大的雄心壮志，他就有多大价值。"

人力资本分析团队也是如此。明确团队的宏伟蓝图是确定需求程度的重要步骤。在与人力资本分析和人力资源团队的合作中，我们发现那些对人力资本分析有明确宏伟蓝图的团队能够带来更多的价值。

宏伟蓝图应从与利益相关者关于"需求"的交流中提炼出来，特别需要关注首席人力资源官、人力资本分析领导者、人力资源领导团队和人力资本分析团队核心成员的表达。所有其他利益相关者通常要么是"内部客户"（如业务领导者），要么是成功的助推者（如技术和财务团队）。

作为宏伟蓝图的一部分，我们建议通过清晰的人力资本分析品牌和使命来巩固它，这在第二部分的治理维度和第一部分的案例研究"天宝——信赖始于清晰的品牌"中有所论述。定义并实现这一宏伟蓝图，意味着即使是规模相对较小的人力资本分析团队，也能为组织带来重大价值。

最后，我们主张广泛探讨这一宏伟蓝图以及更具体的目标，尤其是人员数据的道德标准（参见治理维度中的案例研究"劳埃德银行集团——伦理之重"）。这些都应该传达给利益相关者，包括业务高管、管理者、职能部门利益相关者等。

最后要提醒的是：一定要沟通！争取首席人力资源官的支持和赞助，在全球人力资源职能部门广泛宣传人力资本分析的使命。通过广而告之，为团队提供势能。

这为宣传项目成功创建了一个坚实的平台，因为项目的成功将为全体员工带来实实在在的好处。

总之，当被问及“下一步我该怎么做”时，我们认为最重要的是让业务利益相关者参与其中，提供关于优先级的透明度，并传达人力资本分析的宏伟蓝图。剩下的就是“开干”！

案例研究

全州——在实践中转型

长期以来，全州[①]一直在开展人力资本分析工作。2019 年，全州的人力资源部门意识到人力资本分析在以往的运用中未达到最大的效果，因而做出决定：人力资本分析必须转型，要来到聚光灯下。

在撰写本书期间，全州是我们研究和合作过的所有公司中最佳的转型案例，它向我们展示了一个团队如何抓住转型机遇并将其与业务战略相结合，从而在短时间内实现重大变革。它的故事能够为许多其他团队带来启发。

了解转型的原因

全州作为一家保险公司，仅仅是满足业务运营所需的定价、建模和分析能力，就已经非同寻常了。全州在数据应用方面有着悠久的历史，首席执行官汤姆·威尔逊（Tom Wilson）“坚信它不是在经营一家保险公司，而是一家数据和技术公司”（Morgan，2019）。

问题是：这种能力如何在企业的其他部门转化和扎根，尤其是在以人为本的人力资源部门？2019 年，劳动力战略规划总监杰

① 全州是一家成立于 1967 年，总部位于伊利诺伊州诺斯菲尔德镇的美国保险公司。该公司于 1931 年作为西尔斯·罗巴克公司的一部分成立，并于 1993 年分拆独立上市。如今，全州通过多个品牌和分销渠道提供包括汽车保险、住宅保险和人寿保险在内的 1.13 亿份专有保单。

西·莫昆（Jesse Moquin）、劳动力洞察总监鲁迪·盖兹克（Rudy Gezik）及其团队提出了这个确切的问题。

当时，全州已经拥有了一套完善的人力资本分析工具：一项员工敬业度调查、与一些利益相关者的联系、不错的报告、成熟的HRBP和战略性劳动力规划。全州甚至有一些员工全职从事人力资本分析工作。这家公司与许多其他公司一样：虽然正在做人力资本分析，但这项职能并没有发挥出最大的效果。该公司确实需要改变，需要对业务产生更大的影响。

杰西和鲁迪无法指出是哪个具体时刻触发了“我们需要把人力资本分析做得更好”的转型。没有这样的一个顿悟时刻。全州作为一家企业表现良好，并没有什么特别紧迫的问题。但是，有一些明显的迹象表明需要进行改变：以数据为导向的首席执行官希望员工能得到与客户同等的对待，因此人力资源领导层在数字化转型、数据、技术和人力资本分析方面投入了大量的资源。

鲁迪说：“我们服务的客户都是全州业务客户，而业务领导希望我们也能像他们一样以业务和数据为导向。”

“我们都知道这一点有多重要——人力资源部门应该更加以数据为导向，人力资本分析应该带来更多价值。每个人都在为之努力，但有些事情就是进展不顺利。”杰西反思道，“我们找不到具体的原因，只知道我们已经触达了影响力的天花板。”

不过，卡莉·布莱尔（Carrie Blair）上任执行副总裁兼首席人力资源官后，明确了转型的重点方向。在2019年的最后几个月，卡莉和她的人力资源领导团队想转型人力资源这件事变得明朗起来，并且希望实现以数据为导向的愿景，让人力资源成为战略业务伙伴。这一愿景在2019年12月19日得到了进一步强化，全州宣布了名为“转型增长计划”的新战略方向（Allstate，2019）。

分阶段的转型方法

人力资源领导团队最初希望从新的运营模式入手，通过重组团队迅速产生影响。然而，杰西和鲁迪希望采取更深入的方法，从头至尾审视整个人力资本分析的机会。

为此，他们决定首先理解业务战略。他们与卡莉、人力资源领导团队的其他成员，以及来自业务部门的一系列高级利益相关者合作，了解人力资源部门在全州转型中的角色。置于首位的是解释“为什么”：我们为什么要进行人力资本分析？为什么数据如此重要？全州为什么需要人力资本分析？我们为什么要关注这个？

在推动转型的过程中，人力资源领导团队的一位成员起到了关键作用，这个人就是负责人才管理、员工体验和包容性、多样性的高级副总裁克里斯蒂·哈里斯（Christy Harris），他对人才发展和数据使用充满热情。在接下来的几个月里，克里斯蒂帮助指导了人力资本分析职能的转型过程。

“在外部专家的指导下，我们采取了分阶段的方法。”克里斯蒂解释道，“他们对人力资本分析知识的深入理解，使我们能够更全面地思考转型问题。”全州的分阶段转型方法见图 2。

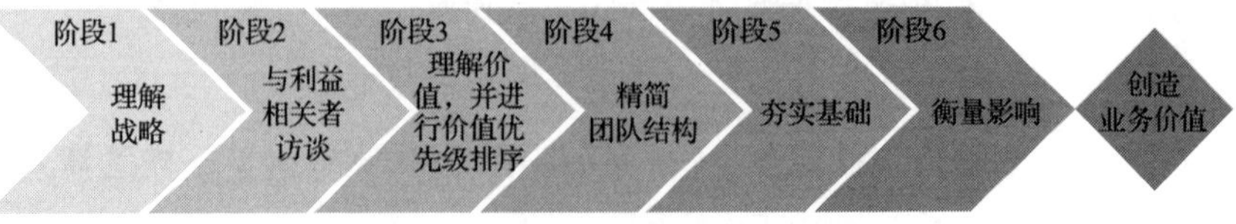

图 2　全州的分阶段转型方法

资料来源：经全州授权转载，2020 年 10 月。

在转型的第二阶段，团队与利益相关者进行了系统的访谈，涉及的人数众多。他们使用了类似于利益相关者管理维度展示的利益相关者分析图，协调各方努力，讨论遇到的挑战和问题，以及每个利益相关者希望实现的目标。尽管此前已经与利益相关者进行过访谈，但团队决定再次进行访谈。这次只遵循一条原则："这一次，这些对话将不再关注人力资源或人力资本分析。"杰西对此解释道："我们希望这些讨论完全聚焦在利益相关者的业务上——进行事实调查、倾听和建立信任。如果我们想了解如何对他们的业务产生影响，就必须了解他们的业务。"这种由外而内的方法使其对利益相关者有了不同的理解。杰西说："我们已经改变了叙述方式，当然也可以改变我们的人力资本分析为全州创造价值的方式。"

全州转型的第三个阶段是改变对价值的理解。领导者决定转变人力资本分析文化，使其更加以结果为导向，而不是以投入为导向。

杰西和鲁迪意识到，他们需要专注于一种高效的方法，以确定工作和他们收到的所有需求的优先级，并分配给各团队，这些团队后来组成了全州新的人力资本分析团队。

"我们很容易陷入一个陷阱，那就是被业务需求牵着鼻子走，以为快速应对临时项目就能显示出自己的价值。"杰西反思道，"但我们意识到，如果我们要真正思考成果、业务价值、财务价值，就需要制定一套严谨的方法来评估即将开展的工作。"团队进行了一次优先级排序练习，以确定其处理新工作、数据和技术的方法，并建立了一个类似于方法论维度中的图 2 所示的"复杂度 - 影响力矩阵"模型。随后，团队将该模型提交给了各类利益相关者，并与他们进行讨论，包括在 2020 年 3 月与人力资源领导团队举行的一次重要会议。

2020 年 3 月的这次会议非常重要，因为它标志着工作重点转移到了最关键的业务议题，以及为了更好地分析这些议题他们还需要做些什么。会议结束后，他们完成了一份业务案例，并因此带动了对人力资本分析更多的投入。

在下一个阶段，也就是第四阶段，杰西和鲁迪能够正确运用反映新目标的运营模式。在此之前，人力资本分析职能一直由三个团队执行，分别向全州人力科学、劳动力洞察和战略性劳动力规划三个团队的领导汇报（见图3）。

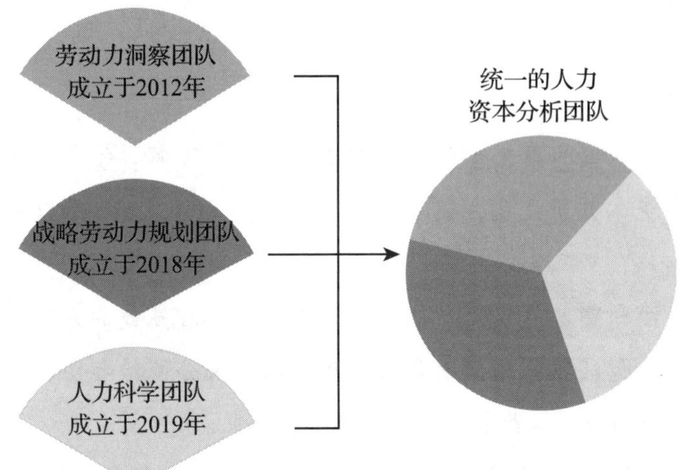

图3　合并三个各自为政的团队，统一战线

资料来源：经全州授权转载，2020年10月。

每个团队都是在不同的时期，因为不同的原因而组建，其目标各不相同，但都在努力实现同一个更高维度的目标：利用分析和洞察指导领导者做出更好的人力决策。“在这个案例中，优秀的人在做着优秀的工作，但他们都是各自为战，”鲁迪回忆说，“如果我们能够彼此形成合力，就可以预见我们能够取得多大的成就。”

2019年11月，在伊利诺伊州一个寒冷但阳光明媚的日子，三个团队的负责人以及关键技术负责人首次会面。在接下来的几个月里，他们每周都会举行会议。在会议室里，这些平时鲜有交集的人聚集在一起，围绕一个共同的使命展开讨论。会议室里摆满了移动白板，大家热情洋溢的谈话萦绕四周，阳光从窗外洒进来，仿佛为这股势能的转变注入了能量。“当意识到我们作为一个团队、一股合力能够完成许多非凡的工作时，我们开始真正兴奋起来。”杰西回忆道。

他们花了几个月的时间来设计未来的人力资本分析职能，以满足业务需求和个人技能集，但到了2020年中期，领导者已经形成了统一的人力资本分析使命、战略和路线图，他们的团队也合并为统一的职能部门。

第五阶段要求领导者建立必要的基础，以便通过人力资本分析实现真正的业务价值。该团队关注的许多结构组成部分都在本书中有过探讨，例如治理维度描述的治理结构和伦理章程。该团队与企业分析、法务、IT、财务和市场营销等部门的人员合作，建立起结构，确保与“转型增长计划”保持一致。

最后，有了对战略的理解、对业务价值的关注、坚实的基础以及确定优先级和预见成果的能力，团队就可以开始思考衡量投资回报率（ROI）和影响了。在杰西和鲁迪的记忆中，区分计分卡、衡量指标和实际影响是最难的部分。鲁迪解释说：“分析揭示了很多很酷的东西，但我们必须专注于试图推动的结果和试图创造的业务价值。”

杰西说：“归根结底，我们试图以更加深思熟虑的方式运用人力资本分析。我们希望人力资本分析比以往任何时候都更有价值、更具有规模效应，并在决策过程中得到更广泛的应用。”这种转变并不容易。企业还并不习惯在战略层面使用人力资本分析职能。但在全州，人力资源领导团队宣布将人力资本分析作为优先事项，使得它与业务战略的联系变得更加紧密。为了促进“转型增长计划”，该团队与财务部门合作，一起确定了分析工作的价值和财务收益。他们知道，他们必须从过去“以人员和流程为基础”的组织转变为“以业务成果为基础”的组织。这就是如今人力资本分析团队得以组建并为全州带来更高价值的方式。

全州是人力资本分析职能转型的一个典型案例。这一职能原本已经能够带来价值了，但转型使其业务影响力提升到了一个更高的水平。在人力资源部门每个人的辛勤努力下，该公司整合了三个团队，形成了一支强大的人力资本分析团队，将所有优势汇聚一处，以实现以“业务第一”的长期战略。团队建立了一系列稳健的运作架构，包括明确的领导结构、由业务高管组成的治理委员会、卓有成效的利益相关者关系以及合理使用人员数据的伦理章程。此外，该团队还围绕一项新的使命进行了调整，即通过人力资本分析实现更高的价值。

所有这些进展都吸引了更多的内部投资和新员工加入该职能部门，其中包括一名专职人力资本分析领导者，直接向首席人力资源官卡莉汇报工作。这名专职人力资本分析领导者就是詹姆斯·加尔曼(James Gallman)。

詹姆斯表示：“加入一家在利用数据做出商业决策方面有着悠久历史的公司，实在是太令人兴奋了。看到人力资本分析已经开始转型，我们可以专注于将人员数据转化为商业价值，这真是太棒了！”

全州从事人力资本分析的每个人都拥有共同的使命和清晰的战略目标。他们明白需要通过一个个项目持续证明人力资本分析的价值，他们现在已经具备了所有必要的基础，并相信自己的组织结构能够实现这一目标。

人力资本分析的未来

关于为什么要做人力资本分析，前文已做出了清晰的论述。在本书中，我们介绍了人力资本分析如何为组织及其员工带来巨大的价值。事实上，人力资本分析团队的工作已为越来越多的公司贡献了数百万美元的营收和利润。

因此，人力资本分析作为一门学科在人力资源领域乃至整个商业世界中的重要性持续提高，这一点并不令人意外。它仍然有着巨大的发展空间。它拥有广阔而长远的未来，它对人力资源行业的贡献还有巨大潜力有待挖掘，人们对于它将如何塑造企业的未来也满怀期待。

我们已经确定了四个主题，这些主题将在未来几年推动人力资本分析的持续发展，并为越发多元化的利益相关者（远远不止人力资源部）提供价值。

这些主题是：

- 人类的工作体验；
- 首席执行官面临的技能难题；
- 投资者的要求；
- 改善社会。

人类的工作体验

正如第二部分的员工体验维度所讨论的，过去十年，员工对于有意义的、高度个性化和数字化的工作体验的诉求急剧增长。事实上，到 2020 年初，员工体验已被人力资源专业人士视为改进组织吸引和留住人才方式的首要趋势（LinkedIn，2020）。

就像数据和分析助力推动市场营销部门的消费者体验增长一样，人力数据和分析也是人力资源部门改善员工体验的关键因素。

由于提供员工体验相关的建议需要数据来监测员工的接触点和关键时刻，人力资本分析职能至关重要。从本质上讲，没有分析就不可能衡量、个性化和改善员工体验。只有当这一切与人力资本分析结合时，员工体验才能为企业和员工带来巨大价值。

TI People 2019 年的研究显示，在 36 个最重要的员工接触点中，有 35 个不归属人力资源部门，这表明员工体验作为一项举措可能起源于人力资源部，但如今它早已扩展到整个业务范畴（Jacobs，2019）。因此，为了有效地管理员工体验，人力资源部门必须有效地利用人力资本分析，并与 IT、不动产、采购、合规和财务等其他职能部门一起合作，让这些部门的直线经理参与其中。

对于作为一项职能的人力资源部门而言，从过去“一刀切”的方案转变为注重为员工提供个体的、个性化的、贴切的体验，将使其成为一种战略力量（Smith and Cantrell，2015）。这将使人力资源部门从流程的仲裁者转变为服务和体验的创造者。

首席执行官面临的技能难题

有 3/4 的首席执行官对关键技能的可用性表示担忧，他们担心关键技能的短缺可能会限制他们招聘、培养和保留推动增长所需的人才（Stubbings and Sethi，2020）。据估计，到 2025 年，50% 的员工需要重新接受技能培训，有 9 700 万个新的工作岗位涌现，与此同时 8 500 万个现存工作岗位将因机器取代人力而消失（World Economic Forum，2020）。

全球性大流行病进一步加剧了这种地震式的变革。远程工作和供应链的大幅重组给组织带来了更大的压力，使得技能挑战变得更加复杂，超出了任何预案的范围。根据加特纳（Gartner，2020）的研究，解决技能难题是人力资源领导者在价值阶段的首要任务。

企业从关注工作本身转向更深入的技能分析，将技能、学习和职业生涯结合到一起，并重塑劳动力规划，人力资本分析团队是这一转型过程的核心。在本书的研究中，我们发现几乎所有的全球人力资本分析组织都希望建立基于技能的劳动力规划方法。然而，在我们调研的公司中，只有 1/4 正在积极推进这项工作。

在已经转向以技能为基础的劳动力规划方法的组织中，人力资本分析团队正在越来越多地参与到通过员工技能数据进行推论、创造价值的工作当中（McKinnon and Wornoo，2020）。IBM（Bailie，2020；Green，2020）、联合利华（Fleming，2019）、施耐德电气（Anderson，2020）和强生（Hoffman and Kofford，2020）等公司都在构建重视技能的企业文化。为了实现这一目标，它们将学习、职业发展和内部流动等人力资源项目与技能数据和技术相结合，从而实现个性化，为人才创造一个繁荣的内部市场（Gantcheva et al，2020）。

我们预计，通过分析技能数据来推动学习的个性化和人才市场的发展，将是未来几年人力资本分析团队的工作重心。如果做得好，这将非常有助于解决技能难题。

投资者的要求

董事会和公司的投资者越来越多地提出复杂问题，而这些问题最终都会出现在人力资本分析领导者的办公桌上。例如，“我们公司员工的价值是什么?”“人才投资的回报是什么?”这些问题本身就极为复杂。人力资本分析有机会帮助投资者和董事会将人力资本从一种无形资产转变为可以衡量的资产。

正如大卫·麦肯（David McCann）在 2019 年发表的文章《披露公司劳动力的重要数据很快将成为常态》中所指出的，一系列事件共同推动了这一趋势。2018 年 12 月，国际标准化组织（ISO）发布了第一套人力资本度量标准（ISO 30414）(ISO，2018；Naden，2019)，这是一个重要的里程碑。标准强调，鉴于劳动力成本占组织支出的 70%，“有效的人力资源（HR）战略可以对组织绩效产生积极影响”。

2020 年 8 月，美国证券交易委员会（SEC）强制要求所有在美国销售证券的公司披露人力资本信息（Vance，2020)，该规定于 2020 年 11 月 9 日生效，这是公开披露人力资本相关信息越发普遍的一个例子。

不仅是监管机构、合规机构或标准机构在推动变革，各个公司也在重新评估：在利益相关者越发广泛的背景下，它们的使命是什么。2019 年 8 月，由美国 180 家最大组织组成的商业圆桌会议小组发表了一份重新定义其使命的声明，它们从只关注股东转变为服务于所有利益相关者，包括消费者、员工、供应商和社区等，当然也包括股东(Business Roundtable，2019)。

这些具有里程碑意义的转变，加上人们日益认识到员工在企业成功中的关键作用（2020 年的危机加速了这一作用)，意味着在 2020 年及以后，所有上市公司可能都需要披露人力资本方面的信息，尽管这些信息在此前不是必需的。这一转变带来的影响是多重的，它将激发董事会和投资人对人力数据价值的兴趣，提供有助于识别公司差异的公开信息，增加与个人数据相关的隐私和安全问题讨论，并进一步提升人力资本分析团队的形象和工作。

改善社会

更多关于包括平等在内的社会议题的法律法规开始施行。例如，在英国等国家，法律规定需要报告不同性别的收入差距——在这些国家，拥有 250 名及以上员工的公司必须披露与性别薪酬相关的数据（GOV.UK，2020）。

随着人力资本分析技术的兴起，员工和更广泛的群体对公司的期望也在不断提升，他们希望公司能够在多元化、平等性和包容性方面做出实质性努力，而不仅仅是汇报数字、统计数据和趋势。越来越多的企业，包括微软（McIntyre，2020）、普华永道（Ryan et al，2020）、奈飞（Myers，2021）以及塔吉特（2020）等，都开始公布年度多元化与包容性报告。这些报告清楚地呈现了公司在这些方面的表现及其采取的各项措施。

人力资本分析职能正在越来越多地参与到这些更为广泛的社会议题中。例如，全球性大流行病导致人们被隔离和居家办公，各企业组织都对由此带来的心理健康问题给予极大的关注。政治激进主义、反性骚扰的“MeToo”运动和追求黑人人权的“黑人的命也是命”运动将性骚扰和种族不公问题推到了风口浪尖，极大地推动了社会对平等的追求。

由于有了现成的工具，人力资本分析可以应对这些挑战。例如，团队现在可以利用组织网络分析技术来测量同质性（Arena，2019）。

这使得组织可以更全面地处理“包容性”这一主题，而不是像以往那样，仅为了达到监管标准或法律合规而报告。

看到企业、人力资源部门和人力资本分析团队应对这些至关重要的全球使命，而这些使命又超越了直接为组织增加价值的范畴，我们深受鼓舞。

职能的未来

上述四个主题正越来越多地受到业务领导者和首席人力资源官的关注，并有助于塑造人力资本分析职能的发展。这些主题共同凸显了人力资本分析团队工作的广度和深度。

这些主题还激发了关于人力资本分析职能未来的思考，特别是它与人力资源之间的关系和紧密程度。业务领导者和首席人力资源官现在正提出这样的问题：

- 人力资本分析职能应该直接向首席人力资源官汇报吗？

  在领先的组织中，答案是“应该”。通过本书的研究，我们能明显看到人力资本分析职能必须与首席人力资源官紧密联系，才能实现价值。然而，在我们为了撰写本书于2020年调研的公司中，满足这一条的仅占1/5。无论是直接向首席人力资源官汇报，还是在不能直接汇报的情况下与首席人力资源官保持密切联系，对于通过人力资本分析实现价值而言都至关重要。

- 人力资本分析职能应该向企业分析职能汇报，而根本不是向人力资源职能汇报吗？

  目前，这种情况仅在极少数公司中存在。我们提出这种可能性，是基于许多重大议题并不仅仅是人力资源议题的假设。正如本章前面所述，这些重大议题远远超出了人力资源职能的范围。因此，解决这些问题需要企业多个部门的共同努力。将人力资本分析职能纳入更广泛的企业分析职能可能是实现这一目标的关键。

● 如果整个人力资源部门都具备数据素养，是否还需要明确设立的人力资本分析职能？

由于分析在本科和研究生阶段的重要性日益提高，未来人力资源专业人员会变得更加精通分析和数据，这引发了一个问题：定量和定性分析是否会成为每个人力资源专业人员的核心职能？如果是的话，那么整个人力资源职能本身的技能集都会被改变，在这种情况下，除了在一些需要超级高阶统计分析和认知计算技术的最复杂、最高阶的活动之外，很可能根本不需要专门的人力资本分析职能。

这些问题引发了我们的思考：这个行业的领导者对于未来会发生什么有何思考？人力资本分析的未来在哪里？

考虑到这些，我们与世界各地的人力资本分析职能的专家型领导者进行了交谈。鉴于优步的创新文化，我们将优步及其全球人力资本分析主管米尔诺（Milnor）视为人力资本分析未来发展的一个案例。

案例研究

优步——人力资本分析的未来

自 2009 年以来，优步科技公司（Uber Technologies）[①] 在全球超过 10 000 个城市持续引领着出租车行业的变革。它是“科技行业的巨头之一，这要归功于自 2009 年以来，也就是 iPhone 问世两年之后，它对出租车行业的颠覆，而这正好是该行业所急需

① 优步科技公司通常简称为“优步”，是一家成立于 2009 年 3 月的美国公司，提供车辆出租、食品配送、包裹递送、货运以及电动自行车和摩托车租赁等服务。优步由遍布 63 个国家的近 400 万名司机和 2.2 万名员工组成，为 9 100 万平台月活用户提供服务。

的”（Dans，2019）。优步的全球人力资本分析主管米尔诺的职业生涯始于投资银行，他在那里发现了人才对盈利能力和股东回报的重要影响。此后，米尔诺花费了近20年时间，利用数据驱动战略来提高和衡量组织绩效，并在麦克森（McKesson）和雪佛龙（Chevron）等公司通过人力数据实现价值。

“我的团队通过优步的‘人’来实现业务影响。我们提供以数据驱动的见解、研究和产品，从而抓住机遇、提高生产力，提升整个公司的员工敬业度和幸福感。我们肩负着双重使命，利用人员和其他类型的数据，既为企业也为员工带来更加有益的成果。

“我一直在思考，如何在优步利用数据进行创新，为了做到这点，人力资本分析领域本身在未来必须如何发展变化。一个问题始终萦绕在我的脑海中：人力资本分析的未来将如何发展？

“我并不是指我们将开展哪些工作任务——总会有工作要做！而是指在更广泛的业务范围内，人力资本分析的技能集与目标将向何处进化？人力资本分析是否会成为人力资源的一部分？是否会有一天，所有人力资源专业人员都能深刻理解人力资源数据和分析，以至于人力资源本身就是人力资本分析？人力资本分析是否仍将作为人力资源内部的一个独立的卓越中心？或者，我们是否会与企业分析部门合并，完全脱离人力资源部门？

“人力资本分析领域必须拓展其视野。我们需要利用各种数据，不仅限于员工或人力资源数据，以便提供可操作的洞察和建议，帮助企业和员工都取得成功。如果我们考虑劳动力规划、地区战略和预算规划，会发现所有这些都相互关联。最优秀的人力资本分析绝不仅限于人力资源数据，而是真正地以一种有利于业务的方式集成所有类型的数据，从而更加全面地让我们的员工受益。这是一项双重任务：人力资本分析既要推动业务发展，又要帮助员工持续超越自我、发挥最大潜力。

“毫无疑问，人力资源专业人员将变得更具分析能力。整个人力资源职能的未来深植于数据之中。由于数据的可用性、计算能力和高级统计分析的普及程度都在呈指数级增长，人力资源必须拥抱数据，才能不掉队。

“我今天的许多谈话都是关于如何构建更具数据化和数字化素养的人力资源职能。人们通常有一种假想，认为人力资本分析团队只埋头在自己的‘竖井’里，在高科技和数据的围墙下培养团队成员。但这是一种误解。实际上，人力资本分析从业者有责任深入人力资源部门，向他们传授数据和技术知识，并培养整个人力资源团队的分析敏锐度。在人力资源部门培养数据思维模式不再是一种竞争优势，它正迅速成为一种基本要求。我们的人力资源同事需要这些数据和分析技能，以解读人力资本分析的工作，并将解决方案扩展到整个业务中。

“担负这一双重任务对我们至关重要，它不仅与我们已经实现的价值紧密相关，也与我们未来计划实现的价值密切相关。例如，在劳动力规划方面，我们促进了学习与发展部门和劳动力规划团队之间的合作，为他们提供了关于组织技能的通用语言和标准，使他们能够利用数据、分析和技术来开展工作，并帮助他们同时学习这些技能。

“过去20年的历史证据表明，能够运用数据和分析技术的高管在推动组织战略方面更具影响力。无论人力资本分析学科如何发展，我们在未来几年最关键的作用之一就是为人力资源高管提供更多基于数据驱动的声音，帮助企业实现更大的价值。

“为了在优步将这一理念付诸实践，我们聚焦于一些热门议题，例如员工和团队层面的生产力、所有员工的福祉，以及我们的员工、社区和社会所需的包容度，这将助力我们的公司和员工走向成功。作为人力资本分析领域的领导者，这才是真正让我们斗志昂扬的工作：它庞大、复杂，具有创新性和颠覆性。最重要的是，它是有意义的。

“虽然能够重新定义人力资本分析领域的创新和结构还未出现，但我们的使命是明确的：人力资本分析的存在是为了实现价值。”

结束语

人力资本分析正在走向成熟。

在过去的几十年里，人力资本分析领域已经从专注于员工敬业度等议题、由少数行为心理学家分析人力资源部门内部数据，转变为以应对百年来最严重的全球性大流行病为核心，并帮助首席执行官和首席人力资源官管理每天都要面临的复杂决策。

它经历了探索阶段、实现阶段和创新阶段，如今已迈入价值阶段——准备好为劳动力、人力资源职能、业务利益相关者和社会交付成果。

在价值阶段，组织、人力资源、领导这些职能的首席人力资源官，以及业务高管，都需要学习劳动力数据如何带来价值。这些价值已由许多研究者量化，包括舒克、尼克勒姆和萨奇 - 加文（Shook，Knickrehm and Sage-Gavin，2019），他们估计未开发的劳动力数据能带来 3.1 万亿美元的额外价值。

一旦人力资本分析的价值被广泛认可并在全球范围内大规模、反复地在整个企业内实施，那么人力资本分析将进入卓越阶段。为了实现这一目标，每个组织的人力资本分析领导者都需要利用自己的技能来释放这一潜力。

采取“业务第一”方法，与关键职能部门的各个利益相关者合作、与业务高管直接接触的人力资本分析领导者，能够保障人力资本分析活动与整个企业最关键的议题保持一致。在任何组织中，一旦实现这一点，就能释放价值、实现共赢。

员工受益，公司实现价值，人力资源职能本身变得更具数据素养，而且更加广泛的社会也将获益。

在本书中，我们讨论并总结了迈向卓越的九大维度。关注其中的每一个维度，都能助力人力资本分析职能和相关的行动实现更多的价值，并成为公司及其服务的员工和客户的重要资产。

当人力资本分析的全部力量都被激发，并渗入从董事会到普通员工的每一层组织结构，成为所有人力资源工作文化的一部分时，我们就将实现“卓越人力资本分析”。

术语表

主动（数据收集）（active（data collection）） 通过调查和可穿戴设备等“主动”机制来收集人力数据。之所以称其为“主动”，是因为需要员工的参与才能进行数据收集。与主动数据收集相对应的是被动数据收集。

高级分析（advanced analytics） 高级分析方法和工具使企业能够从数据中获得深刻的见解，做出预测并提出建议。这些方法和工具包括人工智能、机器学习和认知计算等。

敏捷（Agile） 一套用于软件和项目开发的技术与方法，它通过跨职能团队与最终用户的共同努力，使解决方案不断演进。

算法（algorithm） 为了实现预测或分类等分析目标，所采用的一套逐步计算规则。

分析仪表盘（analytics dashboards） 通过分析方法所得出的仪表盘。在人力资本分析的发展中，仪表盘是第二波浪潮中的典型系统。可参阅**仪表盘**。

应用程序接口（application programming interface，API） 一套用于构建软件应用程序的定义、协议和工具，能够支持不同来源的软件之间相互传输信息。

人工智能（artificial intelligence，AI） 一种机器编程技术，能够执行通常需要人类智能才能完成的特定任务，如视觉和语音识别、决策制定、语言翻译等。

大赌注（Big Bet） 影响范围大、复杂程度高的项目（可参阅**复杂度－影响力矩阵**）。

大数据（Big Data） 由大量结构化和非结构化信息组成的数据集，其规模和复杂性超出了传统数据工具和应用程序的处理分析能力范围。

人力资本分析委员会（board of people analytics） 通过召开会议为人力资本分析提供指引和支持的指导小组。

燃烧平台（burning platform） 一个术语，用来描述帮助人们认识到安于现状会带来何种后果的过程。此过程会激起人们对安于现状所导致后果的担忧，进而促使他们拥抱变革。

商业敏锐性（business acumen） 理解、解释和处理商业情况的敏锐性和灵活性。

因果关系（causality） 一个变量对另一个变量的影响（原因和作用）。如果一个变量的变化会导致另一个变量的变化，那么这两个变量之间就存在因果关系。

专家中心（centre of excellence，CoE） 为某一重点领域提供领导、最佳实践、研究、支持和培训的团队或实体。通常指在学习、人才招聘、激励等专业领域具有专长的人力资源职能部门。

变革管理（change management） 用于管理变革中人的方面的流程、工具和技术，以实现所需的业务成果。

英国特许人事发展协会（Chartered Institute for Personnel and Development，CIPD） 一个人力资源和人员发展的专业机构，拥有遍布全球的协会成员，致力于倡导更好的工作和生活。其总部位于英国伦敦。

对话机器人（chatbot） 一种通过语音或文字的形式来模拟生成人类对话的应用程序，能够使用户感到似乎在与真人交流。

首席分析官（chief analytics officer） 在组织中负责所有分析工作的最高级别人员。首席分析官有时会与首席数据官的角色相结合。

首席数据官（chief data officer，CDO） 组织（或职能部门）中全面负责数据战略、数据政策、数据治理、数据管理的最高级别人员。首席数据官有时会与首席分析官的角色相结合。

首席执行官（chief executive officer，CEO） 组织中负责整体业务战略、业务运营和业绩表现的最高级别人员。

首席财务官（chief financial officer，CFO） 组织中全面负责财务管理、风险管理的最高级别人员。

首席人力资源官（chief human resources officer，CHRO） 组织中全面负责人力资源战略、人力资源政策、人力资源实践、人力资源运营的最高级别人员。

首席人事官（chief people officer） 首席人力资源官的另一种叫法。

首席隐私官（chief privacy officer） 组织中负责数据隐私的最高级别人员。另请参阅**数据隐私**和**数据隐私官**。

云计算（cloud computing） 一种基于互联网的技术，它通过互联网将不同的服务（如服务器、存储和应用程序）提供给组织或个人的计算机和设备。

认知计算（cognitive computing） 认知计算系统，它能够在与人类互动时进行理解、学习和推理，使用自然语言来模仿人脑的工作方式，并提高人力效能。

复杂度－影响力矩阵（Complexity-Impact Matrix） 复杂度－影响力矩阵是一种

模型，用于依据人力资本分析工作的相对复杂程度和影响范围来评估并设置优先级。该模型已获得《HR 的分析力：人力资源数据分析实践指南》（培生，2017）一书作者的转载授权。“复杂度 – 影响力矩阵”的版权归奈杰尔·古恩诺、乔纳森·费拉尔和谢丽·芬泽（Nigel Guenole，Jonathan Ferrar and Sheri Feinzig）所有。

人力资源的消费者化（consumerization of HR） 员工期望在工作中能够与消费者一样，拥有个性化的技术体验。

核心人事系统（core HR） 在人力资本分析中，核心人事系统指的是第一波浪潮中的典型系统。另请参阅**核心人力资源系统**。

核心人力资源系统（core human resources system） 一种软件系统，它将员工信息（例如薪资数据、福利数据等）在一个中央数据库和系统中进行存储与管理。

相关性（皮尔逊积差相关系数）（correlation，Pearson product-moment correlation） 一个统计度量指标，用于表示两个变量之间的相关程度。正相关表示一个变量增加时，另一个变量随之增加。负相关则表示一个变量增加时，另一个变量随之减少。

基于成本的劳动力规划（cost-based workforce planning） 在劳动力规划的各项活动中，无论是战略、运营还是战术规划，都聚焦于劳动力成本及其对组织的影响。与之相对应的是**基于技能的劳动力规划**。

C 级高管（C-suite executives） 组织中最高级别的管理者，通常在其职务头衔中带有“首席”一词，意味着这个人是某个特定职能或业务的最高级别负责人。例如，首席人力资源官（CHRO）。

客户体验（customer experience，CX） 客户对公司产品和服务的体验。这些体验包括处理商品、使用实物产品、在接受服务时与企业员工的互动，以及与公司网站等数字平台的互动等。衡量客户体验有助于公司评估自己是否满足了客户的期望。

客户净推荐值（customer Net Promoter Score，cNPS） 参见**净推荐值（Net Promoter Score，NPS）**。

网络安全（cybersecurity） 用于保护应用程序、网络、设备、程序和数据等系统的一系列技术、流程、政策和活动，以保护这些系统免遭黑客攻击、破坏或以未经授权的方式访问。

仪表盘（dashboard） 将一系列相关主题的信息，用易于被用户理解的格式和视觉元素来进行组织、存储和显示。

数据（data）；数据点（datum） 收集到一起以供参考或分析的事实、信息和统计数据。

数据汇总（data aggregation） 从多个系统收集数据并将其汇总的过程，通常是为了统计分析或可视化做准备。

数据分析（data analysis） 对数据进行检查、清理、转换和建模的过程，其目的是揭示洞察、归纳结论，并为决策制定提供支持。

数据分析师（data analyst） 负责收集数据、研究数据，并揭示有价值的规律与洞察的人员。

数据库（database） 一组经过结构化的信息集合，可以轻松地访问、管理和更新。

数据民主化（data democratization） 让组织中更广泛的人能够获取数据和洞察，并从使用中受益的过程。这个术语可以与**数据的民主化（democratization of data）**互换使用。

数据伦理（data ethics） 在分析过程中，用于规范数据收集、数据存储、数据使用和数据传播的基本法则和道德是非原则。

数据治理（data governance） 对于组织使用的数据的可用性、易用性、完整性和安全性进行全面管理。

数据湖（data lake） 一种集中式的存储库，能够大规模存储结构化和非结构化数据，而无须将数据结构化成任何顺序或预定义的格式。

数据管理（data management） 在政策和法规允许的范围内为数据的组织、处理、存储和使用提供结构的一套学科和框架。

数据所有者（data owner） 决定谁有权访问、编辑、使用和传播数据的个人或团队。

数据隐私（data privacy） 围绕着数据收集、数据组织、数据处理、数据存储和使用等方面的法律、政治和伦理问题，尤其是关于与谁共享哪些信息。在人力资本分析中，数据隐私主要是指与雇员和工人相关的数据。

数据隐私官（data privacy officer） 在组织中负责数据隐私的人员。在组织中担任这一职务的最高级别人员被称为首席隐私官。

数据科学（data science） 一门综合运用科学统计的方法、流程和算法来从海量数据中提炼见解的专业领域。

数据科学家（data scientist） 负责对大量数据进行统计分析、数据挖掘和过程检索，以识别趋势及其他相关信息的人员。

数据安全（data security） 一种保护高价值数据和敏感数据的做法。

数据标准（data standards） 在数据管理方面达成一致并长期应用的一系列定义和规范。

数据监管员（data steward） 在组织或职能部门内负责管理数据内容、质量标准和数据管控的人员。

数据监管（data stewardship） 在组织或职能部门内管理数据内容、质量标准和数据管控的过程。

数据存储（data storage） 用于收集和存储数字信息的方法和技术。

数据可视化（data visualization） 将量化信息以图形或图像的形式呈现，以便用户能够轻松理解复杂的概念或规律。

数据仓库（data warehouse） 由一个或多个数据源集成的中央数据存储库，将当前的和历史的数据在同一个地方进行存储。一般而言，数据仓库通常采用预先定义好的结构和协议来存储数据。

数据的民主化（democratization of data） 见**数据民主化（data democratization）**。

描述性分析（descriptive analytics） 分析方法的一个分支，侧重于收集和总结数据，主要目标是识别过去的数据趋势并从中归纳洞察，同时也提供对当前数据的描述概览。

数字人力资源（digital human resources） 人力资源服务和流程的转型过程，通常使用社交、移动、分析和云技术等手段来进行。

下游系统（downstream systems） 接收数据并依赖于其他系统数据的系统。

DRIVE：人力资本分析的五个阶段（Five Ages of People Analytics） 是由本书作者提出的一个模型，用于描述人力资本分析的历史和未来。该模型将人力资本分析划分为五个阶段：探索阶段（1910—2010 年）、实现阶段（2010—2015 年）、创新阶段（2015—2020 年）、价值阶段（2020—2025 年）和卓越阶段（2025 年以后）。“DRIVE：人力资本分析的五个阶段”版权归乔纳森·费拉尔（Jonathan Ferrar）和戴维·格林（David Green）所有。

针对性分析的八步法模型（Eight Step Model for Purposeful Analytics） 一个用于在各个层面进行设计和交付人力资本分析项目的模型。该模型已获得《HR 的分析力：人力资源数据分析实践指南》（培生，2017）作者的转载授权。“针对性分析的八步法模型”版权归奈杰尔·古恩诺、乔纳森·费拉尔和谢丽·芬泽所有。

情商（emotional intelligence，EQ） 能够感知、评估并控制自己和他人情绪的能力。

员工敬业度（employee engagement） 员工对其工作所在的组织在精神和情感上的承诺强度。员工敬业度通常通过敬业度调查来进行测量，这种做法已经以各种各样的形式存在了几十年。

员工体验（employee experience，EX） 员工在组织工作中的体验。测量员工体验，有助于帮助组织评估自身是否满足了员工的期望。

员工倾听（employee listening） 为了理解员工并改善员工体验，从员工那里获得关于重大课题或“关键时刻”方面的宝贵反馈，这些反馈可以是定性的数据，也可以是定量的数据。在人力资本分析中，需要使用非常先进的分析技术，来实时地、持续地进行数据收集和数据分析。

员工净推荐值（employee Net Promoter Score，eNPS） 基于净推荐值（见**净推荐值，Net Promoter Score**）衍生出的员工忠诚度衡量指标。在员工话题下，员工净推荐值通常指的是企业向员工提出的一个问题："您是否愿意将［公司名称］作为一个优秀的工作单位推荐给其他人？"

加密（encryption） 将信息转换成特定形式，使其只能被特定人员阅览的过程。

企业分析（enterprise analytics） 支持整个组织的业务战略和行动的分析部门。

道德准则（ethics charter） 透明地披露关于如何收集、分析、管理、保护和使用雇员数据等信息的具体文件，以此来保护员工和组织。

公平等价交换（fair exchange of value） 通常是合理和诚实交易的基础，将两件具有同等价值的物品进行交换。在人力资本分析中，公平等价交换用于形容员工为了帮助组织开展分析工作而与其共享自己的数据，作为交换，员工也能够通过这些分析获得个人利益。

第一波浪潮（First Wave） 人力资本分析的第一波技术应用，主要集中在核心人事系统。

焦点－影响－价值模型（Focus-Impact-Value Model） 该模型用于描述如何开展以实现业务成果为目标的人力资本分析工作。焦点－影响－价值模型版权归乔纳森·费拉尔（Jonathan Ferrar）和戴维·格林（David Green）所有。

全面成本（fully loaded） 包括员工的直接成本（工资、其他报酬和福利）以及标准增量成本在内的总成本。通常，财务部门会对这些成本进行计算，包括房地产占用成本、信息技术（IT）成本和总部员工成本等项目。

同质性（homophily） 人们倾向于寻找与自己相似的人，或被与自己相似的人吸引的趋势。这个术语通常用于与多样性和包容性等主题相关的分析。

人力资源业务合作伙伴（human resources business partners，HRBP） 与组织高层领导密切合作的人力资源专业人员，与其共同制定人力资源管理政策，以支撑组织的整体目标。他们通常是综合性的人力资源专家，而非专门从事某项人力资源的子职能。

人力资源领导团队（human resources leadership team，HRLT） 人力资源职能中最高级别的执行团队，通常由首席人力资源官的直接下属组成。

假设（hypothesis） 一种以可检验、可证伪的陈述方式提出的假说，通常以观察和以往的研究为基础。

洞察（insight） 从分析中得出的深刻而清晰的认识。

Insight222 卓越人力资本分析的九大维度®（Insight222 Nine Dimensions for Excellence in People Analytics®） 本书中提出的模型，包括治理、方法论、利益相关者管理、技能、技术、数据、员工体验、业务成果和文化九大维度。

此模型由 Insight222 有限公司所有。

Insight222 人员分析操作模型（Insight222 Operating Model for People Analytics） 这个模型勾勒出了构建具有高度影响力的人力资本分析工作所需要的结构和角色。该模型由 Insight222 有限公司所有。

无形资产（intangible asset） 那些在自然界中不具有物理实体的资产。例如：软件、特许经营权、专利和版权等。通常，人力资本也被视为一种无形资产。

内部收益率（internal rate of return，IRR） 在财务分析中用来估算潜在投资盈利能力的一项指标。

国际标准化组织（International Organization for Standardization，ISO） 一个独立的非政府国际组织，其成员汇集了世界各地的专家，为各行各业制定国际标准。该组织的总部位于瑞士日内瓦。

ISO 30414 国际标准化组织发布的文件：《人力资源管理——内部和外部人力资本报告指南》。这套标准发布于 2018 年，是国际标准化组织（ISO）发布的第一套人力资本度量标准。

关键绩效指标（key performance indicators，KPI） 用来评判一项职能或业务成功与否的变量或度量标准。

劳动力市场数据（labour market data） 见**人才市场数据（talent market data）**。

李克特量表评分系统（Likert scale rating system） 一种心理测量量表，旨在测量人们的态度、意见或看法。这种量表通常出现在问卷调查中，要求被访者回答"非常同意""同意""中立"等等。该量表由伦西斯·李克特（Rensis Likert）于 1932 年设计。

机器学习（machine learning） 人工智能（AI）领域的一个分支，专注于开发能够从数据中进行自动且持续学习的应用程序，机器学习可以随着时间的推移不断提高其性能，而无须重新编程。

主数据（master data） 关于企业核心的、一致的、统一的数据，这类数据对企业运营至关重要。其中，员工的记录就是主数据的一个例子。

成熟度模型（maturity model） 一种循序渐进的工具，帮助人们评估个人或团体当前的效能，并描述逐步提升到模型中下一个级别所需的能力。

元数据（metadata） 描述其他数据的数据，例如数字资产的创建日期或文件类型等。

度量指标（metrics） 表示业务流程有效性的事实和数字，组织通过跟踪监测这些指标来评估公司状况。

最小可行产品（minimum viable product，MVP） 一个具有足够实用功能的产品版本或解决方案版本，以便用户为下一次更新迭代提供反馈。

使命宣言（mission statement） 对组织或职能部门的业务、目标以及实现这些目标的方法的描述。

关键时刻（moments that matter） 那些对员工的工作体验产生至关重要影响的时刻，这些时刻贯穿工作的每一天以及整个任期。一些时刻可能会导致员工改变自己的工作方式，更有甚者，可能会影响他们决定是否继续留在组织中。

自然语言处理（natural language processing，NLP） 人工智能、计算机科学和语言学的一个分支，这种技术帮助计算机理解、诠释并处理人类语言。

净现值（net present value，NPV） 财务分析的一项指标，用于衡量一段时间内现金流入现值与现金流出现值之间的差异。

净推荐值（Net Promoter Score，NPS） 由弗雷德·赖克赫德（Fred Reichheld）、贝恩公司（Bain & Company）和赛特美斯系统股份有限公司（Satmetrix Systems，Inc.）共同开发的客户忠诚度指标，最初在赖克赫德发表于 2003 年的哈佛商业评论文章《一个你需要提升的数字》中首次提出。

网络分析（network analysis） 见**组织网络分析（organizational network analysis，ONA）**。

九大维度（Nine Dimensions） “Insight222 卓越人力资本分析的九大维度®”的简称。

未来人力资源专业人才的九项技能（Nine Skills for the Future HR Professional） 该模型描述了人力资源专业人才需要掌握或培养的九项必备技能，以提高他们在未来工作中的增值能力。该模型由 Insight222 有限公司所有。

助推（或助推理论，nudge/nudge theory） 行为经济学、政治学和行为科学中的一个概念，由理查德·H. 塞勒斯坦（Richard H. Thaler）和凯斯·R. 桑斯坦（Cass R. Sunstein）在其著作《助推：如何做出有关健康、财富与幸福的最佳决策》（耶鲁大学出版社，2008 年）一书中提出并广受欢迎。该理论提出以正向强化和间接暗示的方法来影响个人或团体的行为与决策，例如影响团队、员工小组或管理小组等，这种方法在组织中通常借助技术方式得以实现。

本地部署技术（on-premise technology） 安装并运行在组织内部物理现场（本地）的计算机上的软件。

运营模型（operating model） 该模型描述了一个小组、团队或职能部门应该如何组织运作，以发挥其最佳效益并完成使命。

组织网络分析（organizational network analysis，ONA） 一种结构化的分析方法，以可视化的方式描绘对话、信息、合作以及决策等在组织内部的流向。该方法也被称为“关系分析”（relationship analytics）或“网络分析”（network analysis）。

被动（数据收集）(passive（data collection)） 通过公司的通信系统（如电子邮件、日历和协作工具等）产生的持续数据流来收集数据。之所以称其为被动，是因为收集这些数据时员工无须参与。与被动数据收集相对应的，是主动数据收集。

人力资本分析（people analytics） 针对员工和人力数据进行的分析，其目的是揭示洞察并提出建议，从而提高业务成果。

人力资本分析价值链（People Analytics Value Chain） 一种从外部到内部的人力资本分析路径。其中，诸如业务战略、利益相关者的挑战等来自业务的推动力是人力资本分析工作的决定因素；同时，商业价值、员工体验等业务成果是人力资本分析需要实现的产出。该模型由 Insight222 有限公司所有。

人才科学（people science） 行为科学、组织心理学和数据科学的交叉领域，其目的是更加深入地理解企业劳动力，从而帮助组织做出更为明智的决策。

用户画像（personas） 一种对虚构人物的特征的描述，用于代表某项服务的典型用户，以帮助理解这些不同类型用户的需求、体验、行为与目标。

宠物项目（Pet Projects） 影响范围小、复杂程度高的项目（可参阅**复杂度－影响力矩阵**）。

试点（pilot） 为了验证假设或测试项目的可行性、持续性和成本等而进行的小规模初步研究或试验。在进行大规模实施之前，通常需要对假设或项目进行验证或评估。

预测性分析（predictive analytics） 高级分析的一个分支，用于对未来的事件进行预测。

规范性分析（prescriptive analytics） 高级分析的一个分支，用于为特定的分析洞察找到最佳行动方案。

脉冲调查（pulse survey） 一种问题数量少、频率高且有规律的调查，用于收集员工相关的各种课题数据。脉冲调查通常用作员工敬业度调查的替代或补充。通常也被称为“脉搏”。另请参阅**员工敬业度**和**员工倾听**。

Python 一种用于统计计算、图形绘制的编程语言和免费软件，常被人力资本分析团队用于统计编程和数据分析。Python 是 Python 软件基金会（PSF）的产品，该基金会是一家非营利机构，拥有 Python 编程语言的知识产权。

快速取胜项目（Quick Win） 影响范围大、复杂程度低的项目（可参阅**复杂度－影响力矩阵**）。

R 一种用于统计计算、图形绘制的编程语言和免费软件，常被人力资本分析团队用于统计编程和数据分析，该软件首次发布于 1995 年。

源数据（raw data） 直接从数据源收集、尚未经过处理的原始数据。

关系分析（relationship analytics） 见**组织网络分析（organizational network analysis，ONA）**。

报表（reporting） 一项通过文字描述、图形或表格等形式对信息进行加工，并生成文档的功能或活动，通常以可重复和定期的方式进行。

需求招标书（request for proposal，RFP） 一份需求清单文件，这份文件将提供给潜在供应商，由他们来满足需求方（客户）所列出的需求清单。供应商将依据需求招标书，提交他们的提案。通常，需求招标书包含或附带一些问题，客户希望每个供应商在其提案中进行解答。一般而言，发布需求招标书也是邀请供应商为满足交付需求而竞标的商业信号。

报价申请书（request for quotation，RFQ） 与需求招标书（RFP）类似但通常更简短的文件，用于向潜在供应商索取相关服务或产品的报价。

投资回报率（return on investment，ROI） 一个由投资效益与投资成本相除得出的度量指标，通常用百分比表示，并经常转换为货币价值。

机器人流程自动化（Robotic Process Automation，RPA） 一种技术，它通过启用计算机软件配置，数字化地模拟和整合人类的操作，从而自动化执行业务操作流程。

计分卡（scorecard） 以可视化报告的形式，定期、综合性地提供组织在特定指标上与其目标相比的当前绩效。

第二波浪潮（Second Wave） 在第二波浪潮中，人力资本分析技术应用的重点是分析仪表盘。

需求的七大动力（Seven Forces of Demand） 这一模型定义了业务需求的七个常见领域，这些领域是人力资本分析的驱动力。该模型已获得《HR的分析力：人力资源数据分析实践指南》（培生，2017）一书作者的使用和转载授权。该模型版权归奈杰尔・古恩诺、乔纳森・费拉尔和谢丽・芬泽所有。

七类利益相关者（Seven Types of Stakeholders） 一个描述在人力资本分析中七类利益相关者的模型，并为引入这些利益相关者提供指导。这七类群体包括：业务高管、人力资源领导者、管理者、员工、职能部门利益相关者、技术和数据所有者，以及工会与员工团体。七类利益相关者模型的版权归乔纳森・费拉尔和戴维・格林所有。

成功的六大技能（Six Skills for Success） 一个涵盖人力资本分析团队所需的六大关键技能的模型。该模型已获得《HR的分析力：人力资源数据分析实践指南》（培生，2017）一书作者的使用和转载授权。成功的六大技能模型版权归奈杰尔・古恩诺、乔纳森・费拉尔和谢丽・芬泽所有。

基于技能的劳动力规划（skills-based workforce planning） 在劳动力规划的各项活动中，无论是战略、业务还是战术规划，都聚焦于未来实现组织成果所需要的劳动力技能。与之相对应的是**基于成本的劳动力规划**。

人力资源管理学会（Society for Human Resource Management，SHRM） 全球最大的人力资源专业学会，也是服务于人力资源专业人员需求、推动人力资源管理实践的主要资源提供者。其总部位于美国弗吉尼亚州亚历山德里亚市。

软件运营服务（software as a service，SaaS） 是一种软件许可和交付方式，其软件远程托管在云中，并通过互联网浏览器访问。

赞助者（sponsor） 通过经济支持或个人背书为项目或活动提供支持的个人或团体。

利益相关者（stakeholder） 组织中对项目或活动及其成果有切身利益的人。

利益相关者地图（stakeholder map） 对最重要的利益相关者进行的可视化描述。在人力资本分析方面，该地图包含七种类型的利益相关者。

战略性劳动力规划（strategic workforce planning） 通过理解劳动力的供需情况、组织及其竞争环境的长期目标等，从而使组织的需求优先级与其人力资源保持一致的过程。

SPSS 一个专门为了协助数据科学家而设计的统计软件包，最初应用于社会科学领域。它是一个用于交互式、批量式、统计类分析的软件包。该软件长期以来由 SPSS 公司进行开发，于 2009 年被 IBM 收购。

统计分析（statistical analysis） 通过收集、整理和探索数据，来揭示规律和趋势的过程。

统计建模（statistical modelling） 基于一组假设，通过数学方程来预测或解释变量之间关系的过程。

分层抽样（stratified sampling） 将相关人群划分为更小群体的过程，称为分层。然后从这些分层中分别抽取样本并进行分析，从而对更大的总体进行推断。

人才市场数据（talent market data） 收集并分析与地域、人员、技能、工作、薪资、职能和竞争对手等相关的外部数据，当这些数据与内部数据结合使用时，将有助于决策制定。另请参阅**劳动力市场数据**。

人才市场平台（talent marketplace） 一种组织内部的数字平台，允许企业发布空缺职位（如工作岗位、任务招募、培训导师、项目角色等），然后将这些职位与组织中符合画像的“适配”人才相匹配。同时，分析技术也能够为平台提供所需数据，以助力人才与空缺职位的匹配。

泰勒主义（Taylorism） 开始于 1911 年的泰勒主义者运动。另请参阅**泰勒主义者（Taylorist）**。

泰勒主义者（Taylorist） 受到弗雷德里克·泰勒在 1911 年出版的《科学管理原理》中所描绘的管理实践启发，并遵循这些管理实践的个体或组织。

职权范围（Terms of reference） 为一个达成协作共识的团体（例如项目团队，或治理委员会）定义其目标和结构的文件，它有助于团体成员对工作范围和责任形成共识。

文本分析（text analysis） 从大量文本中提炼洞察结论的过程，通常会使用专业软件来识别其中的规律、趋势和情感。

探索阶段（The Age of Discovery，1910年代—2010年） 这是“DRIVE：人力资本分析的五个阶段”模型中所定义的第一个阶段。这一阶段从泰勒主义时期到2010年，历时100多年，在此阶段人们对人力资本分析领域的兴趣日益浓厚。

卓越阶段（The Age of Excellence，2025年以后） 这是“DRIVE：人力资本分析的五个阶段”模型中所定义的第五个阶段。如果卓越人力资本分析能在全球范围内、在众多国家和组织中实现大规模的价值传递，那么预估从2025年开始，我们将进入卓越阶段。

创新阶段（The Age of Innovation，2015—2020年） 这是“DRIVE：人力资本分析的五个阶段”模型中所定义的第三个阶段。这一阶段的特点是新模型与新技术的应用、专业深化，以及越来越多的从业者涌入，并通过新的途径创造商业价值。

实现阶段（The Age of Realization，2010—2015年） 这是“DRIVE：人力资本分析的五个阶段”模型中所定义的第二个阶段。这一阶段的特点是成熟度模型的发展，以及大公司中领先的人力资本分析实践（尤其是在技术领域）的出现。

价值阶段（The Age of Value，2020—2025年） 这是“DRIVE：人力资本分析的五个阶段”模型中所定义的第四个阶段。在2020年全球性大流行病、种族不平等和金融不确定性三重危机的推动下，人力资本分析进入了一个新的阶段，企业需要从人力资本分析的活动和投资中获取更多价值。价值阶段的分析活动以职场中的信任、包容、目标和平等这四大支柱为基础。

文化金字塔（The Culture Pyramid） 是一个描述文化建设四个阶段的模型：展示价值、培养能力、建立结构和树立信心。该模型已获得克里斯汀·莱弗莫尔（Kirsten Levermore）的授权，并在其初始模型上进行了调整。

人力资本分析的四项职责（The Four Responsibilities of People Analytics） 用于描述人力资本分析团队在为四类受众提供个性化体验时需承担的职责，这四类受众分别为：员工、管理者、高管和全体劳动力。这一模型的版权归乔纳森·费拉尔（Jonathan Ferrar）和戴维·格林（David Green）所有。

第三波浪潮（Third Wave） 在第三波浪潮中，人力资本分析应用的重点是专业的人力资本分析技术。

价值低的项目（Trivial Endeavour） 影响范围小、复杂程度低的项目（见**复杂度-影响力矩阵**）。

信任红利（trust dividend） 在使用员工数据时，员工信任对企业财务表现的影响。这个术语出现于埃森哲2019年发布的研究报告《解码组织数据：数字工作场所中的信任、数据与价值解锁》中。

美国证券交易委员会（US Securities and Exchange Commission，SEC） 美国联邦政府的一个独立机构，其使命是通过促进资本形成和维护公平、有序且高效的市场来保护投资者。其总部位于美国华盛顿特区。

劳动力分析（workforce analytics） “人力资本分析”的另一种说法。

劳动力规划（workforce planning） 对当前和未来期望的人力资源状况进行分析的过程与技术。劳动力规划应当与业务战略、当前及未来的员工保持一致。同时，劳动力规划可以是战略性、运营性和战术性的。另请参阅**基于成本的劳动力规划**、**基于技能的劳动力规划**和**战略性劳动力规划**。

作者注：部分定义摘自《HR 的分析力：人力资源数据分析实践指南》(培生，2017)，经原作者授权转载。这是为了确保读者认知的一致性和人力资本分析领域的标准性。

图书在版编目（CIP）数据

人力资本分析 /（ ）乔纳森·费拉尔，（ ）戴维·格林著；曾巧玲，刘素池，林傲耸译. -- 北京 ：中国人民大学出版社，2025.4. --ISBN 978-7-300-33681-7

Ⅰ. F272.92

中国国家版本馆 CIP 数据核字第 2025GL9387 号

人力资本分析

乔纳森·费拉尔
戴维·格林　著

曾巧玲　刘素池　林傲耸　译

Renli Ziben Fenxi

出版发行	中国人民大学出版社		
社　　址	北京中关村大街 31 号	**邮政编码**	100080
电　　话	010－62511242（总编室）		010－62511770（质管部）
	010－82501766（邮购部）		010－62514148（门市部）
	010－62515195（发行公司）		010－62515275（盗版举报）
网　　址	http://www.crup.com.cn		
经　　销	新华书店		
印　　刷	北京宏伟双华印刷有限公司		
开　　本	720 mm×1000 mm　1/16	**版　　次**	2025 年 4 月第 1 版
印　　张	23.75 插页 1	**印　　次**	2025 年 4 月第 1 次印刷
字　　数	289 000	**定　　价**	89.00 元